हिन्दी भाषा : अतीत से आज तक

हिन्दी भाषा

अतीत से आज तक

डॉ. विजय अग्रवाल

वाणी प्रकाशन

वाणी प्रकाशन

4695, 21-ए, दरियागंज, नयी दिल्ली 110 002

फ़ोन : +91 11 23273167 फ़ैक्स : +91 11 23275710

शाखाएँ

अशोक राजपथ, पटना 800 004, बिहार

कॉफ़ी हाउस कैम्पस, महात्मा गांधी मार्ग, इलाहाबाद 211 001, उत्तर प्रदेश

महात्मा गांधी अन्तरराष्ट्रीय हिन्दी विश्वविद्यालय, वर्धा 442 001, महाराष्ट्र

सुल्तानिया रोड, मोतिया पार्क, भोपाल 462 001, मध्य प्रदेश

www.vaniprakashan.in

marketing@vaniprakashan.in

sales@vaniprakashan.in

HINDI BHASHA : ATEET SE AAJ TAK
by Dr. Vijay Agrawal

ISBN : 978-81-7055-499-8
Linguistics

संस्करण 1996, 2002
आवृत्ति 2019

मूल्य : ₹ 395

सिटी प्रेस, दिल्ली-110 095 में मुद्रित

वाणी प्रकाशन का लोगो मक़बूल फ़िदा हुसेन की कूची से

यह पुस्तक क्यों

मैं स्वयं हिन्दी साहित्य का विद्यार्थी रहा हूँ, और भाषा विज्ञान मेरा सबसे प्रिय विषय था। इसका लाभ मुझे अपने एम॰ ए॰ की परीक्षा में पर्याप्त मात्रा में मिला। बाद में करीब 4 वर्षों तक मैंने एम॰ ए॰ के विद्यार्थियों को भाषा विज्ञान पढ़ाया। ऐसे में स्वाभाविक था कि संघ लोक सेवा आयोग की सिविल सेवा परीक्षा में भी मैंने हिन्दी साहित्य को रखा। इसमें मुझे जितने अच्छे अंक प्राप्त हुए, सचमुच, वही मेरी सफलता का मूल कारण बना।

लेकिन उस समय हिन्दी साहित्य के प्रथम प्रश्न-पत्र के प्रथम भाग की तैयारी के लिए मुझे कहाँ-कहाँ नहीं भागना पड़ा था। संबंधित सामग्री तो थी, लेकिन वे न तो एक जगह थी, और न ही व्यवस्थित। जो कुछ मिलती भी थी, उसे पढ़कर संतुष्टि नहीं होती थी। मैं जानता था कि अधिक अंक प्राप्त करने की दृष्टि से कुल पाँच प्रश्नों में से अधिकतम तीन प्रश्न प्रथम खण्ड से बनाना अधिक लाभदायक होगा। सौभाग्यवश मैं ऐसा कर सका, लेकिन बहुत अधिक जद्दोजहद के बाद। मैं उस समय सोचता था कि काश! यदि इस विषय पर एक पूरी पुस्तक मिल जाती, तो मेरी कितनी मेहनत बच जाती, तनाव कितना कम हो जाता।

इसे मैं एक सुखद संयोग ही कहूँगा कि दीपावली के दिन प्रकाशक भाई अरुण माहेश्वरी घर पर आये, और उन्होंने हिन्दी भाषा के इतिहास पर सिविल सेवा परीक्षा के लिए एक पुस्तक लिखने की बात कही। उनके कहते ही मेरी आँखों के सामने अपनी भाग-दौड़ का सारा दृश्य जीवंत रूप में घूम गया। मेरे मन में शुरू में यह इच्छा थी कि एक ऐसी पुस्तक अवश्य होनी चाहिए। अतः मैंने भाई अरुण के इस प्रस्ताव को अपनी उस इच्छा की पूर्ति के रूप में देखा। इसी के परिणामस्वरूप आज यह पुस्तक बन पाई है।

पूर्ण मौलिकता का दावा केवल भाषा-वैज्ञानिक ही कर सकते हैं। लेकिन मैं यह बात तो पूरे आत्मविश्वास के साथ कह ही सकता हूँ कि मैंने इस पुस्तक की विषय-वस्तु को यथासंभव सम्पूर्ण, सुव्यवस्थित और सरल बनाने का प्रयास किया है। पुस्तक को

लिखते समय मेरा ध्यान पांडित्य प्रदर्शन का बिल्कुल भी नहीं रहा है। मैंने कोशिश की है कि तथ्यों को समझाने के तरीके से क्रमबद्ध ढंग से प्रस्तुत कर सकूँ। ताकि विद्यार्थी इसे सरलता के साथ ग्रहण कर सकें। इसी दृष्टि को ध्यान में रखकर मैंने कुछ अध्यायों के अंत में स्मरण रखने योग्य महत्त्वपूर्ण बिन्दु दिये हैं। साथ ही प्रत्येक अध्याय के साथ उससे संबंधित अब तक पूछे गये प्रश्न भी दिये हैं। इससे परीक्षार्थी यह समझ सकेंगे कि किसी अध्याय विशेष से किस तरह के प्रश्न पूछे जाने की संभावनाएँ बनती हैं।

मैंने विषय-वस्तु की व्याख्या कुछ इस तरह से की है कि विद्यार्थी अपने इस विषय के बारे में पूर्ण रूप से परिचित हो सकें। इसके कारण यदि कोई प्रश्न थोड़ा बहुत घुमावदार भी आ जाता है, तो विद्यार्थी को उसके अनुकूल स्वयं को मोड़ने में निश्चित ही मदद मिलेगी।

साथ ही मैंने यह भी प्रयास किया है कि पूछे गये सभी प्रश्नों के उत्तर इस पुस्तक के अध्ययन से दिये जा सकें। यह मेरा विश्वास है कि प्रत्येक परीक्षार्थी दिये गये पाँच प्रंश्नों में से तीन प्रश्नों के उत्तर तो इस पुस्तक के द्वारा दे ही लेगा। ज्ञातव्य हो कि आप सिविल सेवा परीक्षा में इस खण्ड से अधिकतर तीन प्रश्न ही बना सकते हैं। और आपको तीन प्रश्न इसी खण्ड से करने भी चाहिए, क्योंकि इनमें अधिक अंक मिलने की संभावना रहती है।

हालाँकि इस पुस्तक का स्वरूप सिविल सेवा परीक्षा के पाठ्यक्रम के अनुरूप है। तथापि यह राज्य सेवा परीक्षा तथा एम॰ ए॰ एवं बी॰ ए॰ के विद्यार्थियों के लिए भी उतनी ही उपयोगी है।

इस समय मुझे अपने शिष्य एवं सहयोगी प्रोफेसर डॉ॰ योगेन्द्र प्रताप सिंह की स्वाभाविक रूप से याद आ रही है, जिन्होंने इस पुस्तक को तैयार करने में भरपूर सहायता दी है। उनके प्रति आभार व्यक्त करते मैं उऋण नहीं होना चाहूँगा। इसके टंकण एवं कम्पोजिंग में श्री सतबीर सिंह ने जिस निष्ठा, धैर्य, उत्साह और तत्परता का परिचय दिया है, उसकी प्रशंसा करना मैं अपना लेखकीय धर्म समझता हूँ।

अत्यंत आशा और पूर्ण विश्वास के साथ अब यह पुस्तक मैं अपने युवा साथियों को सौंपता हूँ। आपकी प्रतिक्रियायें और सुझाव मेरे लिए लाभदायक होंगे।

V/24 'ए', राष्ट्रपति एस्टेट, **डॉ॰ विजय अग्रवाल**
नई दिल्ली-110004
बसंत पंचमी, 1996

क्रम

हिन्दी का विकास

हिन्दी आधुनिक आर्यभाषा है, जिसका जन्म आर्यों की प्राचीन भाषा संस्कृत से हुआ है। करीब दो हजार वर्ष पूर्व आर्यों की भाषा संस्कृत थी, जिसमें वेदों की रचनां हुई है। ऐतिहासिक विकास के विभिन्न चरणों से गुजरती हुई इस भाषा की एक शाखा हिन्दी भाषा है।

ऐतिहासिक विकास की दृष्टि से भारतीय आर्यभाषाओं को सामान्यतः तीन कालों में विभक्त किया जाता है :

(1) प्राचीन आर्यभाषा (2000 ई॰पू॰ - 500 ई॰पू॰)

(2) मध्य कालीन आर्यभाषा (500 ई॰पू॰ - 1000 ई॰)

(3) आधुनिक आर्यभाषा काल (1000 ई॰ से आज तक)

प्राचीन आर्यभाषा काल के अंतर्गत मूलतः वैदिक और साहित्यिक संस्कृत भाषा आती है। इस काल में वेदों की रचना हुई, तथा संस्कृत के कुछ महत्त्वपूर्ण ग्रन्थ लिखे गये।

मध्यकालीन आर्यभाषा काल के अंतर्गत तीन भाषाएँ सबसे महत्त्वपूर्ण रहीं। ये थीं :

(1) पालि

(2) प्राकृत, तथा

(3) अपभ्रंश (यह मध्यकालीन भारतीय भाषा और आधुनिक आर्यभाषाओं के बीच की कड़ी है)

वस्तुतः भाषाओं के विकास का इतिहास शिष्टजनों एवं आमजनों की भाषाओं के बीच संघर्ष एवं समन्वय का इतिहास रहा है। सामान्यतः यह देखा गया है कि एक युग विशेष में दो भाषाएं समानान्तर रूप से प्रचलित रहती हैं। इनमें से एक शिष्टजनों की भाषा होती है, जिसका प्रयोग पढ़े-लिखे विद्वान् तथा साहित्य जन करते हैं। दूसरी भाषा आम लोगों की भाषा होती है, जिसका प्रयोग कम पढ़े-लिखे लोग अपने दैनिक जीवन में करते हैं। भाषा के विकास का एक स्वाभाविक क्रम यह देखने में

आया है कि धीरे-धीरे शिष्टजनों की भाषा आम लोगों की भाषा के तत्त्व स्वीकार करने लगती है, और इस प्रकार उसका रूप बदलना प्रारम्भ हो जाता है। कुछ समय के पश्चात् यह बदली हुई भाषा ही उस काल की मुख्य भाषा बन जाती है। जैसे ही यह भाषा मुख्य भाषा बनती है, वैसे ही इसे फिर से शिष्टजनों के द्वारा स्वीकार कर लिया जाता है। ऐसी स्थिति में सामान्यजनों के लिए फिर से एक नई भाषा का जन्म होता है। और इस प्रकार समाज में पुनः दो भाषाएँ अस्तित्व में आ जाती हैं। संस्कृत भाषा अपनी इसी विकास प्रक्रिया के द्वारा हिन्दी तक पहुँची है। इसे इस प्रकार समझना सरल होगा।

वैदिक काल में जब संस्कृत शिष्टजनों की भाषा थी, उस समय प्राकृत आम लोगों की भाषा थी। बाद में जब इस प्राकृत को शिष्टजनों ने अपना लिया, तब अपभ्रंश लोक की भाषा बनी। ('अपभ्रंश' शब्द से ही स्पष्ट है कि इसे 'भ्रष्ट' भाषा कहा गया)। कालान्तर में जब यह अपभ्रंश साहित्य की भाषा बनी, तब अन्य लोक भाषाएँ आगे बढ़ीं। हिन्दी तथा अन्य आर्य भाषाओं का जन्म इसी अपभ्रंश से हुआ है। यहाँ यह स्मरण करना उपयुक्त होगा कि चूँकि शिष्टजनों की भाषा व्याकरण के अनुशासन में कस दी जाती है, इसलिए उसका विकास रुक जाता है। इस अनुशासन की प्रतिक्रियास्वरूप जन भाषा आगे आती है, और कुछ समय बाद स्वयं व्याकरण के अनुशासन में जकड़कर एक नई भाषा को विद्रोह करने का मार्ग प्रशस्त कर देती है।

इस प्रकार सामान्य तौर पर हिन्दी के वर्तमान विकास को इस प्रकार व्यक्त किया जा सकता है :

संस्कृत > प्राकृत > अपभ्रंश > हिन्दी।

भाषा के इस विकासक्रम को हिन्दी की 'मिट्टी' शब्द के विकास से अच्छी तरह समझा जा सकता है। संस्कृत का शब्द था 'मृत्तिका'। यह शब्द आगे जाकर प्राकृत में बना—'मट्टिया'। अपभ्रंश में यह हुआ 'माटी' और हिन्दी में आकर यही शब्द बना—'मिट्टी'।

हिन्दी के अधिकांश शब्दों की व्युत्पत्ति संस्कृत में देखी जा सकती है। और इस बीच के काल में उन शब्दों में हुए रूप-परिवर्तन को आसानी से पहचाना जा सकता है।

मध्यकालीन आर्यभाषा के स्वरूप को समझने के लिए पाली एवं प्राकृत की थोड़ी-सी जानकारी प्राप्त करना व्यावहारिक होगा।

इस समय तक मध्यकालीन आर्यभाषाएं रूप ग्रहण करने लगी थीं। प्राचीन आर्यभाषा के कुछ ऐसे शब्द थे, जिनके उच्चारण में सामान्य जन को कठिनाई होती थी। इसके परिणामस्वरूप इस काल में कुछ वैदिक ध्वनियों का लोप होने लगा, तथा कुछ नई ध्वनियां अस्तित्व में आने लगीं। संस्कत के अंतर्गत शब्द रूपों और धातु

रूपों का भी लोप होने लगा था। एक प्रकार से कहा जा सकता है कि ये सारे परिवर्तन भाषा में प्रवाह और सरलता के लिए स्वाभाविक रूप से आ गए थे। छठी शताब्दी तक आते-आते इस जन भाषा का प्रयोग इतना अधिक बढ़ गया था कि भगवान् महावीर और गौतम बुद्ध ने अपने प्रवचनों के लिए इसी जनभाषा को स्वीकार किया, जो उस समय पालि एवं प्राकृत के रूप में विद्यमान थी।

1. पालि : संस्कृत के बाद जनभाषा के रूप में पहली भाषा पालि आई, जिसका काल 500 ई॰पू॰ से 1000 ई॰ तक माना जाता है। इसी भाषा में बुद्ध के उपदेश तथा अशोक के शिलालेख मिलते हैं। 'पालि' को 'पल्लि', अर्थात् गाँव की भाषा माना जाता है। प्रसिद्ध भाषाविद् जॉर्ज ग्रियर्सन ने इसे मूलतः मगध की जनभाषा माना है। इस भाषा में संस्कृत की कुछ कठिन ध्वनियाँ समाप्त हो गई हैं; विशेषकर 'श' तथा विसर्ग (:) ध्वनियाँ। साथ ही 'ए' एवं 'ओ' का विकास हुआ। संस्कृत में तीन वचन थे—एकवचन, द्विवचन और बहुवचन। हिन्दी में केवल दो वचन ही हैं—एकवचन और बहुवचन। द्विवचन की समाप्ति का आरम्भ पालि से ही हो गया था।

2. प्राकृत : 'प्राकृत' शब्द की व्युत्पत्ति 'प्राकृत', अर्थात् साधारण जन से हुई है। इस प्रकार 'प्राकृत' शब्द का अर्थ जन साधारण की भाषा से है।

यद्यपि आचार्यों ने कई प्राकृतों का उल्लेख किया है, किन्तु पाँच प्राकृत महत्त्वपूर्ण माने जाते हैं। ये हैं—मागधी, अर्द्ध मागधी, शोरसेनी, महाराष्ट्री और पैशाची। इन प्राकृतों के नाम जनपदों के नामों पर आधारित हैं। जैसेकि मागधी मगध की भाषा थी। इसका प्राचीनतम् रूप अश्वघोष के नाटकों में प्राप्त होता है। संस्कृत नाटकों में निम्न श्रेणी के पात्र इसका प्रयोग करते हैं। यह तथ्य ही इस बात का प्रमाण है कि किस प्रकार प्राकृत भाषा अशिक्षित लोगों की भाषा मानी जाती थी, और मूलतः संस्कृत के काल में वह एक तिरस्कृत भाषा ही थी।

अर्द्धमागधी कोसल प्रदेश की भाषा थी। जैन आचार्यो ने इसमें ग्रन्थों की रचना की। आचार्य विश्वनाथ ने इसे राजपुत्रें एवं सेठों की भाषा कहा है। शोरसेनी प्राकृत मूलतः सूरसेन प्रदेश (मथुरा) की भाषा थी। संस्कृत नाटकों में सभी पात्र और विदूषक इसका प्रयोग करते हैं। राजशेखर की 'कर्पूर मंजरी' शोरसेनी प्राकृत में है। महाराष्ट्री प्राकृत का क्षेत्र महाराष्ट्र था। यह प्राकृतों में सबसे अधिक विकसित एवं साहित्यिक रूप से समृद्ध भाषा है। हाल की 'गाहा' 'सतसई' और प्रवर सेन की 'रावण वहो' रचनाएं इसी भाषा में प्राप्त होती हैं। महाराष्ट्री प्राकृत ही जब दक्षिण में पहुँची, तब स्थानीय लोक भाषा से मिलकर मराठी बन गई। पैशाची प्राकृत पश्चिमोत्तर प्रदेश में विकसित हुई। इसमें कोई साहित्य उपलब्ध नहीं है। इसी का विकसित रूप 'लहन्दा' है।

जैसा कि पहले बताया गया, जब कोई भाषा साहित्यिक रूप में प्रचलित होती है,

तो वह व्याकरण के अनुशासन में बांध दी जाती है। सामान्यजन के लिए यह अनुशासन स्वीकार करना कठिन हो जाता है। ऐसी स्थिति में सामान्यजनों के बीच एक नई भाषा के अंकुर फूटने लगते हैं। इसके अनुसार जिस समय विभिन्न प्राकृतों को ग्रन्थों की भाषा बनने का गौरव प्राप्त हो रहा था, उसी समय बोलचाल की भाषा का निरन्तर विकास हो रहा था। कुछ समय बाद बोलचाल की इन भाषाओं का रूप प्राकृतों से इतना भिन्न हो गया कि वे स्वतंत्र अस्तित्ववाली भाषा लगने लगीं। यहां तक कि प्राकृत भाषा के व्याकरणाचार्यों ने भी उन्हें एक अलग भाषा की संज्ञा दे दी। छठी-सातवीं शताब्दी तक इस भाषा का अपना एक अलग स्वरूप निर्मित हो चुका था। यही भाषा अपभ्रंश के नाम से जानी गई।

अपभ्रंश

अधिकांश विद्वानों ने अपभ्रंश का समय 500 से 1000 ई॰ तक माना है। प्राकृत के विरोध में विकसित जनभाषा ने इस समय तक स्वतंत्र स्वरूप ग्रहण कर लिया था। बाद में 500 वर्षों के अन्तराल में विभिन्न जनपदों की स्थानीय भाषाओं के सम्पर्क में आकर 11वीं शताब्दी तक पहुंचते-पहुंचते यह अपभ्रंश अनेक आधुनिक आर्यभाषाओं की जननी बनी।

अपभ्रंश, अर्थात्—भ्रष्ट, च्युत, स्खलित, विकृत एवं अशुद्ध। जो भाषा भाषा के व्याकरणिक मानदण्डों से गिर गई है, वह भाषा अपभ्रंश है। संस्कृत वैयाकरणों ने संस्कृत से भिन्न सभी भाषाओं को 'अपभ्रंश' कहा है।

वस्तुतः अपभ्रंश मध्यकालीन आर्यभाषाओं तथा आधुनिक आर्यभाषाओं (इसमें हिन्दी, बंगला, गुजराती, मराठी, उड़िया, असमिया, पंजाबी आदि कई भाषाएं शामिल हैं) के बीच की कड़ी है। हम कह सकते हैं कि सभी आधुनिक आर्यभाषाओं को अपभ्रंश के सोपान को पार करना पड़ा है।

'अपभ्रंश' शब्द का प्रयोग सर्वप्रथम आचार्य ब्याडि ने किया। इसके बाद महाभाष्यकार पतंजलि ने इस शब्द का प्रयोग भाषा के अपाणिनीय उपयोग के लिए किया; अर्थात् वह भाषा, जो पाणिनी के व्याकरण के अनुकूल नहीं बैठती। इसके उपरान्त भर्तृहरि, भामह तथा दंडी आदि ने भी अपभ्रंश शब्द के प्रयोग किए। इससे स्पष्ट होता है कि कम-से-कम छठी शताब्दी तक तो अपभ्रंश ने भाषा के रूप में अपना स्थान बना ही लिया था।

300 वर्षों बाद ईसा की 9वीं शताब्दी में आचार्य रुद्रट ने संस्कृत एवं प्राकृत के साथ-साथ अपभ्रंश का उल्लेख करते हुए स्थान के आधार पर उसके अनेक भेद बताए। इसके करीब 200 वर्षों बाद ही 11वीं शताब्दी में प्राकृत-वैयाकरण पुरुषोत्तम ने अपभ्रंश को शिष्ट वर्ग की भाषा स्वीकार किया। इस समय तक यह भाषा साहित्यिकों

के बीच इतनी स्वीकृत हो चुकी थी कि 12वीं शताब्दी में आचार्य हेमचन्द्र ने अपभ्रंश का व्याकरण लिखा। इस प्रकार बीच के 600 वर्षों में अपभ्रंश ने अपना व्याकरण निर्मित कर लिया था। और जैसे ही इसे व्याकरण का अनुशासन स्वीकार करना पड़ा, वैसे ही सभी जन-भाषाएं प्रबल होने लगीं, जिसके परिणामस्वरूप आधुनिक आर्यभाषाएं अस्तित्व में आईं।

भारतीय भाषाओं के विकास में अपभ्रंश के योगदान का प्रश्न कुछ विवादास्पद रहा है। जहाँ एक ओर डॉ॰ किशोरीदास वाजपेयी एवं डॉ॰ रामविलास शर्मा जैसे विद्वान् अपभ्रंश को एक कल्पित भाषा मानते हैं, एवं जन सामान्य में इसके सार्थक अस्तित्व को स्वीकार नहीं करते, वहीं डॉ॰ ग्रियर्सन एवं सुनीति कुमार चटर्जी जैसे विद्वानों ने इसे मध्यकालीन आर्यभाषा की संज्ञा दी है, और इसे आधुनिक आर्यभाषाओं की एक सीढ़ी के रूप में प्रस्तुत किया है। अपभ्रंश के वास्तविक देशी भाषा (बोलचाल की भाषा) के अस्तित्व के समर्थन में जहाँ पिशेल, ग्रियर्सन, सुनीति कुमार चटर्जी एवं बूलनर जैसे विद्वान् हैं, वहीं अपभ्रंश में प्रयुक्त देशी शब्दों का आधुनिक आर्यभाषाओं में 'लोप' के आधार पर याकोवी, कीथ तथा अल्सडोर्फ जैसे विद्वान् इस मत को नकारते हैं।

आचार्य भरत और रुद्रट ने अपने ग्रन्थों में देशी भाषा का उल्लेख किया है। हेमचन्द्र ने भी ऐसे शब्दों को संकलित किया है। उस समय जनभाषा में प्रचलित शब्दों को ही 'देशी' शब्दों की संज्ञा दी गई थी। प्राकृत के पश्चात् जब अपभ्रंश लोक भाषा बनी, तब यही देशी भाषा कहलाने लगी थी। हिन्दी कवियों ने भी 'भाषा', 'भाखा' तथा 'देसिल बयना' आदि शब्दों का प्रयोग किया है। अतः यह मानना कि अपभ्रंश साहित्यिक भाषा न होकर मात्र देशी भाषा है, उचित नहीं लगता।

उपलब्ध साहित्य से यह स्पष्ट होता है कि कम-से-कम आठवीं से 13वीं शताब्दी तक परिनिष्ठित अपभ्रंश भारतीय आर्यभाषा क्षेत्र की सर्वमान्य साहित्यिक भाषा थी। बंगाल के सरहपाद एवं काण्ह, मिथिला के ज्योतिरिश्वर एवं विद्यापति, मुल्तान के अब्दुल रहमान, खेट के पुष्पदंत एवं स्वयंभू जैसे कवियों की रचनाएं इस युग में अपभ्रंश की व्यापकता के स्पष्ट प्रमाण हैं। अपभ्रंश को पालों, राष्ट्रकूटों, परवर्ती सोलंकियों तथा गहरवारों आदि का राजाश्रय भी प्राप्त था।

भरत के 'नाट्यशास्त्र' के अनुसार अपभ्रंश का क्षेत्र हिमवत सिंधु प्रदेश था। दसवीं शताब्दी के राजशेखर ने राजस्थान तथा टक्क आदि प्रदेशों को अपभ्रंश का क्षेत्र माना। इसका अर्थ यह हुआ कि तब इसका विस्तार राजपूताना और पंजाब तक हो चुका था। यदि अपभ्रंश में रचित साहित्य को आधार बनाया जाए, तो इसका क्षेत्र राजस्थान, गुजरात-पश्चिमोत्तर भारत, बुन्देलखण्ड, बंगाल और दक्षिण तक बैठता है। 11वीं शताब्दी तक अपभ्रंश भारत के इस विस्तृत क्षेत्र में प्रयोग में लाई जाने लगी थी।

प्रवृत्तियाँ : अपभ्रंश की अब तक करीब 200 रचनाएं प्राप्त हो चुकी हैं। उनके आधार पर इस भाषा की कुछ सामान्य प्रवृत्तियों की ओर संकेत किया जा सकता है। इन मूल प्रवृत्तियों को समझने के लिए यह ध्यान रखना आवश्यक है कि यह भाषा मध्य काल और आधुनिक काल के संधि बिन्दु पर खड़ी भाषा है। यह एक ऐसी दहलीज पर स्थित भाषा है, जबकि वह अपने आदिम भाषा के स्वरूप (संस्कृत) से अपने को काफी मुक्त कर रही थी, तथा नवीनतम् भाषा (हिन्दी, बंगला, गुजराती, मराठी आदि) के स्वरूप का निर्माण कर रही थी। इस प्रकार यह भारतीय आर्यभाषा में महत्त्वपूर्ण एवं मौलिक परिवर्तन की सूचना देती है। अपभ्रंश तक आते-आते भाषा में परिवर्तन का आभास स्पष्ट रूप से होने लगता है। हालांकि उसका प्रारम्भ प्राकृत से ही हो चुका था, किन्तु शताब्दियों के परिवर्तन का यह संचित रूप अपभ्रंश में ही सहसा पहली बार दृष्टिगोचर हुआ। इस तरह अपभ्रंश ने—

(1) संस्कृत व्याकरण के विस्तार को संक्षिप्त करके भाषा के रूप को सरल बनाया।

(2) इसने विभक्तियों की संख्या काफी कम कर दी। संस्कृत में सात विभक्तियाँ थीं, और प्रत्येक विभक्ति के तीन-तीन रूप होते थे। इस प्रकार कुल 21 विभक्तियां थीं। जबकि अपभ्रंश ने केवल प्रथमा, द्वितीया और तृतीया से ही काम चला लिया।

(3) वाक्य विन्यास में शब्दों का स्थान महत्त्वपूर्ण हो गया।

(4) अनेक शब्दों के ध्वनियों में परिवर्तन करके इसने अपनी अलग पहचान स्थापित की, तथा

(5) कुछ देशी शब्दों को ग्रहण करके इसने अपने शब्दकोश को समृद्ध किया।

इन प्रवृत्तियों के आधार पर दो प्रमुख निष्कर्ष निकलते हैं। प्रथम यह कि अपभ्रंश आर्यभाषाओं के संयोगावस्था से वियोगावस्था की सन्धिकाल की सूचक है। द्वितीय यह कि यह संस्कृत एवं प्राकृत की तरह व्याकरणीय न होकर व्याकरण के जटिल नियमों से काफी मुक्त हो गई। अपभ्रंश के विषय में याकोवी का यह मत द्रष्टव्य है कि—

"अपभ्रंश एक मिश्रित भाषा है, जिसने अपने शब्दकोश का अधिकांश भाग साहित्यिक प्राकृतों एवं व्याकरणिक गठन देशी भाषाओं से ग्रहण किया है।"

इस प्रकार अपभ्रंश के शब्द समूहों में प्राचीनता तथा व्याकरण में नवीनता के दर्शन होते हैं। कालान्तर में प्राचीनता और नवीनता के इस संघर्ष में नवीनता की विजय हुई, और इस विजय के परिणामस्वरूप अनेक आधुनिक क्षेत्रीय भाषाओं का जन्म हुआ है।

अपभ्रंश की विशेषताएं

जब कोई भी भाषा नया स्वरूप ग्रहण करती है, तब निश्चित रूप से उसमें जहाँ एक ओर अपनी पूर्ववर्ती भाषा के गुण विद्यमान रहते हैं, वहीं दूसरी ओर नई भाषा को जन्म देने के बीज भी। इस दृष्टि से अपभ्रंश में हमें जहां प्राकृत के कुछ गुण देखने को मिलते हैं, वहीं वे गुण भी, जो वर्तमान में क्षेत्रीय भाषाओं में दिखाई पड़ रहे हैं।

सरलता की दृष्टि से अपभ्रंश भाषा की विशेषताओं को दो मूल रूपों में प्रस्तुत करना उपयुक्त होगा—(1) शाब्दिक (ध्वनिगत) विशेषताएं, एवं (2) व्याकरणिक (रूपगत) विशेषताएं। शब्दगत विशेषता के अंतर्गत अपभ्रंश भाषा के ध्वनि संबंधी लक्षणों का उल्लेख होगा। साथ ही उन लक्षणों को भी हम देखेंगे, जिनका अनुसरण करके इसने स्वयं को प्राकृत की ध्वनियों से अलग किया है। व्याकरणिक विशेषता के अंतर्गत उसके व्याकरणिक लक्षणों की चर्चा करेंगे।

ध्वनिगत विशेषताएं : अपभ्रंश में वे सभी ध्वनियाँ विद्यमान रहीं, जो प्राकृत में थीं। इन स्वर एवं व्यंजन ध्वनियों की अलग-अलग विशेषताएं इस प्रकार हैं :

(क) स्वर ध्वनियां :

(1) अपभ्रंश में प्राकृत की भांति निम्न स्वर ध्वनियाँ पाई जाती हैं :

ह्रस्व – अ, इ, उ, ए, ओ

दीर्घ – आ, ई, ऊ, ऐ, औ और ऋ (यथा—तृणु, सकृदु)

दीर्घ 'ए' और दीर्घ 'ओ' ध्वनियां अपभ्रंश में 'अई' तथा 'अउ' रूपों में प्राप्त होती हैं; जैसे :

वैशाख > वइसाख (ऐ > अइ)

गौ > गउ (औ > अउ)

(2) यद्यपि 'लृ' ध्वनि का प्रयोग संस्कृत में भी कम ही हुआ है, किन्तु अपभ्रंश में इसका सर्वथा लोप हो गया।

(3) अपभ्रंश ने सरलीकरण की नीति अपनाई। इससे उच्चारण की सुविधा के लिए स्वरों में परिवर्तन हुआ। इस प्रक्रिया में समानीकरण एवं विसमानीकरण दोनों ही स्थितियाँ मिलती हैं। उदाहरण के लिए—

पक्व > पिक्क (इसमें 'प' का 'पी' हो गया है, अर्थात् 'अ' का 'इ' हो गया)

तस्य > तासु (इसमें अंतिम ध्वनि 'य' 'सु' में परिवर्तित हो गई है। अर्थात्, अंतिम स्वर 'अ' 'उ' में बदल गया है।) इस प्रकार—

उत्तम > उत्तिम

मध्यम > मज्झिम

(4) अपभ्रंश में कुछ स्थानों पर स्वरों का लोप हो गया है। स्वरों का यह लोप शब्द के आरम्भ में (आदि स्वर लोप), शब्द के मध्य में (मध्य स्वर लोप) तथा शब्दों के

अंत में (अंत्य स्वर लोप) दिखाई पड़ता है; जैसे—

उपविष्ट > बइट्ठ

(इसमें आदि स्वर 'उ' का लोप हो गया है)

भविसत्त > भविस्यदत

(इसमें 'स' ध्वनि अर्द्ध 'स' हो गई है, अर्थात् मध्य स्वर का लोप हो गया है।)

क्षेत्रित > खेत्ती

(इसमें अंतिम 'त' ध्वनि न होने से 'अ' स्वर का लोप हो गया है)

(5) जब दो संयुक्त स्वर आते हैं, तब उनमें पूर्व स्वर को दीर्घ करने की प्रवृत्ति दिखाई पड़ती है। उदाहरण के लिए—

कस्य > कस्स > कासु

(6) कुछ दीर्घ स्वरों को ह्स्व करने की भी प्रवृत्ति दिखाई पड़ती है; जैसे—

गम्भीर > गहिर (इसमें 'भी' का 'हि' अर्थात् ई का इ हो गया है।)

पाषाण > पाहन (आ > अ)

ग्राम > गाम

(7) अपभ्रंश में दो व्यंजनों के मध्य में उच्चारण की सुविधा के लिए 'इ' स्वर लाने की प्रवृत्ति पाई जाती है। इसे स्वरागम कहते हैं, यथा—

आर्य > अरिया

क्रिया > किरिया

('क्रि' का उच्चारण करना अपेक्षाकृत कठिन होता है। ऐसी स्थिति में 'क' के साथ 'इ' की मात्र को सुरक्षित रखते हुए 'र' के साथ भी 'इ' की मात्रा लगा दी गई है। अर्थात्, शब्द के मध्य में 'इ' स्वर का आगमन हो गया है।)

(8) सानुनासिकता (Nasalisation) तथा निरनुनासिकता (Denasalisation) की प्रवृत्ति प्राकृत काल से ही चली आ रही थी। अपभ्रंश ने भी इसे अपनाया। इसके अंतर्गत जब किसी व्यंजन ध्वनि का लोप किया गया, तो उसकी क्षतिपूर्ति (भरपाई) के लिए स्वर के अंत में अनुस्वार लगा दिया गया। जैसे—

अहकम् > हउँ

स्वयं > सइँ

ठीक इसके विपरीत प्राचीन आर्य भाषाओं की कुछ अनुनासिक ध्वनियों को निरनुनासिक भी किया गया; जैसे—

सिंह > सिह

विंशति > बीस

अपभ्रंश में सानुनासिकता के कुछ उदाहरण अकारण ही देखने को मिलते हैं; जैसे—

पक्षिण > पंखि
बक्र > बंक

(9) अपभ्रंश में स्वरों में परिवर्तन के निम्न रूप भी दिखाई पड़ते हैं—

(क) पररूप ग्रहण (Vowel calourisation)

विद्वस > विउस्
तिर्यक > तिरिच्छ

(ख) स्वरभक्ति (Anaptyxis)

मूर्ख > मुरुक्ख
कृष्ण > कसण

(ग) अपिनिहिति (Epenthesis)

कार्य > केर
पद्म > पोम

(ख) व्यंजन ध्वनियाँ :

(1) अपभ्रंश में निम्न 30 व्यंजन ध्वनियाँ हैं—

क, ख, ग, घ (कण्ठय)
च, छ, ज, झ (तालव्य)
ट, ठ, ड, ढ, ण (मूर्धन्य)
त, थ, द, ध, न (दन्त्य)
प, फ, ब, भ, म (ओष्ठय)
य, र, ल, व (अन्तस्थ)
श, स, ह (ऊष्म)

(2) 'न' ध्वनि विवादास्पद मानी गई है। प्राकृत में 'न' को सर्वत्र 'ण' किया गया है।

(3) यद्यपि अपभ्रंश में आदि व्यंजन को सुरक्षित रखने की प्रवृत्ति है, किन्तु कहीं उसका महाप्राणीकरण, कहीं अल्पप्राणीकरण तो कहीं मूर्धन्यीकरण कर दिया गया है। ये स्थितियाँ निम्न प्रकार रहीं--

(क) महाप्राणीकरण (Aspiration)—

ज्वल् > झल्ण
पश्चिम > पच्छिम

टीप---वह ध्वनि महाप्राण ध्वनि कहलाती है, जिसके उच्चारण के लिए महा (अधिक) प्राण (वायु) की आवश्यकता होती है। प्रत्येक वर्ग की दूसरी और चौथी ध्वनि महाप्राण ध्वनि मानी गई है। ये ध्वनियां हैं—

ख, घ, छ, झ, ठ, ढ, थ, ध, फ, भ आदि।

ठीक इसके विपरीत जिन व्यंजन ध्वनियों के उच्चारण में अल्प (कम) प्राण

(वायु) की आवश्यकता होती है, उन्हें अल्पप्राण ध्वनि कहते हैं। प्रत्येक वर्ग की प्रथम, तृतीय और पंचम ध्वनि अल्पप्राण ध्वनि होती है। ये ध्वनियां हैं–

क, ग, ङ, च, ज, ञ, ट, ड, ण, त, द, न, प, ब, म आदि।

ज्वल् > झल्ण, वाले उदाहरण में आप देख रहे हैं कि आरम्भ की 'ज' ध्वनि 'झ' हो गई है। 'ज' अल्पप्राण ध्वनि है, जिसे 'झ' करके महाप्राण बना दिया गया है।

(ख) अल्पप्राणीकरण (De-aspiration) –

क्षुभित > कुहिय (स क)

(ग) मूर्धन्यीकरण –

स्तब्ध > ठड्ढ

भगिनी > वहिणि

टीप–मूर्धन्य ध्वनियां उन्हें कहते हैं, जिनका उच्चारण मूर्धन्य से होता है। 'ट' वर्ग की ध्वनियां (ट, ठ, ड, ढ, ण) मूर्धन्य ध्वनियां हैं। उपरोक्त उदाहरण में 'स्तब्ध' की सभी ध्वनियाँ मूर्धन्य हो गई हैं। दूसरे उदाहरण में 'न' ध्वनि 'ण' हो गई है।

(4) अपभ्रंश में प्राचीन आर्य भाषाओं में शब्दों के आरम्भ में आने वाले व्यंजनों में 'न', 'य', 'श' और 'घ' को छोड़कर प्राय सभी व्यंजन सुरक्षित हैं। कुछ व्यंजनों में परिवर्तन हुए हैं; जैसे–

(क) 'च' के स्थान पर 'ज'–

यमुना > जमुना

(ख) 'न' का 'ण' हो गया है–

नागर > णागर

(ग) 'श' का 'स' हो गया है–

शाखा > साखा

(घ) 'ष' – 'स' में परिवर्तित हो गया है–

षटकोण > सटकोण

(5) एक प्रवृत्ति यह भी देखने में आई है कि अपभ्रंश में मध्यम (मध्य के) व्यंजनों का प्रायः लोप हो गया है, तथा महाप्राण व्यंजन ध्वनियां (ख, घ, छ, झ, फ, भ आदि) के स्थान पर 'ह' शेष रह गया है। उदाहरण के लिए–

सखि > सही (ख > ह)

शोभा > सोह (भ > ह)

मुक्ताफल > मुक्तहल (फ > ह)

(6) अपभ्रंश में मध्यम व्यंजन के लोप होने की प्रवृत्ति ही अधिक दिखाई देती है, जो

इसकी महत्त्वपूर्ण विशेषता है। व्यंजनों का यह लोप आदि, मध्य और अंत, इन तीनों ही रूपों में प्राप्त होता है। उदाहरण के लिए—

स्तर > थण (आदि व्यंजन 'स' का लोप)
सरलाविवि > सरलाइवि (मध्यम व्यंजन 'व' का लोप)
पश्चात > पश्चा (अन्त्य व्यंजन 'त' का लोप)

(7) जैसा कि ऊपर वाले बिन्दु में बताया गया है, अपभ्रंश में मध्यम व्यंजन के लोप होने की प्रवृत्ति ही सामान्यतः दिखाई देती है। किन्तु वैकल्पिक रूप में उनको कहीं-कहीं सघोष भी किया गया है। जैसे—

सुखेर > सुधि

किन्तु कहीं-कहीं मध्यम व्यंजन सुरक्षित भी हैं; जैसे—

अचेतन > अचेयण
अजित > अजिय

(8) उच्चारण की सुविधा के लिए अपभ्रंश में स्वर आगम के समान ही व्यंजनागम की भी प्रवृत्ति मिलती है। जैसे—

तत्क्षण > तत्तक्खण

(9) अपभ्रंश में भी प्राकृत की ही भांति सबल व्यंजनों का समीकरण हो गया है। जैसे—

चक्र > चक्क
मार्ग > मग्ग

(10) अपभ्रंश में संयुक्त व्यंजनों के क्षेत्र में पर्याप्त ध्वनि परिवर्तन दिखाई पड़ते हैं। इसमें संयुक्त व्यंजनों में निम्न परिवर्तन परिलक्षित होते हैं—

(क) 'त्य' का 'च्च' होना। जैसे—

सत्य > सच्च

(ख) 'थ्य' का 'च्छ' होना। जैसे—

रथ्या > रच्छा

(ग) 'द्य' का 'ज्ज' होना। जैसे—

अद्य > अज्ज

(घ) 'ध्य' का 'ज्झ' होना। जैसे—

संध्या > संज्झा

(ङ) 'क्ष' का 'ख' होना। जैसे—

पक्षी > पाखी

(च) 'त्व' का 'तु' होना। जैसे—

त्वम् > तुहूँ

(छ) 'द्व' का 'ब' होना। जैसे—

द्वार > बार

(ज) 'ज्ञ' का 'ज' होना। जैसे—

मनोज्ञ > मनोज

(झ) 'ष्ण' का 'न्ह' होना। जैसे—

कृष्ण > कान्ह

(ञ) 'स्म' का 'म्ह' होना। जैसे—

अस्मै > अम्ह

(11) 'र' व्यंजन से संबंधित निम्न परिवर्तन प्राप्त होते हैं—

(क) संयुक्त 'र' के लोप की प्रवृत्ति है। जैसे—

प्रिय > पिय

(ख) किन्तु वह कहीं-कहीं सुरक्षित भी है। जैसे—

ध्रुव > ध्रुवु

(ग) इन दोनों स्थितियों के विपरीत कहीं-कहीं व्यंजन के साथ 'र' का आगमन भी हो गया है। उदाहरण के लिए—

पश्चति > प्रस्सदि

लगता है कि अपभ्रंश में 'र' के आगमन की यह प्रवृत्ति भाषा में संस्कृत के समान उदात्तता लाने के प्रयास के कारण आई होगी।

(12) प्राकृत के समान अपभ्रंश में भी ट, द, न और र के स्थान पर 'ल' व्यंजन आ गया है। उदाहरण के लिए—

अवरटित > ओरलिय (ट > ल)
प्रदीप्त > पलित्त (द > ल)
नवनीत > लोण (न > ल)
दारिद्रय > दालिद्द (र > ल)

(13) अपभ्रंश में 'व' का 'ब' होने की प्रवृत्ति दिखाई पड़ती है। जैसे—

वचन > बअण (व > ब)

(14) इसी प्रकार कहीं—कहीं 'ब' एवं 'व' के स्थान पर 'म' हो गया है। जैसे—

शब्र > समर. (ब > म)

(15) उच्चारण की असावधानी के कारण अपभ्रंश में कुछ शब्दों में वर्ण विपर्यय की प्रवृत्ति भी मिलती है। इस प्रवृत्ति के अंतर्गत शब्दों की ध्वनियां परस्पर स्थान परिवर्तन कर लेती हैं। उदाहरण के लिए—

ब्राह्मण > बाम्हन

(इस उदाहरण में 'ह' के स्थान पर 'म' एवं 'म' के स्थान पर 'ह' हो गया है।)

वाराणसी > वाणारसी

(इसमें भी हम देखते हैं कि 'र' एवं 'ण' ध्वनियों ने परस्पर अपने स्थान बदल लिए हैं।)

(16) अनेक स्थानों पर अंतिम व्यंजन को द्वित कर दिया गया है। यथा—

काच > कच्च
('च' के स्थान पर 'च्च')
यूथ > जुत्थ
('थ' के स्थान पर 'त्थ')

(17) कहीं-कहीं क्षतिपूर्ति के रूप में व्यंजन को सानुनासिक बना दिया गया है। जैसे—

बक्र > बंक

(18) मध्य में 'म' प्रायः सुरक्षित है। किन्तु वैकल्पिक रूप में कहीं-कहीं 'म' 'वँ' में भी बदल दिए गए हैं। जैसे—

कमल > कवँल

व्याकरणिक विशेषताएं

अपने स्वरूप निर्माण की प्रवृत्ति में स्वतंत्रता अपनाए जाने के कारण अपभ्रंश ने अपनी अलग प्रकृति की रचना की, और इसी कारण वह प्राकृत से भिन्न हो सकी। राहुल सांकृत्यायन के शब्दों में अपभ्रंश ने "नये सुत्तों एवं तिङतों की सृष्टि की है।" मूलतः अपभ्रंश उकारबहुला भाषा है, जिसकी अपनी पृथक् विशेषताएं हैं। ये विशेषताएं इस प्रकार हैं—

(1) प्रातिपदिक—

(क) अपभ्रंश में संज्ञा प्रातिपदिकों की सत्ता लुप्त हो गई, और केवल अकारान्त पुल्लिंग प्रातिपदिक ही शेष रहे। अपभ्रंश ने या तो अंतिम व्यंजन का लोप कर दिया है; जैसे—'जगत' प्रातिपदिक 'जग' में परिवर्तित हो गया। अथवा उसको अकारयुक्त बना दिया; जैसे—'आत्मन' की जगह 'अप्प' हो गया है।

(ख) अपभ्रंश ने सभी प्रातिपदिकों को स्वरांत बना लिया। यद्यपि अपवाद स्वरूप कुछ व्यंजनांत प्रातिपदिक भी मिल जाते हैं। जैसे—'राजनः' प्रातिपदिक अपभ्रंश में 'रायाणो' बन गया।

(ग) ऋकारान्त प्रातिपदिकों के 'ऋ' को अपभ्रंश ने 'अर' अथवा 'इ' में परिवर्तित कर दिया। यथा—

पितृ > पियर (ऋ > अर)
मातृ > माइ (ऋ > इ)

(घ) यहाँ तक कि स्वरांत प्रातिपदिक भी विविधता त्यागकर एकरूपता की ओर अग्रसर हुए। इस दृष्टि से अंतिम दीर्घ स्वर को ह्रस्व करने की प्रवृत्ति ने बहुत महत्त्वपूर्ण भूमिका निभाई। इसके कारण दीर्घ स्वरांत प्रातिपदिक करीब-करीब समाप्त से ही हो गए। उदाहरण के लिए—

पूजा > पूज्ज

(इसमें अंतिम 'आ' संयुक्त व्यंजन 'ज्ज' में परिवर्तित हो गया है। इस प्रकार दीर्घ स्वर ह्रस्व हो गया है।)

निशा > निशि (आ > इ)

कथा > कहि (आ > इ)

इस प्रकार अपभ्रंश में केवल 'अ', 'इ' तथा 'उ' कारान्त प्रातिपदिक ही शेष रह गए। प्रातिपदिकों की विभिन्नताओं से मुक्त होकर अपभ्रंश में जटिलता काफी कम हो गई।

(2) प्रातिपदिक एवं शब्द रूपों के इस एकीकरण का प्रभाव अपभ्रंश के लिंग विधान पर भी पड़ा। चूंकि प्रातिपदिकों के रूपों में समानता आ गई, और सभी लिंगों में एक ही विभक्ति प्रत्यय जुड़ने लगी, इसलिए इन शब्द रूपों को देखने से लिंग भेद का ज्ञान नहीं हो पाता। जैसे—कुम्भान > कुम्भइँ। इस शब्द से यह अनुमान नहीं लगाया जा सकता कि यह शब्द (कुम्हार) पुल्लिंग है या स्त्रीलिंग।

यहां यह विशेषता दिखाई पड़ती है कि 'अ', 'इ' तथा उकारान्त सभी प्रातिपदिक स्त्रीलिंग हैं, जिनकी संख्या काफी कम है। वस्तुतः लिंग विपर्यय के कारण अपभ्रंश में 'अ', 'इ', 'उ' कारान्त प्रातिपदिकों में पुल्लिंग रूपों की ही प्रधानता रही है।

महत्त्वपूर्ण बात यह है कि नपुंसक लिंग का व्यवहार पूरी तरह समाप्त ही हो गया। यही प्रवृत्ति हमें वर्तमान हिन्दी में दिखाई पड़ती है।

(3) यद्यपि द्विवचन का लोप पालि और प्राकृत में ही हो चुका था। अतः अपभ्रंश में भी वह नहीं रहा। किन्तु द्विवचन को व्यक्त करने के लिए अलग से 'द्वि' शब्द की सहायता ली गई। उदाहरण के लिए—'धनु दुई' अर्थात् "दो गायें"।

(4) अपभ्रंश की एक अत्यन्त महत्त्वपूर्ण विशेषता यह रही है कि यहाँ तक पहुंचते-पहुंचते कारक विभक्तियों के रूप क्रमशः सरल होते गए, और केवल तीन ही विभक्तियाँ शेष रह गईं। परसर्गों के बढ़ते प्रयोग के कारण संस्कृत के 21 रूप जहां प्राकृत में 12 रह गए थे, वे अपभ्रंश में मात्र 6 रह गए। अपभ्रंश के कारक समूह रहे—

प्रथम समूह – कर्ता, कर्म, सम्बोधन

द्वितीय समूह – करण, अधिकरण

तृतीय समूह – सम्प्रदान, अपादान एवं सम्बन्ध

विभक्तियों के समाप्त होने के कारण अपभ्रंश में स्वाभाविक रूप से परसर्गों का

प्रयोग बढ़ा। परसर्गों के प्रयोग से भाषा की प्रवृत्ति ही बदलने लगी, और वह संश्लिष्ट भाषाओं से अलग होकर विश्लिष्ट हो गई। (अर्थात्, भाषा संयोगावस्था के स्थान पर वियोगावस्था वाली हो गई।) अपभ्रंश के मुख्यतः निम्नलिखित परसर्ग हैं—

करण	–	सहुं, तण, सउँ
अधिकरण	–	मझ, मज्झ, मज्झे, महँ
सम्प्रदान	–	केहिं, रेसि
अपादान	–	होन्तउ, होत, पास
संबंध	–	केर, केरा, केरअ, केरी

(5) उकारान्त रूप अपभ्रंश की प्राचीन विशेषता है। ध्वनि संबंधी दुर्बलता के कारण प्राकृत के ओकारान्त रूप अपभ्रंश में उकारान्त हो गए।

(6) सर्वनाम—अपभ्रंश में सर्वनाम के निम्न रूप देखने को मिलते हैं—

उत्तम पुरुष – महं, हउं, महु, मज्झु, अम्हे, अम्हेहिं, अम्हासु

मध्यम पुरुष – तुहुं, तइं, तउ, तुज्झ, तुम्हे, तुम्हाइं, तुम्हइं, तुम्हासु

अन्य पुरुष – सो, सु, तेण, तसु, तहो, ते, ति, ताइं, तेहिं, ताँह, तासु

(7) क्रियायें—अपभ्रंश में क्रियाओं को द्वित्व बनाने की प्रक्रिया बहुत तेजी से बढ़ी। जैसे—'करिज्जई'।

इसमें क्रिया के लिए जावति, जावत, करति, जावई, आवई आदि शब्दों के प्रयोग देखने को मिलते हैं।

प्रेरणार्थक क्रिया 'अव्' तथा 'आव' प्रत्यय जोड़कर बनाए जाते हैं; जैसे—

दा > दावइ,
चिंत > चिन्तवइ,
बोल्ल > बोल्लावइ

अपभ्रंश काल तक आते-आते भारतीय आर्य भाषा वियोगावस्था की ओर काफी बढ़ चुकी थी। इस प्रवृत्ति के कारण अपभ्रंश में संयुक्त क्रियाएं विकसित हुईं। उदाहरण के लिए – ''जइ भगाधर एन्तु'' (यदि घर भाग जाता)। इसमें 'भाग' और 'जाता' शब्द क्रियाएं हैं।

(8) क्रियापदों की दृष्टि से सरलीकरण और एकीकरण की प्रवृत्ति अपभ्रंश की अपनी अलग विशिष्टता है। अपभ्रंश में ऐसे अनेक क्रियापद प्रयुक्त होने लगे, जिनका इससे पहले कोई अस्तित्व ही नहीं था। ऐसे कुछ क्रियापद हैं—

घोट्ट > घोटना
लुक्क > लुकना

इस दृष्टि से अपभ्रश में शब्दों की ध्वनि के अनुकरण के आधार पर धातुओं के निर्माण की प्रवृत्ति दिखाई देती है। जैसे—खुसखुसइ, घुड़घुड़इ आदि।

(9) सरलीकरण एवं एकीकरण की प्रवृत्ति के कारण आत्मनेपद एवं परस्मैपद का भेद अपभ्रंश तक आते-आते लुप्त हो गया। गणभेदों की जटिलता भी समाप्त हो गई, तथा धातुओं के रूप प्रायः भवादिगण का अनुसरण करने लगे।

(10) अपभ्रंश में व्यंजनान्त धातुएं स्वरांत हो गईं; जैसे—

चल् > चल (ल् > अ)

अनेक धातुएं उपसर्ग तथा प्रत्यय के साथ स्वीकार की गईं; जैसे—

उपविष्ट > विट्ठइ, वइसइ। (उपसर्ग 'व' एवं प्रत्यय 'इ' का आगमन)

(11) अपभ्रंश में काल रचना के संबंध में तिङन्त रूपों के स्थान पर कृदन्त रूपों का व्यवहार बहुत बढ़ गया। तिङन्त रूप केवल वर्तमान एवं भविष्यत काल में चलते रहे। अन्य कालों में कृदन्त रूपों के साथ 'अहइ' तथा 'अच्छ' जैसी सहायक क्रियाओं का प्रयोग किया गया। इससे प्राचीन भारतीय आर्यभाषा की धातु रूप संबंधी जटिलता समाप्त हो गई, और आधुनिक आर्यभाषाओं का मार्ग प्रशस्त हुआ।

अपभ्रंश के कुछ तिङन्त रूप हैं—

करइ, करसि, करउं, करहिं, करहुं, करे, करि, करिसु, करेसइ, करीहिसि आदि।

अपभ्रंश में कृदन्त रूप निम्न रहे—

अंत, जोअंती, इय, किअ, गय, एवा आदि।

(12) पूर्वकालिक क्रिया के प्रत्ययों में प्राकृत के इ, एप्पि, एविणु आदि का निर्वाह करने के साथ मुख्यतः 'इ' प्रत्यय को अपनाया गया। जैसे—करि, चलि, सुनि आदि।

अन्य प्रत्ययों में स्वार्थिक प्रत्यय 'ङ' का प्रयोग अपभ्रंश की अपनी विशेषता है।

अपभ्रंश की इन विशेषताओं से स्पष्ट होता है कि उसने प्राकृत की कुछ प्रवृत्तियों को विकसित करने के साथ-साथ नई प्रवृत्तियों को भी जन्म दिया। मध्यकालीन आर्यभाषा में जिस वियोगात्मक स्वरूप का प्रारम्भ हुआ था, वह अपभ्रंश में पूर्णतः विकसित हुई। यद्यपि ध्वनि विकारों के संबंध में अपभ्रंश अपनी पूर्ववर्ती भाषा प्राकृत से बहुत अलग नहीं हो सकी। फिर भी सुङन्त एवं तिङन्त रूपों में, कारक संबंध प्रकट करने में, एवं क्रियापदों के निर्माण में वह प्राकृत से हटकर स्वतंत्र मार्ग पर चली।

अपभ्रंश के सभी रूपों में अत्यधिक सरलता आ गई। लिंग भेद को मिटाकर शब्दरूपों को बहुत सरल कर दिया गया। कारक समूह भी केवल तीन ही रह गए। काल रचना की जटिलता एवं दुरूहता समाप्त हो गई। चूंकि विभक्तियों के घिस जाने से वाक्यों में अस्पष्टता आने लगी थी, इसलिए इसको दूर करने के लिए परसर्गों का व्यवहार किया गया। इसके साथ ही इसने देशज शब्दों एवं धातुओं को काफी स्वीकार किया।

वियोगात्मक प्रवृत्ति होने के कारण अपभ्रंश मूलतः व्याकरण प्रधान भाषा नहीं रही, और उसमें व्यापक संरचनात्मक स्वतंत्रता आ गई। इस प्रकार यह भारतीय आर्य

भाषा के विकास के रूप में मध्यकालीन भारतीय आर्यभाषा और आधुनिक आर्यभाषा के सन्धि काल की सूचना देने वाली भाषा बनी।

अवहट्ट

अपभ्रंश और आधुनिक भाषाओं के बीच की कड़ी के रूप में अवहट्ट का उदय हुआ। इसका काल 900 ई॰ से 1100 ई॰ के मध्य है। हालांकि इसमें साहित्यिक रचनाओं का समय 1100 ई॰ से 1400 ई॰ के बीच है।

वस्तुतः 12वीं शताब्दी तक अपभ्रंश का साहित्यिक स्वरूप विकसित हो गया था। सम्भव है कि ऐसे ही समय में अपभ्रंश का एक लोकभाषाई स्वरूप भी विकसित रहा हो, जिसे अवहट्ट कहा जाने लगा हो। विद्यापति 'अवहट्ट' और 'देसिल बयना' को एक ही साथ रखते हैं। इसका अर्थ यह हुआ कि अवहट्ट देशी भाषा बनकर उभरी।

12वीं शताब्दी के बाद के रचनाकारों ने अपनी काव्य की भाषा को अवहट्ट की संज्ञा दी है। ज्योतिरीश्वर ठाकुर ने अपने ग्रन्थ 'वर्णरत्नाकर' में अवहट्ट के अस्तित्व को स्वीकार किया है। टीकाकार वंशीधर ने 'प्राकृत पैंगलम' की भाषा को अवहट्ट माना। 'संदेशरासक' के रचयिता अब्दुर्रहमान एवं 'कीर्तिलता' के रचनाकार विद्यापति ने इसके औचित्य को स्वीकार किया है।

वस्तुतः यह अपभ्रंश एवं आधुनिक आर्यभाषाओं के बीच की शृंखला होने के कारण जहां एक ओर अपभ्रंश है, वहीं दूसरी ओर पुरानी हिन्दी भी। इसके कुछ प्रयोग अपभ्रंश के हैं, तो कुछ देशी भाषा हिन्दी, मैथिली और बंगला के भी।

अवहट्ट के मूलतः तीन भेद माने गए हैं। ये हैं—

(1) पश्चिमी अवहट्ट, (2) पूर्वी अवहट्ट और (3) मध्य देशीय अवहट्ट

अवहट्ट के ये नाम क्षेत्र विशेष पर आधारित हैं। पश्चिम क्षेत्र में पश्चिमी अवहट्ट विकसित हुई, तो पूर्व देशों में पूर्वी अवहट्ट। इसी प्रकार अवध और कोसल के मध्य क्षेत्रों में मध्य देशीय अवहट्ट विकसित हुई। स्थानीय प्रभाव के कारण इन सभी में कुछ-न-कुछ अन्तर है। किन्तु मूल रूप से इनके बीच अनेक समान भाषिक विशेषताएं देखने को मिलती हैं। यहां इन्हीं सामान्य भाषिक विशेषताओं की चर्चा की जा रही है।

अवहट्ट की विशेषताएं

शाब्दिक विशेषताएं—

(1) अवहट्ट की स्वर एवं व्यंजन संबंधी सम्पूर्ण ध्वनि व्यवस्था अपभ्रंश के समान ही रही। इसमें भी अ, आ, इ, ई, उ, ऊ, ऍ, ऐ, ऑ, ओ स्वरों का प्रयोग हुआ है। संयुक्त स्वर अइ, अउ क्रमशः 'ए' और 'ओ' के रूप में विकसित हुए। किन्तु 'कीर्तिलता' जैसी रचनाओं में इनके स्थान पर 'ऐ' और 'औ' का प्रयोग भी देखने को मिलता है। यह

प्रयोग निश्चित ही अपभ्रंश से अलग है। अतः आधुनिक हिन्दी में जिस 'ऐ' और 'औ' का अस्तित्व है, वह अवहट्ट काल की ही देन है।

(2) 'ऋ' स्वर लेखन मात्रा तक सीमित रह गया। उच्चारण में यह 'रि' हो गया। जैसे—

मृगी > म्रिगी

'ऋ' का परिवर्तन अ, आ, इ, उ आदि अन्य अनेक रूपों में भी हुआ। जैसे—

तृतीय > तइला (ऋ > अ)
कृष्ण > कान्ह (ऋ > आ)
गृह > ग्रिह (ऋ > इ)
मृच्छ > मुच्छ (ऋ > उ)

(3) अवहट्ट काल तक विसर्ग (:) पूरी तरह समाप्त हो गए। इनके स्थान पर 'ओ' तथा 'उ' रूप मिलने लगे। जैसे—

प्रसिद्धः > प्रसिद्धो (: > ओ)
मण्डलः > मण्डलु (: > उ)

(4) अपभ्रंश की ही भांति अवहट्ट में भी स्वरों के लोप, समीकरण, विस्मीकरण, ह्रस्वीकरण तथा दीर्घीकरण आदि प्रवृत्तियां दृष्टिगोचर होती हैं। जैसे—

अस्ति > तिय ('अ' स्वर का लोप)
तिण > तिणि (इ का समीकरण)

(5) अवहट्ट की एक विशेषता यह है कि जहां प्राकृत एवं अपभ्रंश में प्राचीन भारतीय आर्यभाषाओं के संयुक्त व्यंजनों के स्थान पर द्वित व्यंजन हुआ, वहीं अवहट्ट में इनका क्षतिपूर्ति दीर्घीकरण हुआ। ऐसा होने से उच्चारण की दृष्टि से द्वित व्यंजन सरल हो गए। जैसे—

मित्र > मीत

(इसमें हम देखते हैं कि 'द्वित व्यंजन' 'त्रा' को 'त' कर दिया गया है, और उसकी क्षतिपूर्ति के लिए 'म' में 'इ' की मात्रा के स्थान पर 'ई' की मात्रा लगा दी गई है। इस प्रकार अर्द्ध व्यंजन की क्षति की पूर्ति उसके पहले वाले शब्द में मात्रा बड़ी करके कर दी गई है।)

कार्य > काज
चर्म > चाम

डॉ॰ तेसीतरी ने क्षतिपूर्ति दीर्घीकरण को अवहट्ट की प्रमुख विशेषता माना है।

लेकिन कुछ ऐसे भी उदाहरण मिलते हैं कि द्वित व्यंजनों को एक तो कर दिया गया, किन्तु क्षतिपूर्ति दीर्घीकरण नहीं किया गया। उदाहरण के लिए 'कर्पूर' का 'कपूर' हुआ। क्षतिपूर्ति दीर्घीकरण के नियम के अनुसार इसे 'कापूर' होना चाहिए था।

(6) बलाघात के कारण कहीं-कहीं ह्रस्व स्वर दीर्घ में परिणत हो गए। जैसे—

भिक्षाकारिक > भिक्खारी

टीप — जब किसी शब्द विशेष पर जोर देकर बोला जाता है, तब उसे बलाघात कहते हैं।

(7) अवहट्ट में अनुनासिकता की प्रवृत्ति बढ़ गई। यह यहां तब बढ़ी कि ऐसे शब्दों में भी अनुनासिकता आ गई, जिसमें अन्यथा अनुनासिक ध्वनि नहीं थी। जैसे—

अक्षि > अक्खि (अपभ्रंश) > आँखि (अवहट्ट)

पक्षि > पक्खि (अपभ्रंश) > पांखि (अवहट्ट)

प्रारम्भिक हिन्दी पर अवहट्ट की इस प्रवृत्ति का गहरा प्रभाव पड़ा।

(8) अवहट्ट में कुछ ध्वनियों में इस प्रकार के परिवर्तन हुए—

(क) 'अ' का 'इ' —

ससधर > ससिधर

(ख) 'अ' का 'उ' —

अंजलि > अंजुलि

(ग) 'इ' का 'अ' —

धरित्री > धरती

(घ) 'इ' का 'व' —

पाउस > पावस

(ङ) 'ए' का 'इ' —

शय्या > सिज्ज

(च) 'औ' का 'उ' —

मौक्तिक > मुत्तिअ

(छ) 'इ' का 'व' —

कवि > कव

(9) अपभ्रंश में जो दीर्घ स्वर ह्रस्व हो गए थे, उनका अवहट्ट में बिल्कुल लोप हो गया; जैसे—

लाज > लज्जा

भूख > भुक्षा

(10) कहीं-कहीं तो शब्दों में स्वतंत्र रूप से परिवर्तन हो गए हैं; जैसे—

द्युतकार > जुआर

इसी से हिन्दी में 'जुआरी' शब्द आया है।

(11) दो स्वरों के मध्य आनेवाली क, ग, च, ज, त, द, प, ब ध्वनियों का लोप होने के कारण जो स्वर शेष रह गये थे, वे अपभ्रंश काल तक सुरक्षित रहे। किन्तु अवहट्ट काल में सामान्यतः इन स्वरों की सन्धि की जाने लगी। उदाहरण के लिए —

अंधकार > अन्धआर > अन्धार
स्वर्णकार > सुण्णआर > सुण्णार
उत्तिष्ठ > उइष्ठ > उठ
उपवास > अपआस > उपास

(12) लोक भाषाओं के प्रभाव से अवहट्ट में 'ङ' और 'न' के प्रयोग की प्रवृत्ति बढ़ने लगी। 'संदेशरासक', 'कीर्तिलता' आदि काव्यों में 'न' की प्रधानता है।

(13) इस काल में 'ड़' और 'ढ़' ध्वनियों का स्वतंत्र प्रयोग होने लगा। यद्यपि उष्म व्यंजनों का प्रयोग तो होता था—'श', 'ष' एवं 'स' तीनों का, किन्तु उसमें प्रधानता 'स' की ही थी। 'ष' का प्रयोग लेखन में ही था, उच्चारण में नहीं। यह उच्चारण में कहीं-कहीं 'क्ख' तो कहीं 'ख' हो गया है।

व्याकरणिक विशेषताएं—

अवहट्ट की निम्न व्याकरणिक विशेषताएं हैं—

(1) अवहट्ट में नपुंसक लिंग पूरी तरह समाप्त हो गया। यही स्थिति हिन्दी में बनी हुई है।

(2) वचन की दृष्टि से केवल दो ही वचन शेष रहे—एकवचन और बहुवचन। कहीं-कहीं द्विवचन की स्थिति को सूचित करने के लिए 'दुइ' और 'देवि' जैसे शब्दों के प्रयोग होते थे।

(3) विभक्तिक रूपों में तृतीय और सप्तमी की प्रधानता रही। विभक्तियों की संख्या बहुत कम हो गई तथा कर्म, सम्प्रदान, करण एवं अपादान कारकों में एकीकरण होने लगा।

विभक्तियों की संख्या के निरन्तर कमी होने का एक परिणाम यह हुआ कि इस काल में विभक्तियों का प्रयोग किए बिना ही कारकीय अर्थों में शब्दों का प्रयोग होने लगा। अर्थात् निर्विभक्तिक प्रयोग होने लगे। भाषा के सरलीकरण की दृष्टि से अवहट्ट का यह बहुत बड़ा योगदान है।

अवहट्ट में 'ह' एवं 'न्हि' दो नई विभक्तियां विकसित हुईं, जो अपभ्रंश में नहीं थीं। यह अवधी तक चली।

(4) चूंकि अवहट्ट में निर्विभक्तिक पदों का प्रयोग बढ़ गया था, इसलिए अर्थ की स्पष्टता हेतु परसर्गों का प्रयोग आवश्यक हो गया। हालांकि अपभ्रंश काल में ही इसके प्रयोग प्रारम्भ हो चुके थे, किन्तु अवहट्ट में इनकी संख्या और अधिक हो गई। अवहट्ट के प्रमुख परसर्ग निम्न रहे—

कर्ता	एन्ने
करण	सम, सन, सउँ, से, तण
सम्प्रदान	केहि, किहिं, लागि, कारण, काज

अपादान	हुन्तउ, हुते, सओ
सम्बन्ध	केर, केरी, केरा, कर,कइक
अधिकरण	महि, माझ, उप्परि, ऊपर

(5) सर्वनामों की दृष्टि से यह हिन्दी के अधिक निकट आ गई। अवहट्ट के सर्वनाम इस प्रकार रहे—

उत्तम पुरुष	हउँ, हौं, मम, महु, मो, मोरहु, मझु
मध्यम पुरुष	तुम्हे, तोहें, तोहि, तोके, तुज्झ, तुम्ह
अन्य पुरुष	सो, तौन, ताहि, तं, तेन, तिसु, ता, तासु, तसु

(6) अवहट्ट में क्रियापदों के रूप प्राचीन भाषा से बिल्कुल भिन्न हो गए। ये संयोगावस्था से वियोगावस्था की ओर तेजी से बढ़ीं। क्रियापद बनाने के लिए कृदन्त प्रत्ययों की स्वतंत्रता पर जोर दिया गया। इसके साथ ही संयुक्त एवं सहायक क्रियाओं का प्रयोग बढ़ गया। जैसे—

लेहु जानी (जान लो – इसमें 'जानना' एवं 'लेना' दोनों ही क्रियाएं हैं।)

टूटि गेल (टूट गया – इसमें 'टूटना' एवं 'गया' दोनों क्रियाएं हैं।)

(7) वाक्य विन्यास की दृष्टि से अवहट्ट में पदों के स्थान निश्चित हो गए। वाक्य में कर्ता, कर्म और क्रिया का क्रमिक विकास होने लगा। जैसे—

केवट नाव घटाव (केवट नाव को घाट की ओर लाता है।)

चूंकि इस समय तक संयुक्त क्रिया एवं सहायक क्रिया प्रयोग में आने लगी थी, इसलिए स्वाभाविक रूप से वाक्य के कथन में भी नवीनता आ गई।

(8) शब्दकोश की भी दृष्टि से अवहट्ट ने अपना विस्तार किया। जहां एक ओर देशी शब्दों को शामिल किया गया, वहीं विदेशी भाषा के शब्द एवं रूप भी स्वीकार किए गए। मुस्लिमों के आगमन से पश्तो, फारसी-अरबी तथा तुर्की के शब्द हिन्दी में आए। उदाहरणार्थ, 'पृथ्वीराजरासो' में नजर, ग़ज़ी, समसेर तथा 'चन्दायन' में खून, मीर आदि शब्द पर्याप्त रूप से देखने को मिलते हैं।

चूंकि इस समय तक भक्ति आंदोलन प्रारम्भ हो गया था, इसलिए अवहट्ट में तत्सम् शब्दावली अपभ्रंश की तुलना में कुछ बढ़ने लगी।

इन तथ्यों के आधार पर यह सिद्ध होता है कि परिनिष्ठित अपभ्रंश के दबाव में रहते हुए भी अवहट्ट ने अपना एक स्वतंत्र रूप विकसित किया। तत्सम् शब्दों के प्रयोग के बढ़ने तथा ध्वनि परिवर्तन के कारण नए शब्दों के आने से अर्थ में थोड़ी भ्रम की स्थिति आई। शब्दकोश पर देशी और विदेशी; दोनों भाषाओं का प्रभाव पड़ा, जिससे अवहट्ट भाषा में क्रान्तिकारी परिवर्तन हुए।

प्रारम्भिक हिन्दी

अवहट्ट से विकसित होनेवाली आधुनिक आर्यभाषाओं में स्थान भेद के अनुसार कई रूप देखने को मिलते हैं। 14वीं शताब्दी के आरम्भ से ही हिन्दी भाषा का और उसकी बोलियों का विकास होने लगा था। डॉ॰ नामवर सिंह का मानना है कि अपभ्रंश के गर्भ में ही इस विविधता के बीज सन्निहित थे।

अपभ्रंश प्रारम्भ में जनभाषा अवश्य थी, किन्तु क्रमशः वह रूढ़ काव्य भाषा बन गई। यद्यपि उसने देशी तत्त्व अपनाए तो थे, किन्तु सीमित मात्रा में ही। जो शेष रह गए थे, वे अवहट्ट में, तथा पुरानी हिन्दी एवं अन्य प्रादेशिक भाषाओं में आए।

कुछ विद्वानों का मानना है कि अवहट्ट की रचना द्वारा ही पुरानी हिन्दी की विशेषताओं का उल्लेख किया जाना चाहिए। किन्तु कुछ अन्य विद्वान इसे स्वीकार नहीं करते, तथा अवहट्ट को परवर्ती अपभ्रंश मानकर प्रारम्भिक हिन्दी की सीमा जायसी, सूर एवं तुलसी तक बढ़ा देते हैं। अब यह बात कमोबेश स्वीकार कर ली गई है कि प्रारम्भिक हिन्दी और अवहट्ट के बीच ऐसे भाषागत अन्तर हैं, जो इसे अलग स्वरूप प्रदान करती है। यह स्वीकार कर लिया गया है कि यद्यपि अपभ्रंश में ही वर्तमान हिन्दी का पुट मिलने लगा था, किन्तु अवहट्ट में उसका विस्तार हुआ, और प्रारम्भिक हिन्दी तक आते-आते वह और अधिक निखर गया।

अवहट्ट और प्रारम्भिक हिन्दी के बीच इस विभाजन को स्पष्ट करने में उस समय की सामाजिक, राजनीतिक और सांस्कृतिक स्थितियों की महत्त्वपूर्ण भूमिका रही है। वस्तुतः प्रारम्भिक हिन्दी का स्वरूप सन् 1200 से 1500 के बीच स्पष्ट हो गया था। यह अवहट्ट के बिल्कुल बाद की ही भाषा है, और कमोबेश कुछ काल तक उसके समानान्तर भी चलती रही है। इस कालावधि में केवल मुस्लिम शासक और उनकी सेना ही भारत नहीं आई, बल्कि अनेक व्यापारी, कलाकार, विद्वान्, कवि, संत तथा कर्मीजन भी इस देश में आए। इन सबका सम्मिलित प्रभाव समाज पर पड़ा। निश्चित रूप से तत्कालीन बोलचाल की भाषा पर भी इसका प्रभाव पड़ा।

इस बात की भी अनदेखी नहीं की जा सकती कि हिन्दी को विकसित करने और उसे लोकप्रिय बनाने का काफी कार्य साधु और संतों ने किया। इन्होंने अपनी तरह की हिन्दी की शैली विकसित कर ली थी। इसमें चौरासी सिद्धों की रचनाओं के साथ-साथ गोरखनाथ तथा रामानन्द आदि को भी शामिल किया जा सकता है। निश्चित रूप से घुमन्तु साधु-संतों के द्वारा प्रयुक्त होने के कारण इनकी भाषा में एकरूपता का अभाव है, तथा व्याकरण की दृष्टि से भी ये नियमरहित हैं। फिर भी इन सूफी-फकीरों, गोरखपंथियों और निर्गुणिया कवियों ने प्रारम्भिक हिन्दी के विकास में पर्याप्त योगदान किया है।

प्रारम्भिक हिन्दी के विकास का इतिहास राजदरबारियों से भी जुड़ा हुआ है।

दिल्ली और अजमेर में चौहान वंश, कन्नौज में राठौर वंश तथा महोबा में परमार वंश शासक थे। इन हिन्दू राजाओं के संरक्षण में हिन्दी पनपी। जगनिक का 'आल्हखण्ड' तथा चन्दबरदाई का 'पृथ्वीराजरासो' इसी समय के ग्रन्थ हैं। दिल्ली और राजस्थान के राजपूत शासकों के आश्रित कवि चारण और भाट डिंगल में रचनाएं कर रहे थे। वस्तुतः यह डिंगल प्रारम्भिक हिन्दी का ही एक रूप है, जो राजस्थान एवं दिल्ली के आसपास की जन भाषा थी।

11वीं शताब्दी के बाद से ही भाषा के क्षेत्र में कुछ नए शब्द अस्तित्व में आने लगे थे, जो यह सूचित करते हैं कि उस समय स्थापित भाषा के अतिरिक्त भी भाषा का एक नया स्वरूप उभर रहा था। यद्यपि 'हिन्दवी' शब्द का प्रयोग पहले समस्त भारतीय आर्यभाषाओं के लिए किया गया था, किन्तु बाद में मुस्लिम शासकों ने मूल रूप से दिल्ली और उसके आसपास की भाषा को 'हिन्दवी' नाम दिया। अनेक मध्यकालीन कवियों ने हिन्दी के लिए 'भाखा' शब्द का प्रयोग किया। जैसे—

संसकीरत कबीरा कूप जल
भाखा बहता नीर

— कबीर

लिखत भाषा चौपाई कहे।

— जायसी

भाखा भनति मोर मति थोरी

— तुलसीदास

भाखा बोल न जानहिं, जिनके कुल के दास

— केशवदास

स्पष्ट है कि इस समय तक हिन्दी को 'भाखा' के रूप में जाना जाने लगा था।

इसी समय एक महत्त्वपूर्ण घटना यह हुई कि अलाउद्दीन खिलजी के दक्षिण अभियान और मुहम्मद तुगलक के राजधानी परिवर्तन के परिणामस्वरूप दिल्ली के आसपास के हिन्दी भाषी लोग दक्षिण पहुंच गए। स्वाभाविक रूप से इनके साथ उनकी भाषा भी वहाँ पहुंची, और यही भाषा बाद में 'दक्खिनी' (दक्खिनी हिन्दी) के नाम से जानी गई।

इसी पृष्ठभूमि में परवर्ती अपभ्रंश (अवहट्ट) के समानान्तर एक ऐसी नई भाषा का जन्म हुआ, जिसने अवहट्ट के अनेक स्वरूपों को ग्रहण करते हुए कुछ अपने नए स्वरूप भी विकसित किए। सामान्यतः ध्वनिगत, पदगत तथा रूपगत परिवर्तनों का जो क्रम वैदिक भाषा से चलकर संस्कृत, पालि, प्राकृत, अपभ्रंश और अवहट्ट में आया, अधिकांशतः वे अपभ्रंश से आधुनिक भारतीय भाषाओं में संक्रमित हो गए। तत्कालीन समय में लोक भाषा में जो भी परिवर्तन हुए, उनके लक्षण साहित्य में भी प्रकट होते

रहे। यही कारण हैं कि पुरानी हिन्दी में अवहट्ट के सभी लक्षण दृष्टिगत होते हैं। इनमें से कुछ तो अपभ्रंश से विकसित हैं, तो कुछ स्वतंत्र रूप से क्षेत्रीय बोलियों में प्रचलित ऐसे तत्त्व हैं, जिन्हें अपने समकालीन साहित्य में स्थान नहीं मिला था। इन्हीं तत्त्वों को स्थान प्रदान करने के परिणामस्वरूप हिन्दी अपना थोड़ा भिन्न स्वरूप निर्मित कर सकी। अन्यथा उसकी मूलभूत सामान्य भाषिक विशेषताएं अवहट्ट में देखी जा सकती हैं–

प्रारम्भिक हिन्दी की शाब्दिक और व्याकरणिक विशेषताएं निंम्न प्रकार हैं–

शाब्दिक विशेषताएं–

(1) स्वर ध्वनियाँ : स्वरों की दृष्टि से प्रारम्भिक हिन्दी में अ, आ, इ, ई, उ, ऊ, ए, ऐ, ओ, औ आदि सभी ध्वनियाँ प्राप्त होती हैं। 'ए' तथा 'ओ' के ह्स्व रूप भी पाए जाते हैं।

इसमें 'ऋ' स्वर का उच्चारण 'रि' हो गया है।

अवहट्ट के प्रारम्भिक स्वर परिवर्तनों को भी प्रारम्भिक हिन्दी में स्वीकृति मिली। जैसे–नृत्य > नाच, पृष्ठ > पीठ, वृद्ध > बूढ़ा, मातृ > माइ, माय आदि।

(2) प्राकृत एवं अपभ्रंश में 'ऐ' तथा 'औ' का 'ए' तथा 'ओ' में रूपान्तरण हो गया था। इन परिवर्तनों से प्रभावित शब्दावली अवहट्ट से होती हुई पुरानी हिन्दी में भी आई, जो बाद में परिनिष्ठित हिन्दी तक पहुंची। उदाहरण के लिए–

चौरः > चोर (औ > ओ)
कैवटः > केवट (ऐ > ए)

पूर्वी भाषाओं में इस 'ऐ' और 'औ' का उच्चारण 'अइ' तथा 'अउ' हो गया है। जबकि पश्चिमी हिन्दी में इसका उच्चारण 'अए' तथा 'अओ' के समीप हो गया। उदाहरण के लिए–

क्षण > क्षिण (अ > इ)
ग्राम > गाँउ (अ > उ)
पुरुष > पुरिख (उ > इ)

(3) उच्चारण की सुविधा की दृष्टि से अपभ्रंश और अवहट्ट में स्वरलोप, स्वरागम, ह्स्वीकरण, दीर्घीकरण तथा क्षतिपूर्ति आदि की जो प्रवृत्ति थी, वह पुरानी हिन्दी में भी द्रष्टव्य है। उदाहरण के लिए–

(क) स्वर लोप–

अछइ > छइ ('अ' का लोप)

(ख) स्वरागम–

स्तुति > अस्तुति ('अ' का आगमन)

(ग) ह्स्वीकरण–

जामसतृक > जमसई ('जा' का ह्रास हो गया – 'ज')

आश्चर्य > अचरज ('आ' का 'अ')
दीपावली > दिवाली ('दी' का 'दि')

(घ) दीर्घीकरण–

मनुष्य > मानुख ('म' का 'मा')
नच्चई > नाचई ('अ' का 'आ')

उपरोक्त उदाहरण में दीर्घीकरण क्षतिपूर्ति के रूप में किया गया है। लेकिन ऐसे भी शब्द हैं, जिनका अकारण ही दीर्घीकरण कर दिया गया है। जैसे–

चित्त > चीत ('चि' का 'ची', अर्थात् इ > ई)
अँगुलि > अँगुरी ('लि' का 'री', अर्थात् इ > ई)

(ङ) कुछ शब्दों के स्वरों को विभाजित करके उन्हें सरल बना दिया गया है। जैसे–

द्वार > दुआर
सूर्य > सूरज
प्रकार > परकार

(4) व्यंजन ध्वनियाँ : पुरानी हिन्दी में कुल 33 व्यंजन ध्वनियाँ हैं। अपभ्रंश में क्रमशः लुप्त हो गई ध्वनियाँ–'अ' एवं 'न' अवहट्ट की परम्परा से फिर से जीवित हो उठीं। मूर्धन्य 'ष' ध्वनि का रूपान्तरण 'स' तथा 'ख' हो गया।

(5) 'ङ' और 'ढ़' ध्वनियाँ भी उपस्थित रहीं। यथा–फूहड़, गढ़, पढ़ाई आदि।

(6) पुरानी हिन्दी में 'ङ' और 'ञ' अनुनासिक् व्यंजन ध्वनियों का प्रयोग अपने वर्ग के व्यंजनों के साथ शब्दों के मध्य में होने लगा। जैसे–गङ्गा, पञ्च आदि। वर्तमान हिन्दी में इसे 'गंगा' एवं 'पंच' लिखा जाता है।

(7) 'न' एवं 'म' का प्रयोग शब्द के आदि, मध्य और अंत में मिलता है। शब्द के मध्य में आनेवाले 'म' का रूपान्तरण 'व', 'म्ब' एवं 'व' में हो गया। जैसे–

कमल > कवँल (म > वँ)
ग्राम > गावॅ (म > वॅ)
अमृत > अम्ब्रत (म > म्ब)

पश्चिमी बोलियों में 'ङ' तथा पूर्वी बोलियों में 'न' की प्रवृत्ति बढ़ी।

(8) व्यंजन ध्वनियों में निम्न अनेक परिवर्तन हुए–

(क) 'य' का 'ज' होना –

युग > जुग
शय्या > सेज

(ख) 'य' का 'इ' एवं 'ए' में परिवर्तन होना–

नायक > नाइक (य > इ)
व्यवहार > बेवहार (य > ए)

(ग) 'र' का 'ल' में परिवर्तन—

हरिद्रा > हल्दी

दरिद्र > दलिद्र

(घ) 'ल' का 'र' होना—

होली > होरी

उज्ज्वल > उजार

(ङ) 'ड़' का 'र' होना—

किवाड़ > किवार

झगड़ो > झगरो

(च) 'ण' का 'न' होना—

गुण > गुन

चरण > चरन

(छ) 'ह' का 'घ' के रूप में बदलना—

सिंहल > सिंघल

(ज) 'श' का 'स' होना—

दर्शन > दरसन

(झ) 'ष' का 'ख' एवं 'स' में परिवर्तन—

विष > विख, विस

(9) मध्य में आनेवाली 'ख', 'घ', 'थ', 'ध' तथा 'भ' व्यंजन ध्वनियों की स्थिति पुरानी हिन्दी में अपभ्रंश की तरह ही रही, और इनके स्थान पर 'ह' का विकार हुआ है; जैसे—

मेघ > मेह (घ > ह)

मुख > मुँह (ख > ह)

बधिर > बहिर (ध > ह)

लेकिन इसके साथ ही सुख, दुःख, सुधा, आकाश तथा कथनी आदि शब्द भी मिलते हैं।

(10) प्रारम्भिक हिन्दी में अपभ्रंश के द्वित व्यंजनों का लोप हो गया, तथा अवहट्ट की क्षतिपूर्ति दीर्घीकरण की प्रवृत्ति प्रभावी हो गई। जैसे—

अक्खि > आँखि

सच्च > साँच

किन्तु वीर रस के छन्दों में द्वित व्यंजन रीतिकाल तक बने रहे।

(11) 'क्ष' और 'ज्ञ' संयुक्त अक्षर पुरानी हिन्दी में 'क्ख', 'ख', 'क्यँ' एवं 'यँ' में परिवर्तित हो गए। उदाहरण के लिए—

अक्षर > अक्खर > आखर

ज्ञानी > ज्ञयाँनी

व्याकरणिक विशेषताएं—

प्रारम्भिक हिन्दी की व्याकरणिक विशेषताएं निम्न प्रकार हैं :

(1) इस समय व्याकरण संबंधी नियमों में इतनी छूट हो गई थी कि यह अवहट्ट की तुलना में अधिक वियोगात्मक हो गई, और उसी के अनुरूप नए-नए शब्द गढ़ने लगी। कारकों का भाव प्रकट करने के लिए अलग परसर्ग जोड़े जाने लगे। निर्विभक्तिक प्रयोग बढ़ने लगे। विभिन्न सहायक क्रियाओं के प्रयोग ने क्रिया रचना को और अधिक वियोगात्मक बना दिया। चूंकि क्रिया के रूप कृदन्त बहुल हो गए, इसलिए क्रिया लिंग से प्रभावित होने लगे।

(2) प्रारम्भिक हिन्दी में निर्विभक्तिक प्रयोग का प्रभाव पूर्ववर्ती भाषाओं की अपेक्षा और भी अधिक होने लगा। उदाहरण के लिए—

सुनि राजा अस उत्तर दिन्हा (कर्ता कारक)
नाक कान कीन्हा मुख कारा (कर्म कारक)
जियरा यो ही लेंहुगे विरह की तपाई (करण कारक)
विधि परपंच जानि नहिं जाई (सम्बन्ध कारक)
नाक काट तुहि देस निकारउ (अपादान कारक)
कण्ठ बैठि जो कहइ भवानी (अधिकरण कारक)

(3) प्रारम्भिक हिन्दी में कारकीय परसर्गों की संख्या में उल्लेखनीय वृद्धि हुई। इसमें निम्न परसर्ग प्रयोग में देखे जाते हैं :

कर्म-सम्प्रदान — कह, कहं, कॅह, कै, को, कू
करण-अपादान— सेंती, सन, सिउ, सन, सौ, सउ, सो, सै, ते, हुते
सम्प्रदान — तन, तइँ
सम्बन्ध — केर, केरा, केरी, कर, कै, का, की
अधिकरण — मांझ, मॉह, मैं, मों, महँ, में, पर, पै आदि।

(4) यद्यपि प्रारम्भिक हिन्दी में अपभ्रंश के पुरुषवाचक सर्वनामों के उच्चारण में किंचित् भेद अवश्य हो गया है, किन्तु उनकी मूल प्रकृति ज्यों-की-त्यों है। उदाहरण के लिए, उत्तम पुरुष एकवचन कर्ता कारक के विकास की निम्न स्थिति इसे प्रमाणित करती है—

हौं ('मैं' के अर्थ में। यह प्रवृत्ति ब्रजभाषा में है।)
हऊँ (पुरानी अवधी में)
हूँ (पुरानी राजस्थानी में)
मंई (खड़ी बोली में)।

इसी प्रकार बहुवचन 'हम' प्राकृत के 'हउँ' अथवा अपभ्रंश के 'अम्हे' से विकसित हैं।

(5) 'हिं' प्रत्यय का प्रयोग बहुवचन के लिए प्रायः सभी कारकों में होता है। कुछ स्थानों पर इसका प्रयोग एकवचन के रूप में भी मिलता है। इसके प्रयोग को लेकर हिन्दी और अपभ्रंश में जो भिन्नता है, उससे संकेत मिलता है कि जहाँ अपभ्रंश में इसका प्रयोग करण एवं अधिकरण आदि में होता है, वहीं अवधी एवं ब्रज में कर्म एवं सम्प्रदान कारकों के लिए होने लगा।

(6) क्रियापदों की दृष्टि से प्रारम्भिक हिन्दी में वर्तमानकालिक निश्चयार्थ का प्रयोग वर्तमान सम्भावनार्थ के लिए भी होता है। ये रूप निम्न प्रकार मिलते हैं—

वर्तमान निश्चयार्थ क्रियापद—

उत्तम पुरुष एकवचन – देखउँ, आनौ, पाऊँ।
उत्तम पुरुष बहुवचन – सुमिरहिं जाहि।
मध्यम पुरुष एकवचन – चावसी, मरहि
मध्यम पुरुष बहुवचन – जूझौ, आवौ, करो
अन्य पुरुष एकवचन – देखइ, मिलै
अन्य पुरुष बहुवचन – लावहिं, करॅइ, कहैं आदि।

(7) सामान्य भविष्यकाल में प्राचीन राजस्थानी में 'स' से समाप्त होने वाले रूप प्रचलित हुए। इसी प्रकार अवधी और ब्रज में 'है' से समाप्त होने वाले रूप तथा खड़ी बोली में 'ग' से समाप्त होनेवाले रूप प्रचलित हुए। उदाहरण के लिए—

प्राचीन राजस्थानी – करिस, करिसि
ब्रज एवं अवधी – होइहै, देखिहौ, मरिहै
खड़ी बोली – होइगा, होइगो, होइगी आदि।

(8) भूतकाल में 'जनमियां', 'दियो' आदि प्रत्यय से बने कृदन्तिक रूप स्वीकृत हुए। किन्तु पूर्वी हिन्दी में 'ल' प्रत्यान्त के रूप भी प्रचलित हुए; जैसे—गईली, मिलैला, खइला, आदि।

(9) पूर्वकालिक कृदन्त शब्दों में 'देखि', 'लगाइ', 'पकड़ि' तथा 'खाय लगो' (खाकर) आदि रूपों को मान्यता मिली।

(10) इसी प्रकार निम्न सहायक क्रियाएं प्रचलन में आईं—

वर्तमानकालिक सहायक क्रियाएं – आह, अहई, हई, है, बाट, बा
भूतकालिक सहायक क्रियाएं – हुत, हुआ, भवा, भवेउ, भयौ, हो, हौ, हता
भविष्यकालिक सहायक क्रियाएं— होइहि, होव, होइगा, ह्वैहै, होहिगे, आदि

(11) प्रारम्भिक हिन्दी में अपभ्रंश की तुलना में संयुक्त क्रियाओं का प्रचलन बढ़ा।

(12) इसमें अपभ्रंश से विकसित क्रिया विशेषण विशेष रूप से पाए जाते हैं।

(13) प्रारम्भिक हिन्दी में पाए जानेवाले अव्यय निम्न हैं—

संयोजक — और, अउर, अउ, औ, अवर।
विकल्पात्मक — कई, कै, कि, की, तत, तरु।
आश्रित वाक्य — जो, जउ, जनु, जनि।

(14) शब्दकोश की दृष्टि से प्रारम्भिक हिन्दी में अपभ्रंश एवं अवहट्ट की अपेक्षा तत्सम् शब्दों को ग्रहण करने की प्रवृत्ति बढ़ी। इसमें शरीर, कुंतल, मस्तक, नेत्र, कर्ण, नासिका, तिलक, कुमकुम तथा कुण्डल जैसे अनेक शब्द आए।

इस्लाम के प्रभाव से अरबी एवं फारसी शब्दों का तीव्रता से आगमन हुआ। तुर्की के चकमक, बैरक, कलगी तथा कूच आदि शब्द देखने को मिलते हैं। साथ ही पश्तो के पठाण, रुहेला तथा उंगर जैसे शब्द प्रयोग में लाए जाने लगे।

क्षेत्रीय उपभाषाओं एवं बोलियों के प्रभाव से देशज शब्दों के प्रयोग की प्रवृत्ति भी बढ़ी। खोंप (सिर के बाल), गुदड़ी, घाघरा, खोता (गधा) तथा बरहा जैसे शब्द प्रयोग में आने लगे।

प्रारम्भिक हिन्दी में अनेक अनुकरणात्मक शब्द भी आ गए हैं; जैसे—फूकरना, खटर-खटर, घनघन, झगड़ना, डगमगाना, थरथराना तथा फुंफकारना आदि।

इससे स्पष्ट है कि प्रारम्भिक हिन्दी का अवहट्ट से अलग अपना एक स्वतंत्र स्वरूप है।

अपभ्रंश की देन

इससे पूर्व अपभ्रंश की विशेषताओं से यह स्पष्ट हो गया है कि हमें वर्तमान हिन्दी जिस रूप में दिखाई पड़ती है, उसके अंकुर अपभ्रंश काल में ही फूटने लगे थे। यद्यपि पालि से ही भाषाओं ने जनभाषा के मिश्रण से एक नया स्वरूप ग्रहण करना प्रारम्भ कर दिया था, किन्तु पालि एवं प्राकृत में उसके स्वरूप को वर्तमान हिन्दी के समानान्तर पहचान पाना अपेक्षाकृत कठिन है। अपभ्रंशकालीन युग तक आते-आते शब्दों तथा व्याकरण ने भी ऐसा रूप ग्रहण कर लिया था कि उनमें हिन्दी की छवि देखी जा सकती है। इस प्रकार यदि हम अपभ्रंश को आदिकालीन हिन्दी, अवहट्ट को मध्यकालीन हिन्दी तथा प्रारम्भिक हिन्दी को पुरानी हिन्दी कहें, तो गलत नहीं होगा।

फिर यह भी कि प्रत्येक आर्यभाषा साहित्यिक रूप में प्रतिष्ठित होने पर भी अपनी पूर्ववर्ती भाषा से कुछ-न-कुछ ग्रहण करती रही है। इसी से भाषा में एक निरन्तरता बनी रहती है। पालि से राष्ट्रभाषा हिन्दी तक निरन्तरता के इस सूत्र को सरलता से

पकड़ा जा सकता है। ऐसी स्थिति में स्वाभाविक रूप से चूंकि अपभ्रंश ही मूलतः सभी आर्यभाषाओं की जननी रही है, इसलिए हिन्दी भाषा में उसका महत्त्वपूर्ण योगदान है। हिन्दी के विकास में अपभ्रंश के भाषिक योगदान को निम्न बिन्दुओं के आधार पर देखा जा सकता है—

भाषिक योगदान

(1) अपभ्रंश से ही भाषा ने वियोगात्मक दिशा की ओर बढ़ना प्रारम्भ किया था। इसकी पूर्ण परिणति हिन्दी में हुई। इस प्रकार अपभ्रंश का यह गुण हिन्दी की प्रमुख व्याकरणिक विशेषता बन गई।

(2) अपभ्रंश उकारबहुला भाषा थी। यही प्रवृत्ति अवधी एवं ब्रज में आई।

(3) जनभाषा में प्रचलित एवं सहज रूप से विकसित ध्वनियाँ 'ए', 'ओ' तथा मूर्धन्य ड़, ढ़ सर्वप्रथम अपभ्रंश में ही विकसित हुई थीं। बाद में इन्हें हिन्दी ने भी स्वीकार कर लिया।

(4) 'ऋ' तथा विसर्ग (:) के लोप की जो प्रवृत्ति अपभ्रंश में दिखाई देती है, वह हिन्दी में बनी रही। जैसे—

घृत (संस्कृत) > घिय (अपभ्रंश) > घी (हिन्दी)

(5) अपभ्रंश में 'औ' तथा 'अ' का 'ए' हो गया था। हिन्दी में भी यही प्रवृत्ति आई। जैसे—चोर।

(6) नासिक्य व्यंजनों (ङ, ञ, ण, न, म) के संयोग के लिए अपभ्रंश में अनुस्वार का प्रयोग किया जाने लगा था। हिन्दी में भी इसे मान्यता मिली। जैसे—

गङग > गंग
पञ्च > पंच
कण्ठ > कंठ
हिन्दी > हिंदी
पम्पा > पंपा

(7) क्षतिपूर्ति दीर्घीकरण तथा अनुनासीकरण द्वारा द्वित व्यंजनों के समीकरण की जो आधुनिक प्रवृत्ति अपभ्रंश में थी, वही हिन्दी में आई। जैसे—

स्वर्णकार (संस्कृत) > सुण्णार (अपभ्रंश) > सुनार (हिन्दी)

हिन्दी में अधिकांशतः तद्भव शब्दावली इसी नियम के अनुरूप बनी है।

(8) प्राकृत तक मध्यम क, ग, च, ज, त, द के लोप के कारण जो स्वर शेष बचे थे, उनकी संधि नहीं की गई थी। लेकिन अपभ्रंश में इन स्वरों को उनके पूर्व के स्वरों के साथ संयुक्त किया जाने लगा था। जैसे—

अन्धकार > अन्धआर > अंधेरा

हिन्दी में भी तद्भव शब्दावली के अंतर्गत इसी पद्धति को अपनाया गया।

(9) संयुक्त स्वरों में 'य' श्रुति का आगमन अपभ्रंश में हुआ था। हिन्दी में भी यही स्थिति बनी रही; जैसे— राजन झ राऊ झ राय।

(10) सरलीकरण की प्रवृत्ति के कारण अपभ्रंश में विभक्तियों की संख्या घटकर तीन वर्ग में सिमट गई थी। इनमें भी प्रथमा के एकवचन के लिए प्रयुक्त होने वाली विभक्ति 'उ' इतनी प्रभावशाली रही कि उसके अनुकरण पर परवर्ती हिन्दी में अनेक बोलियों में उकारान्त शब्दों का प्रचलन हो गया; जैसे—'रामु', 'कामु' आदि।

अपभ्रंश में एक विभक्ति चिह्न का प्रयोग प्रायः दो विभक्तियों के लिए किया जाता था। हिन्दी में इसका और भी विस्तार हुआ, तथा 'हि' का प्रयोग सभी कारकों में होने लगा।

(11) अपभ्रंश का एक बड़ा योगदान वाक्य में निर्विभक्तिक पदों के प्रयोग का है। भाषा के सरलीकरण की दृष्टि से यह सबसे बड़ा योगदान है, क्योंकि इसी के प्रयोग के कारण अर्थ को स्पष्ट करने हेतु परसर्गों का व्यवहार शुरू हुआ।

(12) हिन्दी के कई परसर्ग सीधे-सीधे अपभ्रंश से ही विकसित हुए हैं। उदाहरण के लिए—

सम, सऊँ, सई — से 'से' का विकास
केरउ — से 'का', 'के', 'की' का विकास
महिं — मांझि से 'में' का विकास
अपरि — से 'पर' का विकास

(13) इसी प्रकार अनेक सर्वनामों का विकास भी अपभ्रंश से ही हुआ है, जैसे—

मई > मैं
तूई > तू
अप्पाणं > अपना

(14) हिन्दी के विशेषण सीधे अपभ्रंश से विकसित हुए हैं। ये इस प्रकार हैं—

(क) सर्वनाम विशेषण—

जैस > जैसा
कइस > कैसा
तइस > तैसा
अइस > ऐसा
ऐन्तिउ > इत्ता
केतिउ > कित्ता

(ख) संख्यावाचक विशेषण—

एक्क > एक
चोथ > चौथा

तिगुण > तिगुना
चउगुण > चौगुना
पाउड़ > पौना

(15) हिन्दी में अधिकांश क्रियायें तद्भव हैं, जो प्राकृत एवं अपभ्रंश के तद्भवीकरण के परिणाम हैं। सामान्य वर्तमानकाल में हिन्दी की क्रियायें अपभ्रंश की ऋणी हैं, जैसे–

करई > करै
करउँ > करौ
करहुँ > करहु

अपभ्रंश में संयुक्त क्रिया बनाने की जो प्रवृत्ति थी, वह हिन्दी में और भी तेज हुई, जैसे–

रटन्तउ जाई (अपभ्रंश) > रटता जाता है (हिन्दी)

अपभ्रंश में भविष्यकालिक 'ह' एवं 'स' रूपों को हिन्दी की अनेक बोलियों में किंचित परिवर्तन के साथ स्वीकार किया गया। जैसे–

हसिहिंअ > हसिहै
हसिहूँउ > हसिहौ

अपभ्रंश में जहाँ ध्वनियों के अनुकरण से कुछ क्रियाएं बनाई गईं, वहीं कुछ छोटी धातुओं से भी बनाई गईं। चढ़, कढ़, लुक्क आदि धातुएं हिन्दी की सम्पत्ति हैं।

(16) ब्रजभाषा और अवधी के मनु, चलु आदि रूप अपभ्रंश से आए हैं।

(17) अपभ्रंश के माझ, मोर, कोउ तथा हौ आदि रूप हिन्दी की बोलियों में आए हैं।

उपरोक्त तथ्यों से स्पष्ट है कि अपभ्रंश ने जिन नवीन भाषिक विधियों को जन्म दिया था, वे हिन्दी में आकर या तो प्रौढ़ हुईं, या परिष्कृत हुईं। हिन्दी के व्याकरणिक स्वरूप का उदभव मूलतः अपभ्रंश में ही दिखाई देता है।

साहित्यिक योगदान

अपभ्रंश का हिन्दी साहित्य को क्या योगदान रहा, इसका अनुमान इसी से लगाया जा सकता है कि हिन्दी साहित्य के प्रायः सभी साहित्यकारों ने आदिकाल के अन्तर्गत अपभ्रंश साहित्य को रखा है। आचार्य रामचन्द्र शुक्ल ने 'हिन्दी साहित्य का इतिहास' के आदिकाल में अपभ्रंश साहित्य को स्थान देते हुए लिखा है–''आदिकाल के भीतर अपभ्रंश की रचनाएं भी ले ली गई हैं, क्योंकि वे सदा से 'भाषा काव्य' के अन्तर्गत ही मानी जाती रही हैं। कवि परंपरा के बीच प्रचलित जनश्रुति कई ऐसे प्राचीन भाषा काव्यों के नाम गिनाती चली आयी है, जो अपभ्रंश में हैं; जैसे– कुमारपाल चरित और

शागंधर कृत हम्मीर रासो।"

बाद के इतिहासकारों ने भी इसी परम्परा का पालन किया। डॉ॰ रामकुमार वर्मा 'हिन्दी साहित्य का रचनात्मक इतिहास' में लिखते हैं—"अर्धमागधी और नागर अपभ्रंश से निकलने वाली सिद्ध और जैन कवियों की भाषा हिंदी के प्रारंभिक रूप की छाप लिए हुए है। इस प्रकार इसे हिन्दी साहित्य के इतिहास के अन्तर्गत स्थान मिलना चाहिए।"

इसी बात का समर्थन करते हुए आचार्य हजारीप्रसाद द्विवेदी 'हिन्दी साहित्य : उदभव और विकास' में कहते हैं—"यदि हिंदी साहित्य के इतिहास-लेखकों ने अपभ्रंश साहित्य को हिंदी का ही मूल रूप समझा है, तो ठीक ही किया है।"

आचार्य रामचन्द्र शुक्ल एवं डॉ॰ रामकुमार वर्मा ने भाषा की दृष्टि से अपभ्रंश साहित्य को हिन्दी के अंतर्गत माना है। लेकिन डॉ॰ हजारीप्रसाद द्विवेदी ने अपभ्रंश साहित्य को हिन्दी साहित्य का अंग ही नहीं माना, बल्कि अपभ्रंश साहित्य को हिन्दी साहित्य का मूल रूप समझा। आचार्य हजारीप्रसाद द्विवेदी लिखते हैं—"हिन्दी साहित्य में (अपभ्रंश की) प्रायः पूरी परंपराएँ ज्यों-की-त्यों सुरक्षित हैं। शायद ही किसी प्रान्तीय साहित्य में वे सारी की सारी विशेषताएँ इतनी मात्रा में और इस रूप में सुरक्षित हों। यह सब देखकर यदि हिंदी को अपभ्रंश साहित्य से अभिन्न समझा जाता है, तो इसे बहुत अनुचित नहीं कहा जा सकता। इन ऊपरी साहित्य रूपों को छोड़ भी दिया जाए, तो इस साहित्य की प्राण-धारा निरवच्छिन्न रूप से परवर्ती हिंदी-साहित्य में प्रवाहित होती रही है।"

डॉ॰ नामवर सिंह तो हिन्दी साहित्य का उद्भव ही अपभ्रंश साहित्य से मानते हैं। 'हिन्दी के विकास में अपभ्रंश का योगदान' में वे स्पष्ट रूप से लिखते हैं कि—"हिन्दी साहित्य पर संस्कृत के प्रभाव की बात तो समझ में आती है, लेकिन जिस साहित्य का अपभ्रंश के गर्भ से ही क्रमशः उद्भव और विकास हुआ है, उसे अपभ्रंश से 'प्रभावित' मात्र कहना अवैज्ञानिक है। इसलिए अपभ्रंश और हिन्दी के संबंध की मौलिक समस्या यह नहीं है कि हिन्दी के कुछ काव्य–रूपों, काव्य–रूढ़ियों, उपमाओं और छंदों पर अपभ्रंश का प्रभाव दिखा दिया जाय। यह सब तो ऊपरी बातें हैं। अपभ्रंश से हिन्दी का संबंध इससे कहीं अधिक आन्तरिक और गहरा है।"

हिन्दी साहित्य और लोक-जीवन

8वीं शताब्दी से लेकर 15वीं शताब्दी तक के अपभ्रंश साहित्य का सम्पूर्ण भारतीय साहित्य में अपना ऐतिहासिक महत्त्व है। इस युग में जहाँ एक ओर लोक-जीवन के उच्छ्वासों की साहित्यिक अभिव्यक्ति हुई, वहीं दूसरी ओर इसी युग का साहित्य जैन चिन्तन, बौद्ध साधना, तीर्थंकरों की विचार दृष्टि, स्तुतियों, अनुभवयुक्त सूक्तियों तथा

रहस्यमयी अनुभूतियों से परिपूर्ण है। स्वयंभू, पुष्पवंत, अब्दुल रहमान, सरहपा तथा काण्हपा जैसी प्रतिभाओं ने इस युग के साहित्य को उच्चता प्रदान की। यह अपभ्रंश साहित्य सुदूर दक्षिण को छोड़कर शेष सम्पूर्ण भारत के जनमानस का प्रतिनिधित्व करता है। वस्तुतः इसके पूर्व का साहित्य मूलतः शास्त्रीय एवं आध्यात्मिक दर्शन का साहित्य था। अपभ्रंश काल में इसने लोकजीवन का स्वरूप ग्रहण किया। लोकजीवन के उत्साह, उमंग, सरलता, सादगी तथा सौन्दर्य की जीवन्तता ही अपभ्रंश साहित्य की शक्ति का रहस्य है। उसने लोककथा एवं लोकगीतों से अपना जीवन-रस ग्रहण किया और इसी लोकतत्त्व के द्वारा अपभ्रंश साहित्य ने भारतीय साहित्य में अपना ऐतिहासिक कार्य सम्पन्न किया।

जहाँ तक अपभ्रंश का हिन्दी साहित्य में योगदान का प्रश्न है, निश्चित रूप से हिन्दी साहित्य मुख्यतः अपभ्रंश की जीवन्त धारा को लेकर आगे बढ़ा। अपभ्रंश ने तत्कालीन संक्रांति युग में लोक-जीवन को ग्रहण कर जो युगान्तकारी कार्य किया, हिन्दी ने उसे ही अपने ढंग से आगे बढ़ाया। इस दृष्टि से अपभ्रंश को हिन्दी साहित्य का अग्रदूत कहना गलत नहीं होगा।

अपभ्रंश की लोक-जीवन की परम्परा कुछ तो 'संदेशरासक' जैसे प्रेमपरक लोकगीतों में, कुछ 'जसहर चरिउ' जैसे आख्यानक काव्यों में, कुछ जैन मुनियों एवं बौद्ध सिद्धों के दोहों में, तो कुछ स्वयंभू और पुष्पदंत के पौराणिक काव्यों में व्यक्त हुए। हिन्दी में इसका विकास कहीं परोक्ष, तो कहीं प्रत्यक्ष रूप से हुआ, और यही अपभ्रंश का सबसे बड़ा और प्रमुख साहित्यिक योगदान है।

यह बात विशेष रूप से ध्यान में रखने की है कि अपभ्रंश एवं हिन्दी; दोनों के ही अभ्युदय में लोकजीवन का मुख्य हाथ रहा है, और सही अर्थों में यही इन दोनों का परोक्ष संबंधी भी है। अतः अपभ्रंश में लोकजीवन की जो धड़कन सुनाई पड़ती है, वही आगे चलकर अवधी, ब्रज, राजस्थानी तथा आदिकालीन साहित्य में और भी स्पष्ट रूप से सुनाई पड़ने लगी। इतना ही नहीं, बल्कि काव्य रूपों, भाव व्यंजना, शैली, छन्द, अलंकार तथा अनेक अन्य दृष्टियों से भी अपभ्रंश ने हिन्दी साहित्य के मार्गदर्शक का काम किया है।

हिन्दी साहित्य और अपभ्रंश

वस्तुतः अपभ्रंश की वीर गाथा की प्रवृत्ति ही वह मूल प्रवृत्ति है, जो तात्कालिक रूप से सीधे अपभ्रंश में आई। डॉ॰ नामवर सिंह का मत है कि– ''चारण कवियों की वीरगाथाएँ परवर्ती अपभ्रंश की परम्परा के अनुसार ही थीं। इस तरह आसानी से यह कहा जा सकता है कि वीरगाथा ही वह प्राणधारा है, जिसका विकास अपभ्रंश से हिंदी में हुआ।''

अपभ्रंश के परवर्ती काव्यों का हिन्दी के आरम्भिक चरित काव्यों में काफी योगदान

रहा है। हिन्दी के हम्मीर रासो, खुम्मान रासो, परमाल रासो तथा पृथ्वीराज रासो आदि को अपभ्रंश के परवर्ती चरित काव्यों का विकास रूप ही समझना चाहिए। अपभ्रंश एवं हिन्दी साहित्य के इन ग्रन्थों की मूल भावना कमोबेश एक ही है। शासकों के पराक्रम तथा विश्वास आदि का अतिशयोक्तिपूर्ण वर्णन दोनों ही काव्यों में करीब-करीब एक जैसा ही मिलता है।

अपभ्रंश में लोक-जीवन के स्पर्श की जितनी भी रचनाएं हुईं, उनमें 'संदेशरासक' महत्त्वपूर्ण है। मूलतः यह एक छोटा-सा प्रेमगीत है। इस तरह के रासो काव्य हिन्दी में भी लिखे गए। 14वीं शताब्दी में लिखा गया 'बीसलदेव रासो' ऐसा ही काव्य है। यह काव्य ललित मुक्तकों में लिखा गया है। 'संदेशरासक' में जहाँ षड्ऋतु वर्णन है, वहीं 'बीसलदेव रासो' में बारहमासा वर्णन है। लेकिन दोनों की मूल धारा एक ही है।

इसी तरह 15वीं शताब्दी का लोककाव्य 'ढोला मारू-रा-दूहा' है, जो 'संदेशरासक' और 'बीसलदेव रासो' की तरह ही विरह गीत है। शैली की दृष्टि से यह लोकगीत के अधिक निकट है।

अपभ्रंश के धार्मिक काव्यों (रामकाव्य एवं कृष्णकाव्य) से हिन्दी की भक्तिकालीन धारा का जन्म हुआ। स्वयंभू रचित 'पऊमचरिउ' एवं तुलसीदास कृत 'श्रीरामचरितमानस' में अद्‌भुत साम्य है। पुष्पदन्त ने अपने पुराण में कृष्ण लीला का मनोहारी चित्रण किया है। यह बात अलग है कि भक्तिकालीन कृष्णभक्त कवियों में कृष्ण के प्रति जो भक्तिभाव है, वह पुष्पदंत में नहीं है। फिर भी इन सभी में लोकभाषा एवं जन-जीवन से जुड़ने की लालसा समान है।

हम देखते हैं कि हिन्दी में सूफी प्रेमाख्यानक काव्यों की अत्यन्त समृद्ध परम्परा है। वस्तुतः इसका पूर्व रूप अपभ्रंश साहित्य में देखने को मिलता है। जैनों द्वारा लिखित ऐसी अनेक कृतियाँ हैं, जो आचरण की शुद्धता पर बहुत अधिक बल देती हैं; जैसे—देवसेनकृत 'सावयधम्म दोहा'। हिन्दी में भी जैनों द्वारा इस परम्परा का पोषण किया गया। अपभ्रंश साहित्य में सिद्धों ने जिस सहज साधना एवं इन्द्रिय निग्रह आदि के उपाय बताए, वे यथावत् रूप में हिन्दी के सिद्ध साहित्य में प्रतिफलित हुए। इसका जन रूप निर्गुण पंथी साहित्यकारों में दिखाई पड़ता है।

काव्यरूप

अपभ्रंश का हिन्दी साहित्य को योगदान भावपक्ष की अपेक्षा काव्यरूपों में अधिक रहा है। अपभ्रंश से विकसित एवं नवीन भावधारा को अपनाकर हिन्दी कविता लम्बे समय तक अपभ्रंश के अधिकांश काव्यरूपों को अपनाए रही। इस योगदान को निम्न बिन्दुओं में देखा जा सकता है—

(क) छन्द : अपभ्रंश ने पहली बार मात्रिक छन्दों का आरम्भ किया था। अपभ्रंश

से पूर्व छन्द तुकान्त नहीं होते थे। तुकान्त की परम्परा अपभ्रंश ने शुरू की। तब से आज तक हिन्दी में मात्रिक छन्दों की ही प्रधानता है। अपभ्रंश के बाद हिन्दी सहित अन्य आर्य भाषाओं में कोई बहुत मौलिक परिवर्तन नहीं हुए। इसलिए हिन्दी के आरम्भिक छन्द भी प्रायः अपभ्रंश के ही छन्द रहे।

हिन्दी का अत्यंत प्रिय छन्द है—दोहा। यह मूलतः अपभ्रंश की ही देन है। बाद में जब अपभ्रंश में रासा, कव्व तथा दुबई जैसे बड़े—बड़े छन्द आए, तो उसके साथ विशेष प्रकार के गेय और मुक्तक काव्यों की सृष्टि होने लगी। हिन्दी में दोहा अपभ्रंश की ही देन है। आचार्य हजारीप्रसाद द्विवेदी ने दोहा का संबंध अपभ्रंश के 'अल्लिलाह' छन्द से बताया था।

यही क्रम हिन्दी में भी दिखाई पड़ता है। हिन्दी में चौपाई प्रबंध काव्य के लिए तथा सवैया, घनाक्षरी, छप्पय तथा कुण्डलिया आदि मुक्तक काव्यों के लिए निश्चित कर लिए गए।

हिन्दी में चौपाई का जो अस्तित्व है, उसके बीज अपभ्रंश की 'चउपई' में मिलते हैं। 13वीं शताब्दी के आरम्भ के अपभ्रंश कवि विनयचन्द्र सूरी ने 'चउपई' छन्द में 'नेमिनाथ चउपई' नामक ग्रन्थ लिखा। वस्तुतः विनयचन्द्र सूरी की यह 'चउपई' जायसी और तुलसीदास द्वारा स्वीकृत 'चौपाई' ही है।

हिन्दी का अन्य प्रिय छन्द 'रोला' है। इस छन्द का प्रचलन 10वीं शताब्दी में अपभ्रंश के कवि धनपाल में मिलता है। जिस प्रकार हिन्दी में रोला के साथ अंत में उल्लाला छन्द जोड़कर 6 चरणों का छप्पय बना लिया जाता है, उसी प्रकार अपभ्रंश में भी होता था।

(ख) काव्यरूप : गेय काव्यरूप में अपभ्रंश साहित्य बहुत समृद्ध था। अपभ्रंश में रास, फाग, चांचरि, रसायण तथा कुलक आदि अनेक प्रकार के गेय काव्य प्रचलित थे। आगे चलकर रास काव्य एक ऐसा काव्य रूप निश्चित हो गया, जिसमें किसी भी गेय छन्द का प्रयोग किया जा सके। हिन्दी का 'बीसलदेव रास' ऐसा ही रास काव्य है, जिसमें इन गेय छन्दों का प्रयोग किया गया है।

अपभ्रंश के अन्य गेय काव्यरूपों में चांचरि का प्रमाण है—जिनदत्त सूरि की 'चांचरि'। इस चांचरि में भी रास छन्द का व्यवहार किया गया है। हिन्दी में कबीरदास के नाम से प्रचलित कुछ गीत चांचरि के नाम से मिलते हैं।

फाग भी इसी प्रकार का एक लोकगीत है, जो बसन्त में गाया जाता है। अपभ्रंश के समय इसका प्रचलन था। जैन कवियों ने काफी फाग लिखे हैं। जिनपद्म सूरि का फाग 'थूलिभद्द' अभी भी उपलब्ध है। हिन्दी में कबीर दास के नाम से इस तरह के कुछ वसन्त मिलते हैं। निश्चित रूप से अपभ्रंश के कवि इस दिशा में हिन्दी कवियों के पथ-प्रदर्शक रहे हैं। इसी परम्परा का निर्वाह करते हुए आगे चलकर तुलसीदास ने 'रामललानहछू' की रचना की।

हिन्दी में 'पद' नाम से कुछ ऐसे गीत मिलते हैं, जिन्हें संतों और भक्तों ने गाने के लिए लिखा था। सूरदास का सम्पूर्ण 'सूरसागर' पदों में ही है। मीरा ने केवल पद ही गाए। कबीर ने भी पद कहे, तथा तुलसीदास की 'गीतावली' एवं 'विनयपत्रिका' पदों में ही हैं। हिन्दी को पदों की यह देन अपभ्रंश के सिद्धों से मिली है। 'सिद्धों के चर्या पद' गेय पद हैं।

काव्य-रूढ़ियाँ

हिन्दी में अनेक ऐसे काव्य-रूढ़ियाँ प्रचलित हैं, जो मूलतः अपभ्रंश की ही देन हैं; जैसे—प्रबंध काव्य के आरम्भ में मंगलाचरण, आत्मनिवेदन, दुर्जन निन्दा, सज्जन प्रशंसा तथा मुक्तक काव्य में कवि द्वारा अपना नाम रखने की प्रथा। अपभ्रंश काल में ये रूढ़ियाँ अत्यंत गहरी थीं, और हिन्दी तक पहुँचते-पहुँचते स्थिति यह हो गई कि तुलसीदास जैसे महाकवि ने भी इनका पालन किया। 'रामचरितमानस' में मंगलाचरण, आत्मनिवेदन, दुर्जन निन्दा और सज्जन प्रशंसा सभी पूर्ववर्ती कवियों से अधिक हैं।

यही बात मुक्तकों में कवियों द्वारा अपना नाम रखने की मनोवृत्ति में दिखाई पड़ती है। अपभ्रंश में सरह के दोहों में यह प्रवृत्ति दिखाई पड़ती है। बाद में कबीर, सूर, तुलसी, मीरा जैसे भक्त कवियों तथा केशवदेव, मतिराम, भूषण एवं पद्माकर जैसे रीति कवियों ने इसका पालन किया।

नखशिख वर्णन, सन्ध्या-उषा वर्णन तथा उद्यान के फूलों का वर्णन आदि कुछ ऐसी रूढ़ियाँ हैं, जो अपभ्रंश काल में ही प्रचलित हो गई थीं। नखशिख संबंधी रूढ़ियाँ स्वयंभू और पुष्पदन्त के काव्यों में ही मिलने लग जाती हैं। बाद में जायसी तथा रीतिकालीन कवियों ने रूढ़ियों का पर्याप्त प्रयोग किया।

भारतीय चित्त में अशोक, हंस आदि पुष्प और पक्षी न रहकर एक संस्कार के रूप में बसे हुए हैं, जिनका कथानकों में प्रतीकात्मक रूप में प्रयोग किया जाता है। इसके साथ ही शुक का दौत्य-कार्य, नायिका को अप्सरा का अवतार कहना, महादेव के मन्दिर में नायक-नायिका का मिलना, सिंघल द्वीप आदि अनेक कथानक रूढ़ियों का निर्वाह अपभ्रंश और हिन्दी साहित्य में मिलता है। 'पृथ्वीराजरासो' तथा 'पद्मावत' में ये रूढ़ियाँ पर्याप्त मात्र में मिलती हैं। कथात्मक प्रतीक के रूप में सुआ का उपयोग संस्कृत साहित्य से ही होता आ रहा है। लेकिन 'हिरामन' का प्रचलन अपभ्रंश से ही हुआ। 'करकण्ड चरिउ' में पहली बार हिरामन सुआ का नाम सुनाई पड़ता है। यही बाद में जायसी में आया।

इन स्थितियों को देखते हुए यह कहना गलत नहीं होगा कि भाव एवं शैली दोनों ही दृष्टियों से अपभ्रंश ने हिन्दी साहित्य के लिए अगुवा बनकर मार्ग दिखाने का काम किया है।

हिन्दी की प्रमुख उप भाषाएं

भारत में मुख्य रूप से आर्य परिवार तथा द्रविड़ परिवार की भाषाएं प्रचलित हैं। उत्तर, पूर्व और पश्चिम भारत में आर्य परिवार की भाषाएं बोली जाती हैं, जबकि दक्षिण भारत में द्रविड़ परिवार की भाषाएं।

पिछले अध्याय में यह बताया गया है कि किस प्रकार संस्कृत से पालि, फिर प्राकृत और अपभ्रंश भाषाओं का विकास हुआ। इसमें अपभ्रंश भाषा सबसे महत्त्वपूर्ण रही। इसकी महत्ता का कारण यह है कि अपभ्रंश से ही सभी आधुनिक आर्यभाषाओं का जन्म हुआ है। जैसा कि पूर्व में बताया गया है, सन् 1000 के आसपास पूरे उत्तर, पूर्व और पश्चिम भारत में अपभ्रंश भाषा विकसित हो चुकी थी। यह अपभ्रंश स्थानीय बोलियों के सम्पर्क में आई, जिसके कारण उसके रूप बदले। 11वीं शताब्दी के आसपास अपभ्रंश से जनभाषाओं के मिलने से आधुनिक आर्यभाषाओं का जन्म हुआ। उस समय की जिन जनभाषाओं से (अपभ्रंश से) आधुनिक आर्यभाषाएं विकसित हुईं, वे इस प्रकार हैं—

जनभाषाएं (अपभ्रंश)	**जनभाषाओं से विकसित आधुनिक भारतीय आर्यभाषाएं**
1. शोरसेनी (आधुनिक गुजरात, राजस्थान, हरियाणा, हिमाचल प्रदेश, दिल्ली, पश्चिमी तथा उत्तरी उत्तर प्रदेश, उत्तर-मध्य-पश्चिम मध्य प्रदेश)	1. पश्चिमी हिन्दी— (क) ब्रज (ख) बुंदेली (ग) बांगड़ू (घ) खड़ी बोली (ङ) कन्नौजी (च) निमाड़ी 2. राजस्थानी 3. गुजराती
2. पैशाची (आधुनिक पूर्वी पंजाब)	1. लहंदा 2. पंजाबी
3. ब्राचड़ (आधुनिक सिंध)	सिंधी
4. खस	पहाड़ी भाषाएँ
5. महाराष्ट्री (आधुनिक महाराष्ट्र, गोवा, कर्नाटक, उत्तरी आन्ध्रप्रदेश,)	मराठी
6. मागधी (बिहार, उड़ीसा, बंगलादेश)	1. बिहारी 2. बंगला

3. उड़िया

4. असमिया

7. अर्द्ध मागधी (आधुनिक पूर्वी उत्तर प्रदेश, पूर्वी मध्य प्रदेश) पूर्वी हिंदी—

(क) अवधी

(ख) बघेली

(ग) छत्तीसगढ़ी

इनमें से कई भाषाओं में समानता होने के कारण उन्हें एक ही भाषा का मान लिया गया है। वर्तमान काल में सिंधी, लहंदा, पंजाबी, गुजराती, राजस्थानी, पश्चिमी हिंदी, पूर्वी हिंदी, बिहारी, उड़िया, बंगला, असमिया और मराठी भाषाओं को ही आधुनिक भारतीय आर्यभाषाओं में प्रमुख स्थान दिया जाता है।

यद्यपि ये भाषाएं अलग-अलग मानी जाती हैं, किंतु इनमें बहुत-कुछ एकरूपता भी है। सामान्यतः इनमें से किसी भी एक भाषा का जानकार व्यक्ति दूसरी भाषा आसानी से सीख सकता है। कई भाषाओं की तो वर्तनी भी थोड़े-से अंतर से एक जैसी ही है। जैसे कि पंजाबी भाषा की वर्तनी गुरुमुखी है, लेकिन वह नागरी लिपि से बहुत मिलती है। सिंधी भाषा की लिपि उर्दू है, लेकिन अब यह गुरुमुखी लिपि में भी लिखी जाने लगी है। बंगला और असमिया की लिपि एक जैसी है। ठीक यही स्थिति गुजराती और मराठी लिपि की है। ये दोनों लिपियां देवनागरी लिपि के बहुत करीब हैं। राजस्थानी तो पूरी तरह देवनागरी लिपि में ही लिखी जाती है। लिपियों की इस एकरूपता के कारण इन्हें सीखना काफी सरल हो जाता है।

जैसा कि बताया गया है, पहले ये भाषाएं एक ही थीं, जिन्होंने अपने-अपने क्षेत्र की जनभाषाओं के सम्पर्क में आने के बाद से थोड़ा अलग-अलग रूप लेना प्रारंभ किया। हालांकि ये भाषाएं आज भिन्न-भिन्न नामों से जानी जाती हैं, इसके बावजूद इन भाषाओं की कुछ विशेषताएं एक-सी हैं। ऐसी प्रमुख विशेषताएं इस प्रकार हैं—

1. भाषा की प्रवृत्ति कठिनता से सरलता की ओर होती है। इस दृष्टि से सभी भारतीय आर्यभाषाओं में सरलीकरण की प्रवृत्ति जारी रही। हालांकि यह प्रवृत्ति हिंदी में जितनी अधिक रही है, उतनी पंजाबी और बंगला में नहीं।
2. संस्कृत में एक वस्तु या भाव के लिए कई-कई शब्द मिलते हैं। आधुनिक भाषाओं में उसके अलग-अलग शब्दों के खास स्थानीय प्रयोग प्रचलित हुए। जैसे— संस्कृत में आँख के लिए अक्षि, चक्षु, नेत्र जैसे अनेक शब्दों का प्रयोग होता है। पंजाबी में 'अक्षि' का 'अक्ख' विशेष रूप प्रचलित है। जबकि बंगला में 'चक्षु' से 'चोख' शब्द बना।
3. आधुनिक आर्यभाषाओं में प्रायः वे सभी ध्वनियाँ हैं, जो मध्यकालीन भाषाओं में थीं।

4. हालांकि 'ऋ' ध्वनि सभी भाषाओं में तत्सम् शब्दों के साथ लिखी तो जाती है, लेकिन उसका उच्चारण री, रु की तरह होता है।
5. इसी प्रकार अधिकांश भाषाओं में स, श, ष ध्वनियों का लिखने में तो प्रयोग होता है, किंतु उच्चारण स, श का ही होता है।
6. आधुनिक आर्यभाषाओं में 'च' वर्ग की ध्वनियों में अंतर आ गया है। मराठी में 'च' का 'त्स' हो गया है, और 'ज' का 'द्ज' हो गया है।
7. मूर्धन्य ध्वनियों में ड, ढ ध्वनियाँ नहीं हैं।
8. ठीक इसी प्रकार विदेशी प्रभाव के कारण करीब-करीब सभी आधुनिक आर्यभाषाओं में क़, ख़, ग़, ज़ और फ़ ध्वनियाँ आ गई हैं।
9. सभी आधुनिक आर्यभाषाओं के विकास की एक विशेष प्रवृत्ति यह रही है कि उनमें मध्य के द्वित्व व्यंजनों (एक पूरे व्यंजन के साथ आधा व्यंजन भी) को आसानी से बोलने की दृष्टि से एक व्यंजन बना दिया गया है, और उसकी कमी को पूरा करने के लिए उसके पहले वाले व्यंजन को दीर्घ कर दिया गया है; जैसे 'कम्म' का 'काम'। इसमें अर्द्ध 'म' को समाप्त कर दिया गया है, और उसके बदले 'क' को 'का' बना दिया गया है। अपभ्रंश काल की भाषा में द्वित्व व्यंजनों का प्रयोग बहुत अधिक होता था। बोलने की सुविधा की दृष्टि से आधुनिक आर्यभाषाओं ने इन द्वित्व व्यंजनों को सरल बना लिया।
10. सभी आधुनिक आर्यभाषाओं में दो ही वचन हैं।
11. गुजराती, मराठी को छोड़कर सभी भाषाओं में दो लिंग हैं। गुजराती, मराठी में तीन लिंग हैं।
12. आधुनिक युग में वैज्ञानिक आविष्कारों की प्रधानता के कारण सभी भाषाओं में विदेशी शब्दों का भंडार बढ़ा है। साथ ही अन्य भारतीय भाषाओं से भी शब्दों का आदान-प्रदान बढ़ा है।
13. आधुनिक भाषाओं की रूप रचना पहले की अपेक्षा सरल हुई है। कारकों के स्थान पर परसर्गों का प्रयोग बढ़ा है। इसके कारण कारकीय रूप रचना समाप्त हो गई है।

ये सभी आधुनिक आर्यभाषाओं की सामान्य विशेषताओं की एक झलक है। आशा है, इससे आपके मन में इन भाषाओं के बारे में एक धुंधली-सी तस्वीर तो बनी ही होगी।

पश्चिमी एवं पूर्वी हिन्दी

प्रसिद्ध भाषा वैज्ञानिक जॉर्ज ग्रियर्सन ने आधुनिक आर्यभाषाओं का वर्गीकरण करते समय मध्य देश की बोलियों को पश्चिमी हिन्दी का नाम दिया। इस वर्ग में उन्होंने

प्रमुखतः पाँच भाषाएँ रखीं। ये भाषाएँ हैं—(1) ब्रज भाषा, (2) खड़ी बोली, (3) हरियाणवी (बांगडू), (4) कन्नौजी तथा (5) बुन्देली। दक्षिण भारत में मुस्लिमों द्वारा विकसित फारसी प्रधान हिन्दी भी पश्चिमी हिन्दी के अंतर्गत आती है।

पश्चिमी हिन्दी वर्ग की भाषाएं वस्तुतः मध्य देश की भाषाएं हैं। इसके अंतर्गत वर्तमान हरियाणा, दिल्ली, पश्चिमी उत्तर प्रदेश (कानपुर तक) तथा मध्य प्रदेश के ग्वालियर, भोपाल, सम्पूर्ण बुन्देलखण्ड, होशंगाबाद, नरसिंहपुर, सिवनी और छिन्दवाड़ा आदि जिले आते हैं।

जैसा कि पूर्व में स्पष्ट किया जा चुका है, पश्चिमी हिन्दी की सभी भाषाएं शोरसेनी अपभ्रंश से उत्पन्न हैं। पश्चिमी हिन्दी की उपभाषाओं में ब्रज भाषा तथा खड़ी बोली को सबसे अधिक साहित्यिक मान्यता प्राप्त है। वर्तमान में खड़ी बोली के रूप में हिन्दी भाषा संघ की राजभाषा है। खड़ी बोली से पहले ब्रज भाषा साहित्य की प्रधान भाषा थी।

स्वरूप की दृष्टि से पश्चिमी हिन्दी की उपभाषाओं के दो वर्ग किए जा सकते हैं—

(1) **आकारबहुला भाषा**—इसके अंतर्गत खड़ी बोली तथा हरियाणवी भाषाएं आती हैं।

(2) **ओकारबहुला भाषा**—इसके अंतर्गत पश्चिमी हिन्दी की शेष तीनों भाषाएं—ब्रज भाषा, बुन्देली और कन्नौजी आती हैं।

ध्वनि की दृष्टि से इन दोनों वर्गों की भाषा में मूल अन्तर यह है कि आकारबहुला भाषा के 'ड' और 'ड़' ओकारबहुला भाषाओं में 'र' हो जाते हैं। उदाहरण के लिए खड़ी बोली का 'पड़ता' एवं 'दौड़' ब्रजभाषा में क्रमशः 'परता' और 'दौरि' हो जाता है। इसी विशेषता के कारण ब्रज भाषा खड़ी बोली की तुलना में एक मधुर भाषा हो गई है।

विशेषताएं—पश्चिमी हिन्दी के अंतर्गत आने वाली सभी पाँचों उपभाषाओं की सामान्य विशेषताएं इस प्रकार हैं—

1. इसमें 'य' और 'व' का उच्चारण सुरक्षित है। कुछ बोलियों में 'ल' ध्वनि पाई जाती है।
2. 'ण' और 'श' का भी स्पष्ट उच्चारण किया जाता है।
3. उच्चारण में महाप्राण ध्वनियों को अल्पप्राण कर दिया जाता है; जैसे—
   भी = बी, भूख = भूक।
4. इस वर्ग की बोलियों के प्रमुख परसर्ग हैं—

   कर्ता — ने, नें, नै
   कर्म — को, कू, को
   करण-अपादान — ते, सेती, से

संबंध – का, के, की, को
अधिकरण – में, पर, वे

5. इस वर्ग की बोलियों में सर्वनाम के लिए मैं, हौं, हमारो, हमारू, म्हारू, तुम, तिहारो आदि का मुख्य रूप से प्रयोग किया जाता है।
6. इसमें वर्तमान सहायक क्रिया के लिए है, हैं, हों, हौ; भूतकाल के लिए था, वे, हतो, हो तथा भविष्यत् काल के लिए ग वाले रूपों का प्रयोग किया जाता है।

पूर्वी हिन्दी

जॉर्ज ग्रियर्सन ने आधुनिक आर्यभाषाओं का वर्गीकरण करते हुए सबसे पहले 'पूर्वी हिन्दी' शब्द का प्रयोग किया था। ग्रियर्सन ने इसे शोरसेनी (समस्त पश्चिमी हिन्दी भाषाएं) तथा मागधी अपभ्रंश (बिहारी, बंगला, उड़िया, असमिया) के मध्य की भाषा माना। वस्तुतः पूर्वी हिन्दी से उनका तात्पर्य पश्चिमी हिन्दी के पूर्व क्षेत्र तथा बिहारी के पश्चिमी क्षेत्र की भाषाओं से था।

पूर्वी हिन्दी का क्षेत्र कानपुर से मिर्जापुर, लखीमपुर तथा नेपाल की सीमा से लेकर दुर्ग, बस्तर की सीमा तक फैला हुआ है। पूर्वी हिन्दी के उत्तर में नेपाल की पहाड़ियों में प्रचलित आर्यभाषाएं तथा पश्चिम में पश्चिमी हिन्दी तथा कन्नौजी और बुन्देलखण्डी भाषाएं बोली जाती हैं। इसके पूर्व में पश्चिमी भोजपुरी, नागपुरिया एवं उड़िया बोली जाती है।

पूर्वी हिन्दी की उत्पत्ति मागधी अपभ्रंश से मानी जाती है। इसके अंतर्गत तीन भाषाएं तथा उनकी बोलियाँ हैं। ये हैं–(1) अवधी, (2) बघेली तथा (3) छत्तीसगढ़ी।

इस वर्ग की भाषाओं में अवधी भाषा का साहित्य सबसे अधिक समृद्ध है। बघेली एवं छत्तीसगढ़ी में केवल लोक साहित्य मिलता है।

विशेषताएं–पूर्वी हिन्दी की इन तीनों बोलियों की सामान्य विशेषताएँ इस प्रकार हैं–

1. इन सभी में 'ण' ध्वनि के स्थान पर 'न', 'ल' के स्थान पर 'र', तथा 'श' और 'ष' के स्थान पर 'स' बोला जाता है।
2. इन तीनों बोलियों में य > ज (युवा > जुआ, यश > जश) व > उ तथा ब (वकील > उकिल > बकील) बोला जाता है।
3. इनमें 'ए' का उच्चारण 'अइ' और 'औ' का उच्चारण 'अउ' होता है; जैसे– पैसा = पइसा, औरत = अउरत।
4. इनमें संज्ञा शब्दों का एकवचन, तिर्यक एकवचन तथा सामान्य बहुवचन एक समान होते हैं।

5. पूर्वी हिंदी बोलियों के प्रमुख परसर्ग हैं—

कर्म	— क, का, कह, कु, के, को, कइ
सम्प्रदान	— कहां, बरे, बदे, बाड़े
करण-अपादान	— से, सेन, संती, सन, लग, भई, हुत, में, बे
संबंध	— के, कर, केर, के, का, की, करि
अधिकरण	— मा, में, मांहि, मांझ, मझारी, पर, प, मइहां।

6. इन बोलियों में क्रिया की रचना थोड़ी जटिल है। इनमें 'कहिस' का अर्थ होता है— उसने कहा। 'मैं आता हूँ' को इनमें 'आइत ई' बोलते हैं। अहै, आरे, बारे आदि वर्तमान सहायक क्रियाएं हैं। भविष्यत् काल के लिए ह, ब, का प्रयोग किया जाता है।

पश्चिमी एवं पूर्वी हिन्दी में अन्तर

समझने की दृष्टि से पश्चिमी हिन्दी और पूर्वी हिन्दी नितान्त अपरिचित भाषा नहीं हैं। सूरदास की कविता समझने वाला व्यक्ति तुलसीदास के 'रामचरितमानस' को आसानी से समझ लेता है। फिर भी दोनों में कुछ मूलभूत अन्तर हैं, जो शाब्दिक और व्याकरणिक; दोनों ही रूपों में देखने को मिलते हैं।

पश्चिमी हिन्दी और पूर्वी हिन्दी में अन्तर का मुख्य कारण इनका भिन्न प्राकृतों से उत्पन्न होना है। जैसा कि पहले बताया जा चुका है, पश्चिमी हिन्दी शोरसेनी से विकसित हुई, इसलिए उसको शोरसेनी की भाषिक विशेषताएं मिलीं। जबकि पूर्वी हिन्दी अर्द्ध मागधी से विकसित हुई, इसलिए उसने उसकी भाषिक विशेषताएं ग्रहण कीं।

भौगोलिक सीमाएँ, स्थितियाँ तथा जीवनगत परिस्थितियाँ भी इनके अन्तर का आधार रही है। मरुस्थल, मैदान, पहाड़ एवं वन इन बोलियों की ध्वनि तथा वाक् रचना को प्रभावित करते रहे हैं। इसके कारण इन बोलियों की प्रकृति में भिन्नता आ गई है। जब ये दोनों प्राकृत अपने स्थानीय जनभाषाओं के सम्पर्क में आईं, तो उन्होंने केवल उन्हीं की ही विशेषताएं नहीं लीं, बल्कि अपने सीमावर्ती बोलियों से भी प्रभावित हुईं। इसके कारण इनकी रूप-रचना में अन्तर आया। पश्चिमी हिन्दी पंजाबी तथा पहाड़ी भाषाओं से प्रभावित हुई, जबकि पूर्वी हिन्दी मराठी सीमा से जुड़ी होने के कारण उनसे प्रभावित हुई। इस कारण दोनों भाषाओं में स्वाभाविक तौर पर कुछ व्याकरणगत भेद आ गए।

पश्चिमी हिन्दी एवं पूर्वी हिन्दी में मुख्य रूप से निम्न अन्तर हैं—

1. पूर्वी और पश्चिमी हिंदी में ध्वनि की दृष्टि से अंतर यह है कि पूर्वी हिंदी में 'अ' का उच्चारण 'ओ' के बहुत निकट होता है। अर्थात् इसका उच्चारण संवृत होता है,

जबकि पश्चिमी हिंदी में इसका उच्चारण विवृत होता है।

2. पूर्वी हिंदी में इ, उ का उच्चारण पश्चिमी हिंदी की तुलना में अधिक ह्रस्व है।
3. पूर्वी हिंदी में ए, ओ संयुक्त स्वर हैं, जबकि पश्चिमी हिंदी में ये मूल स्वर हैं।
4. पूर्वी हिंदी में दो स्वरों का प्रयोग प्रायः एक साथ किया जाता है; जैसे—दुइ, अउर आदि। जबकि पश्चिमी हिंदी में ऐसा कम होता है। इसमें 'दो' तथा 'और' बोले जाते हैं।
5. पश्चिमी हिंदी में जिन शब्दों के प्रारम्भ में य, व आता है, पूर्वी हिंदी में उनके स्थान पर क्रमशः इ और उ मिलते हैं। जैसे—पश्चिमी हिंदी के 'यहां' और 'वहां' पूर्वी हिंदी में क्रमशः 'इहां' और 'उहां' हो जाते हैं।
6. पूर्वी हिंदी के शब्दों के मध्य में आने वाले 'ह' का पश्चिमी हिंदी में लोप हो जाता है; जैसे दिहेसि = दिया।
7. पश्चिमी हिंदी की बांगडू तथा खड़ी बोली आदि में 'ल' ध्वनि मिलती है, जबकि पूर्वी हिंदी की किसी भी बोली में यह ध्वनि नहीं मिलती।
8. पश्चिमी हिंदी की 'ल' ध्वनि का पूर्वी हिंदी में 'र' हो गया है; जैसे—'हल' का 'हर', 'फल' का 'फर' आदि। इसी प्रकार पश्चिमी हिंदी की ढ़, ड़ ध्वनियाँ पूर्वी हिंदी में क्रमशः 'र' और 'रह' में परिवर्तित हो जाती हैं; जैसे—'गढ़' का 'गरह' तथा 'तोड़े' का 'तोरे'।
9. शब्द के शुरू में आने वाले य, व पश्चिमी हिंदी में सुरक्षित हैं, जबकि पूर्वी हिंदी में ये शब्द ज/ए, व/उ में परिवर्तित हो गए हैं; जैसे— यश > जश तथा वकील > उकिल।
10. पश्चिमी हिंदी के ओकारांत या औकारांत शब्द पूर्वी हिंदी में प्रायः अकारांत या व्यंजनांत हो जाते हैं; जैसे—पश्चिमी हिंदी का 'बड़ो' या 'बड़ौक' शब्द पूर्वी हिंदी में 'बड़' हो जाता है। इसी प्रकार पश्चिमी हिंदी के 'भलो' या 'भलौ' का पूर्वी हिंदी में 'भल' हो जाता है।
11. पश्चिमी हिंदी में कर्त्ता के लिए 'ने' परसर्ग प्रयुक्त होता है। जबकि पूर्वी हिंदी में कर्त्ता के लिए परसर्ग का प्रयोग होता ही नहीं।
12 पश्चिमी हिंदी में संज्ञा का मूल रूप प्रायः एक ही रहता है, जबकि पूर्वी हिंदी में इसके तीन रूप-सामान्य, दीर्घ और दीर्घतर प्रचलित हैं। जैसे पश्चिमी हिंदी में 'घोड़ा' का एक ही मूल रूप प्रचलित है। जबकि पूर्वी हिंदी में इसके घोड़, घोड़वा तथा घोड़वना; अर्थात् तीन रूप मिलते हैं।
13. पूर्वी हिन्दी में 'अइया' तथा 'अउआ' प्रत्यय लगाकर संज्ञा शब्द अधिक बनते हैं, जबकि पश्चिमी हिंदी में ऐसा कम होता है। जैसे पूर्वी हिंदी में 'कन्हइया' और 'पुरवइया' जैसे शब्दों का प्रयोग होता है, जबकि पश्चिमी हिन्दी में इन्हें कान्हा,

कन्हैया तथा 'पुरवैया' बोला जाता है।

14. पश्चिमी हिंदी का सर्वनाम 'मैं' पूर्वी हिंदी में 'मई'; पश्चिमी हिंदी का 'मेरा' और 'तेरा' पूर्वी हिंदी में 'मोर' और 'तोर' तथा पश्चिमी हिंदी का 'तुम्हारा', 'तिहारो' पूर्वी हिंदी में 'तुम्हार', 'तुहार' के रूप में प्रयुक्त होते हैं।
15. पश्चिमी हिंदी में अन्य पुरुष एकवचन के लिए 'उस' का प्रयोग होता है। पूर्वी हिंदी में इसके लिए 'उइ' 'उओ' आदि रूप प्रचलित हैं। पूर्वी हिंदी में पश्चिमी हिंदी की तरह 'स' वाले रूपों का प्रचलन नहीं है।
16. पश्चिमी हिंदी में संबंधवाचक तथा सह-संबंधवाचक सर्वनामों के लिए 'जो', 'सो' प्रचलित हैं, जबकि पूर्वी हिंदी में इनके लिए 'जे', 'जवन', 'तवन' आदि प्रयुक्त होते हैं।
17. पश्चिमी हिंदी में प्रश्नवाचक के लिए 'कौन' का प्रयोग होता है, जो पूर्वी हिंदी में 'कवन' बन जाता है।
18. पश्चिमी हिंदी में वर्तमान काल के अंतर्गत 'ह' वाले रूप; जैसे—है, हैं, हूं, हो, हों, ही आदि अधिक प्रचलित हैं, जबकि पूर्वी हिंदी में 'ह' वाले रूप कम हैं और 'बाट' वाले रूपों का प्रचलन अधिक है; जैसे—बाटे, बाटें, बाटै, बाटो, बाटौ आदि।
19. पश्चिमी हिंदी में भूतकाल के लिए सहायक क्रिया के रूप में य, ह, हत आदि के रूप अधिक प्रयोग होते हैं; जैसे—था, थे, थी, थीं, हा, हो, है, ही, हीं, हतो, हती, हते, हतीं आदि। परंतु पूर्वी हिंदी में इसके लिए रह, रहोउ, रहिस, रहे आदि रूपों का प्रयोग होता है।
20. पश्चिमी हिंदी में भविष्यत् काल की क्रिया में 'ग' वाले रूपों का प्रयोग अधिक होता है; जैसे—चलेगा, चलेगी, चलेंगे आदि। जबकि पूर्वी हिंदी में इस काल के लिए 'ग' वाले रूपों का प्रयोग कभी नहीं होता। उसके स्थान पर चली, चली है, आदि का प्रयोग होता है।
21. पश्चिमी हिंदी में क्रियार्थक संज्ञा के लिए 'न' या 'बो' वाले रूपों का प्रयोग होता है; जैसे—चलनो, चलिबो आदि। जबकि पूर्वी हिंदी में इसके लिए 'न' वाले रूपों का कभी प्रयोग नहीं होता। केवल 'ब' वाले रूपों का ही प्रचलन है; जैसे—चलब, देखब आदि।

पारस्परिक अन्तःसंबंध

यद्यपि विभिन्न प्राकृतों से उद्भूत होने के कारण पश्चिमी हिन्दी और पूर्वी हिन्दी में व्याकरणगत एवं शाब्दिक भिन्नता है, फिर भी दोनों में एकात्मकता के तत्त्व भी पर्याप्त मात्रा में हैं। वस्तुतः चूंकि दोनों ही भाषाएं लोकजीवन से निसृत भाषाएं हैं, इसलिए दोनों में ही लोकमानस की अभिव्यक्ति हुई है। इसलिए जहाँ तक लोकमानस का प्रश्न

है, उनमें अधिक भिन्नता देखने को नहीं मिलती। तब तो और भी नहीं, यदि वे दोनों क्षेत्र राजनीतिक एवं सांस्कृतिक दृष्टि से एक ही रहे हों। इस दृष्टि से पश्चिमी हिन्दी और पूर्वी हिन्दी भाषाओं का क्षेत्रएक ही रहा है। यही कारण है कि दोनों की लोककथाओं और लोकगीतों की विषयवस्तु में विशेष अन्तर नहीं है। राम, कृष्ण, शिव तथा दुर्गा आदि के चरित्र पश्चिमी हिन्दी और पूर्वी हिन्दी के बोली समूहों में एक जैसे वर्णित हैं। यह बात विशेष रूप से ध्यान देने की है कि भक्तिकाल के साहित्यकारों में भाषा को लेकर कोई अन्धमोह नहीं था। यदि तुलसीदास ने 'रामचरितमानस' की रचना पूर्वी हिन्दी की बोली अवधी में की, तो उन्होंने अपनी 'कवितावली' और 'विनयपत्रिका' पश्चिमी हिन्दी की बोली ब्रज में लिखी। यही स्थिति सूरदास की रही। वस्तुतः हुआ यह है कि ब्रज का क्षेत्र कृष्ण की जन्मस्थली था। इसलिए भक्तिकालीन साहित्यकारों ने कृष्ण की लीला का वर्णन ब्रजभाषा में किया। ठीक इसी प्रकार चूंकि श्रीराम अवध क्षेत्र के थे, इसलिए उनसे संबंधित साहित्य अवधी में लिखा गया। इस प्रकार साहित्य का यह अन्तःसंबंध स्वाभाविक रूप से भाषा के स्तर पर भी परिलक्षित हुआ। इस अन्तःसंबंध को निम्न रूपों में देखा जा सकता है—

1. पश्चिमी हिन्दी एवं पूर्वी हिन्दी; दोनों में ही शब्दांत 'अ' का लोप प्रायः सभी जगह प्राप्त होता है। लेकिन यदि 'अ' से पूर्व 'ऐ' अथवा 'औ' हो, तो 'अ' का लोप नहीं होता।
2. दोनों बोलियों में मूर्धन्य 'व' का लोप हो गया है।
3. दोनों में ही 'श' की जगह 'स' मिलता है, तथा 'ष' का रूप 'ख' में परिवर्तित हो गया है।
4. 'र' का 'ड़', 'ल' का 'ड़' तथा 'न' का 'ल' दोनों में ही हो जाता है। और ये दोनों ही ध्वनियाँ एक-दूसरे से परिवर्तित होती रहती हैं।
5. दोनों ही वर्ग की भाषाओं में अनुनासिकता का आगमन हुआ है।
6. दोनों में लिंग भेद की अस्पष्टता है, जो नपुंसकलिंग के विलय के कारण आई। स्त्रीलिंग के लिए दोनों में 'इ', 'अनि', 'इनि' आदि प्रत्यय लगाए जाते हैं।
7. दोनों में तद्भव शब्दों की प्रधानता देखने को मिलती है, तथा अरबी, फारसी और अंग्रेजी के शब्दों को दोनों ने ही स्वीकार किया है।

इस प्रकार पश्चिमी हिन्दी और पूर्वी हिन्दी की बोलियों में कुछ व्याकरणगत भिन्नता होने के बावजूद अन्वर्ती एकात्मकता के तत्त्व भी विद्यमान हैं।

पश्चिमी हिन्दी की भाषाएं

पश्चिमी हिन्दी के अंतर्गत पांच प्रमुख भाषाओं की गणना होती है। ये हैं— (1) ब्रज भाषा, (2) खड़ी बोली, (3) हरियाणवी (बांगड़), (4) बुन्देली और (5) कन्नौजी। अपने

कुछ ध्वनिगत एवं व्याकरणिक विशेषताओं के कारण ये भाषाएं अलग–अलग मानी गई हैं। यहाँ इन बोलियों की सामान्य विशेषताओं की चर्चा की जा रही है।

ब्रज भाषा

ऋग्वेद में ब्रज का अर्थ है–'पशुओं' या 'गौ का समूह' या 'चरागाह'। पशुपालन की प्रधानता के कारण शायद यह क्षेत्र ब्रज कहलाया और इसी आधार पर इसकी बोली ब्रज भाषा कही गई।

यह भाषा मथुरा, आगरा, अलीगढ़, धौलपुर, मैनपुरी, एटा, बदायूँ, बरेली तथा उसके आसपास के क्षेत्र में बोली जाती है। मथुरा, आगरा, अलीगढ़ और धौलपुर क्षेत्र की ब्रज भाषा मानक ब्रज भाषा मानी जाती है।

यह पश्चिमी हिन्दी की प्रधान भाषा है। इसका विकास शोरसेनी अपभ्रंश से हुआ है। साहित्यिक दृष्टि से यह अत्यन्त सम्पन्न भाषा है। इसकी मुख्य उपबोलियाँ हैं–भारतीपुरी, डांगी, माधुरी, गाँववारी, कठैरिया, ढोलपुरी, जादोवारी तथा सीकरवाड़ी।

ब्रज भाषा साहित्य एवं लोक साहित्य दोनों ही दृष्टियों से अत्यन्त सम्पन्न है। हिन्दी प्रदेश के बाहर भी अनेक क्षेत्रों में इसमें साहित्य रचना होती रही है। सूरदास, तुलसीदास, नन्ददास, रहीम, रसखान, बिहारी, देव तथा रत्नाकर आदि इसके प्रमुख कवि रहे। आधुनिक काल में जगन्नाथदास रत्नाकर तथा रमाशंकर शुक्ल 'रसाल' के नाम उल्लेखनीय हैं।

प्रारम्भ में ब्रज भाषा के लिए 'पिंगल' तथा 'भाखा' शब्द का प्रयोग मिलता है।

यहाँ ब्रज भाषा का एक उदाहरण द्रष्टव्य है–

"एक राजा ओ। बु बहौत आलसी ओ। राजकाजु में बाकौ मन नाय लगतौ ओ। एक दिन बु बीमार परि गयौ। डॉक्टरन नैं कही–राजा दबाई की आबस्यकता नाय। बे अच्छे है जाइंगे। बे नगर के सबसौं सुखी आदमी के कपड़ा पहिरें, बस जेई बिनकी दबाई ए।

नगर कौ सबसौं सुखी आदमी कौनु ए, राजा के करमचारी खोज में निकसि परे। बे सहर के सबसौं धनी आदमी के धौरे पहुंचे। उनसौं पूछो–कहा आप सुखी हौ। बिननैं कही–मेरे पास बहौत धन दौलतु ऐ, पै मैं सुखी नाऊं, चौंकै मेरे कोऊ संतान नाय।"

ब्रज भाषा की **विशेषताएं** इस प्रकार हैं–

1. 'ऐ' तथा 'औ' ब्रजभाषा की विशेष ध्वनियां हैं। खड़ी बोली में जहां भी 'ए' तथा 'ओ' पाया जाता है, वहां ब्रजभाषा में ऐ, औ उच्चारण मिलता है। जैसे खड़ी बोली के तो, को, पे, में, ने के स्थान पर ब्रज भाषा में तौ, कौ, पै, मैं, नै आदि मिलते हैं।
2. इसी प्रकार खड़ी बोली के शब्द के अंत का 'आ' ब्रजभाषा में 'ओ' हो जाता है; जैसे–'आया' का 'आयो', 'होता' का होतो', 'जाऊंगा' का 'जाऊंगो' तथा **'दूजा'**

का 'दूजो'।

3. इसी प्रकार खड़ी बोली का 'र' ब्रजभाषा में 'ड़' हो जाता है; जैसे—जुरतो का जुड़तो, परे का पड़े।
4. इसी प्रकार 'ण' का 'न' (बाण = बान) हो जाता है। खड़ी बोली की तरह ब्रजभाषा में भी ध्वनि का अल्प–प्राणीकरण मिलता है; जैसे—साहूकार = साउकार, मुझ = मुज।
5. अवधी की तरह ब्रजभाषा में भी पुल्लिंग एकवचन के अंत में 'उ' तथा स्त्रीलिंग एकवचन के अंत में 'इ' मिलता है; जैसे—मालु, कालि, दूरि आदि।
6. ब्रजभाषा में परसर्गों का प्रयोग सामान्यतः अन्य भारतीय आर्यभाषाओं के समान ही मिलता है। निम्न परसर्ग उल्लेखनीय हैं—

कर्ता –	ने, नें, नै, न
कर्म–	कु, कुं, कूं, कू, कों, को, ऐ, ए, इ, कैं, कें
करण–अपादान–	ते, तै, तैं, सू, सूं, सो, सौं, सै, तें, तै
संबंध–	को, कौ (पुल्लिंग एकवचन अविकारी), कि, की (स्त्रीलिंग) के (पुल्लिंग विकारी बहुवचन)
अधिकरण–	में, मैं, महं, मांहि, माहीं, माहि, मा, प, पै, पें,
अन्य परसर्ग–	

7. ब्रजभाषा में बहुवचन बनाने के लिए ए, ऐ, अन तथा इन का प्रयोग किया जाता है; जैसे— किताबें, किताबन, किताबै, रोटिन।
8. स्त्रीलिंग के लिए ई, इनी, आइन तथा आनी का प्रयोग होता है; जैसे—छोरी, शेरनी, जेठानी, ललाइन आदि।
9. ब्रजभाषा के सर्वनामों में 'हौं' (मैं) तथा इसके तिर्यक रूप 'मो' का ध्यान रखने से इसके शेष रूप खड़ी बोली के अनुसार समझे जा सकते हैं। ब्रजभाषा के साहित्य में अपभ्रंश के निम्न रूपों का भी प्रयोग हुआ है—

   मौंहि, हमहिं, जाहि, जासु, ताहि, तासु, काहि, रावरो (आप)।
10. ब्रजभाषा में प्रयुक्त होने वाले सर्वनाम इस प्रकार हैं—

उत्तम पुरुष–	मैं, हौं, मौ (कौ)....., मोहि, मुजकौ, मेरौ, हम, हमन, हमैं, हमहिं, हमारो।
मध्यम पुरुष–	तू, तूं, तैं, तो (कौ)..., तोहि, तुजको, तेरौ, तुम, तुमहिं, तुम्हैं, तुम्हारो, तिहारो।
अन्य पुरुष–	वौ, वह, वा (कौ)...., वाहि, वे, वै, उन, उन्हें, ए, यह, या (कौ)...., याहि, वे, इन, इन्हें, सो, तौन, ताहि, तिन्हें, तिन (कौ)... आदि।

11. **ब्रजभाषा की क्रिया में 'त' वाले रूप**; जैसे—मारत, मारति, मारतु तथा 'औ' या

'यौ' वाले रूप, जैसे—चलौ, गयौ आदि काफी प्रचलित हैं। इसके अतिरिक्त वर्तमान काल में 'जाते' का रूप 'जातु', 'जात्वे' तथा 'जातू' भी मिलते हैं, जो ब्रजभाषा के विशेष प्रयोग हैं।

12. **सहायक क्रिया**—इसमें वर्तमान काल के अंतर्गत हौं, है, हौ (खड़ी बोली के हूं, है, हो) शब्दों का प्रयोग किया जाता है। भविष्यत् काल के लिए 'ग' और 'ह' दोनों रूप मिलते हैं; जैसे—होंगे, हुंगो, हैगो आदि। भूतकाल में हो, हतो, हूतौ, तो (था के लिए); हे, हते, हुतै, ते (थे के लिए); ही, हती, हुती, ती (थी के लिए) तथा हीं, हतीं, हुतीं, तीं (थीं के लिए) आते हैं। ब्रजभाषा में खड़ी बोली के 'हुआ' के लिए भयो, भ्यौ, भे; 'हुए' के लिए 'भै' तथा 'हुई' के लिए 'भई' रूप आते हैं।
13. आज्ञासूचक शब्दों के लिए सुन, सुनु, सुनि, सुनै, सुनियो, सुनिए तथा सुनिजे रूप मिलते हैं।
14. ब्रजभाषा में कभी-कभी नपुंसकलिंग भी मिलता है, जो इसकी प्राचीनता का द्योतक है। इसमें केवल पुलिंग रूप 'मारनौ' (मारना) ही नहीं मिलता, बल्कि इसका नपुंसक रूप भी मिलता है। यह प्रवृत्ति ग्रामीण ब्रज भाषा में अधिक है। वहाँ 'सोने' का नपुंसक रूप 'सौनौं' अथवा 'सोनों' प्रचलित हैं।
15. इसके विशेषण प्रायः खड़ी बोली की भांति ही होते हैं। किन्तु दीर्घ पुलिंग आकारान्त शब्द इसमें औकारान्त हो जाते हैं।
16. इसमें कर्मवाच्य प्रायः खड़ी बोली की तरह ही 'जानौं' के साथ अतीत क्रियाबोधक विशेषण (Past Participle) का संयोग करके बनाया जाता है। कभी-कभी धातु में 'इचै' लगाकर भी कर्मवाच्य बनाया जाता है; जैसे—'मारिचै' (वह मारा जा रहा है)।
17. क्रिया के रूपों में 'आव' प्रत्यय संयुक्त करके णिजन्त बनता है। दुहरे णिजन्त के लिए 'वाव्' अथवा 'वा' प्रत्यय लगता है। उदाहरण के लिए 'चलनौ' के लिए 'चलावनौं' ('आव' प्रत्यय) तथा दुहरे णिजन्त के लिए 'चलावावनौं' या 'चलवानों' होगा।
18. इसमें प्रेरणार्थक क्रिया के रूप हैं—'करायौ', 'देखायै', 'समुझायौ' आदि।
19. सम्भावना के लिए खड़ी बोली में जहाँ 'होऊँ' होता है, वहीं ब्रज भाषा में 'होउँ' होता है।
20. कृदन्त के कर्त्तृवाच्य के रूप 'तू' या 'त' प्रत्यान्त से होता है; जैसे—'जातु है', 'करतु है' आदि।

खड़ी बोली

खड़ी बोली शब्द का प्रयोग दो अर्थों में होता है। एक तो साहित्यिक हिन्दी खड़ी बोली

के अर्थ में तथा दूसरे दिल्ली, मेरठ के आसपास की लोक बोली के अर्थ में। यहां खड़ी बोली का प्रयोग इस लोक बोली के अर्थ में ही किया जा रहा है।

इसका नाम खड़ी बोली कैसे पड़ा, यह विवादास्पद है। खड़ी मूलतः 'खरी' है, जिसका अर्थ होता है—'शुद्ध'। जब इस बोली का साहित्य में प्रयोग करते समय अरबी-फारसी शब्दों को निकालने के प्रयास किए गए, तब इसे 'खरी बोली' कहा गया, जो बाद में खड़ी बोली हो गया। खड़ी का अर्थ—'खड़ी' (सीधी) भी है। इस अर्थ में ब्रज, अवधी आदि खड़ी बोलियाँ होंगी। सुनीति कुमार चटर्जी का यही मानना है। कामता प्रसाद गुरु के अनुसार 'खड़ी' का अर्थ है—'कर्कश'। चूंकि यह बोली ब्रज की तुलना में कर्कश है, इसलिए इसका यह नाम पड़ा। किशोरीदास वाजपेयी के अनुसार इस बोली के आकारान्त होने के कारण खड़ी पाई ने इसे यह नाम दिया। गिलक्राइस्ट खड़ी का अर्थ 'गंवारू' मानते हैं। इनमें से कौन-सा मत सही है, यह कहना कठिन है। फिर भी यह बात सम्भव मालूम पड़ती है कि साहित्य में प्रयुक्त रूप को उसके खरेपन के कारण खरा कहा गया, और उसी के आधार पर यह खड़ी बोली कहलाई। राहुल सांकृत्यायन ने इसके लिए 'कौरवी' शब्द का प्रयोग किया है, क्योंकि यह पूर्व जनपद में बोली जाती थी।

खड़ी बोली का उद्‌भव शोरसेनी अपभ्रंश के उत्तरी रूप से हुआ। इसका क्षेत्र देहरादून का मैदानी भाग, सहारनपुर, मुजफ्फरनगर, मेरठ, गाजियाबाद, बुलन्दशहर, मुरादाबाद, बिजनौर, रामपुर तथा दिल्ली है। अम्बाला के पूर्वी भाग और हिमाचल के कलसिया में मिश्रित खड़ी बोली प्रचलित है।

साहित्य की दृष्टि से खड़ी बोली अत्यन्त सम्पन्न है। इसमें पवाड़ा, नाटक, लोककथा तथा लोकगीत आदि पर्याप्त मात्रा में मिलते हैं। वर्तमान हिन्दी, उर्दू, हिन्दुस्तानी तथा दक्खिनी एक सीमा तक खड़ी बोली पर ही आधारित हैं।

खड़ी बोली का निम्न उदाहरण द्रष्टव्य है—

"एक ठग हा। एक दिन उसकी बहू उस्सै बोली अक तू सबकू ठगै। जब जाणैं, तू ठगों कू बी ठग ले। उन्नै कही अच्छा। ठग तड़क घोयड़ी पर चढ़कै चल दिया। जाय कै ठगौं कै टिग्गा। तौ रायत कू जब सब सौगे तौ ठग् नै घोयड़ी की लीद मैं चांद्दी के रुपइया भर दिये। तड़की जब सब उठ्ये तौ उस ठग नै ठगौं पै पायणी मंगाया अर ऊ लीद धोई। उसमैं चांद्दी के रुपइया लिकड़े। ठग बोल्ले के बाई ! इस घोयड़ी कू हमैं देद्दे। ठग बोल्ला ना भइया, मैं ना देत्ता। मेरी तौ दस पन्द्रै रुपइया रोज कमावै। ठगौ नैं कही आठ हजार रुपये लेल्ले। ठग नैं घोयड़ी देद्दी अर अपणे घर कू रुड़्गगा। ठगौं नैं तड़की कू लीद धोई। उसमैं कुछ बी ना लिकड़ा।"

खड़ी बोली की निम्न मुख्य **विशेषताएं** हैं—

1. इस भाषा की सबसे प्रमुख विशेषता यह है कि यह आकारांत प्रधान है, अर्थात्

इसमें करता, बड़ा घोड़ा, जैसे शब्द मिलते हैं। इसके विपरीत पूर्वी हिंदी और पश्चिमी हिंदी की जो मुख्य बोलियां हैं, उनमें अवधी अकारांत प्रधान है; जैसे—करत, बड़, घोड़ आदि। ब्रजभाषा ओकारांत प्रधान है; जैसे—करतो, बड़ो, घोड़ो आदि।

2. खड़ी बोली में ऐ/औ का उच्चारण इतना संवृत होता है कि ये क्रमशः ए/ओ सुनाई देते हैं।
3. उच्चारण के खड़ेपन के कारण इसमें कभी-कभी प्रारम्भ के स्वर लुप्त हो जाते हैं; जैसे— इकट्ठा=कट्ठा, अनाज=नाज।
4. अनेक स्थानों पर महाप्राण ध्वनियां अल्पप्राण के रूप में सुनाई देती हैं; जैसे—धोखा=धोका, झूठ=झूट।
5. इसमें 'न' के स्थान पर 'ण' (मानस=माणस, लेन—देन=लेण—देण) तथा ड़=ड, ढ़=ढ के रूप में बोले जाते हैं। इसमें 'ल' का 'ळ' मिलता है; जैसे—बालक=बाळक।
6. इसमें र, ल, ड़ ध्वनियां आपस में बदल भी जाती हैं; जैसे—चपरासी= चपड़ासी। इसी प्रकार कुछ शब्द एक साथ संधि करके भी बोले जाते हैं; जैसे—छिपगया=छिप्गा।

    किन्तु खड़ी बोली की एक अन्य बड़ी विशेषता यह है कि इसमें मध्य में व्यंजन को संयुक्त कर दिया जाता है; जैसे—बाप्पू (बापू), बेट्टा (बेटा) तथा रान्नी (रानी) आदि।

7. खड़ी बोली के कारकों के लिए निम्नलिखित परसर्ग प्रयुक्त होते हैं—

कर्ता	— ने, नें
कर्म तथा सम्प्रदान	— को, कूं, नूं, ने
करण तथा अपादान	— तें, सेती, से, सौं
संबंध	— का, के, की
अधिकरण	— में, पे, पर।

8. उच्चारण और ध्वनि भेद के कारण जो, जौन, कौन, ऐसा, अभी आदि क्रमशः जो, जोण, कोण, असा, इभी में परिवर्तित हो जाते हैं। जब, तब को जिब, तिब कहते हैं। 'कितनों' का संक्षिप्त रूप 'कै', 'कोई' का 'को' तथा 'क्या' का 'के' रूप प्रचलित हैं।
9. खड़ी बोली के क्रिया रूप साहित्यिक हिंदी के समान हैं। किन्तु 'है' का उच्चारण 'हे' भी होता है; जैसे—लाया करे है (लाया करता है)।

    खड़ी बोली में क्रिया रूप से विकसित कुछ इस तरह के रूप भी चलते हैं; जैसे—में मारु हूं (मैं मारता हूं), में जाऊं हूं (मैं जाता हूं)।

    भूतकाल के लिए 'या' वाले रूप चलते हैं; जैसे—चल्लया (चला)। भविष्यत्

काल का रूप हिंदी की तरह गा, गे, गी जोड़कर बनाया जाता है। किन्तु उसमें थोड़ा अंतर यह होता है कि अंतिम व्यंजन का उच्चारण द्वित्व हो जाता है; जैसे–मारुंग्गा, लाऊंग्गा आदि। कहीं–कहीं पंजाबी प्रभाव के कारण लाग्गा, जाग्गा आदि रूप भी पाए जाते हैं।

10. इसमें बलाघात हिन्दी की अन्य बोलियों की तुलना में अधिक होता है। इसके परिणामस्वरूप आदि स्वर प्रायः लुप्त हो जाता हैं, जैसे–

    इक्यासी = क्यासी

    इकट्ठा = क्ट्ठा

11. इसमें स्त्री प्रत्यय 'इन' के स्थान पर 'अन' मिलता है; जैसे– मालन, साँपन आदि।
12. सर्वनाम के मुख्य रूप हैं–मैं, में, मुझ, म्हारा, हमारा, तम, थारा, ओ, विस, जिन, जिसका, जिनका, कोण, कूण, कीण, किस्का, किनका आदि।
13. इसमें वर्तमानकालिक कृदन्त–खाता, जाता आदि हैं। भूतकालिक कृदन्त के रूप में 'रिह्या' तथा 'उठ्या' आदि हैं।

बुन्देली

14वीं शताब्दी में बुन्देला क्षत्रियों का राज्य होने के कारण उस क्षेत्र को बुन्देलखण्ड कहा गया, तथा उस क्षेत्र की भाषा को बुन्देली। जॉर्ज ग्रियर्सन के अनुसार बुन्देली की पूर्वी सीमा पर बघेली, उत्तर तथा उत्तर-पश्चिम सीमा पर कन्नौजी और ब्रजभाषा तथा दक्षिण-पश्चिम की ओर राजस्थान की बोलियाँ हैं। पश्चिमी हिन्दी की समस्त भाषाओं में बुन्देली का क्षेत्र अन्य भाषाओं की अपेक्षा काफी बड़ा है। यह मध्य प्रदेश (टीकमगढ़, छतरपुर, पन्ना, दतिया, ग्वालियर, सागर, दमोह, नरसिंहपुर, होशंगाबाद, छिंदवाड़ा, सिवनी, भोपाल, बालाघाट और दुर्ग के कुछ भाग); उत्तर प्रदेश (झांसी, हमीरपुर, जालौन, बांदा, आगरा, इटावा और मैनपुरी के कुछ भाग); महाराष्ट्र (नागपुर, छंदा, बुलडाना, बांघटा) में बोली जाती है। डॉ॰ धीरेन्द्र वर्मा का विचार है कि बुंदेली शुद्ध रूप में उत्तर प्रदेश में झांसी, जालौन, हमीरपुर तथा मध्य प्रदेश में ग्वालियर, भोपाल, ओरछा, सागर, नरसिंहपुर, सिवनी एवं होशंगाबाद जिलों में बोली जाती है। इसके मिश्रित रूप दतिया, पन्ना, चरखारी, दमोह, बालाघाट तथा छिंदवाड़ा के कुछ भागों में पाए जाते हैं।

बुन्देली की कई बोलियां हैं; जैसे–आदर्श बुन्देली, खटोला, राठौरा, पंवारी, बनाफरी, कुण्डारी, भदावरी, लोधी तथा कुम्भारो आदि।

यद्यपि हिन्दी के अनेक प्रसिद्ध कवि; जैसे–बिहारी, केशवदास, भूषण तथा पद्माकर आदि की जन्मभूमि तो बुन्देलखण्ड रही, किन्तु उस काल में अवधी और

ब्रजभाषा की इतनी अधिक प्रधानता थी कि इनमें से किसी ने बुन्देली में काव्य रचना नहीं की। कुछ विद्वानों का मत है कि 'आल्हखण्ड' मूल बुन्देली में ही लिखा गया था। किन्तु इसकी मूल प्रति उपलब्ध नहीं होने के कारण इस बारे में निश्चित रूप से कुछ नहीं कहा जा सकता। 'इसुरी के फाग' इसकी लोक समृद्धि का प्रमाण है। आधुनिक समय में हिन्दी के अनेक विद्वानों ने बुन्देलखण्ड के लोक साहित्य का संकलन किया है।

बुन्देली भाषा का निम्न उदाहरण द्रष्टव्य है—

"एक राजा हतो। बौ भौतऊ आलसी हतो। राज–काज में ऊको तनिकौ मन न लगत हतो। एक दिना बौ बीमार पर गओ। डाक्टरों ने कई कि इखो दबा की जरूरत नईयां, जौ ऊसईं अच्छी हो जैहे। बौ नगर के सबसे ज्यादा सुखी मनसेरू के उन्हां पैरे। जाई उकी दबा है। राजा के करमचारी नगर को भौतई जादा पइसा वारे आदमी को ढूंढन निकर परे। बे नगर के भौतऊ बड़े धन्ना सेठ के लिंगा पौंचे। औ ऊसे पूछन लगे के का आप सुखी हो? ऊने कई कि मोरे ढिंगा लछमी तो भौत है पै मैं सुखी न हों, काय के मोरे एकऊ मोढ़ा-मोढ़ी नइयां। तौ करमचारी एक और दूसरे भैतऊ रूपइया पइसा वारे आदमी के लिंगा पौंचे।"

बुन्देली भाषा की निम्न **विशेषताएं** हैं—

1. इसमें ब्रजभाषा की तरह उकारांत, इकारांत संज्ञायें नहीं हैं; जैसे— घर-घरु, सौत-सौति।
2. बुंदेली में अ, औ का उच्चारण मूल स्वर तथा संयुक्त स्वर दोनों रूपों में मिलता है। ब्रजभाषा की तरह स्वरों के अनुनासिक रूप भी मिल जाते हैं।
3. इसके उच्चारण में अल्पप्राणीकरण की प्रवृत्ति मिलती है; जैसे—गधा=गदा, दूध=दूद।
4. बुंदेली में ड़, ढ का प्रयोग कम किया जाता है। ड़ की जगह अधिकांशतः 'र' बोला जाता है; जैसे— करोड़=करोर, झगड़ा=झगरो। इसी तरह इसमें 'स' ध्वनि 'छ' में (सीढ़ियां=छिड़ियां), 'ब' ध्वनि 'म' में (बबूल=बमूरा), 'क' ध्वनि 'घ' में (सकूर=संघरवा) तथा 'च' ध्वनि 'स' में (सौच=शौंस) परिवर्तित हो जाती हैं। इसी प्रकार 'उ' ध्वनि 'इ' (खूब=खीब) में बदल जाती है।
5. इसमें बीच की 'ह' ध्वनि का लोप हो जाता है; जैसे— चाहत=चाउत, रहिके=रइके।
6. बुंदेली में कुछ विचित्र ध्वनियां भी शामिल हुई हैं; जैसे— हठ=हड़स, अवकाश=उकास, अंगूठा=ऊंठा।
7. बुंदेली में ब्रजभाषा के परसर्गों के अतिरिक्त कुछ अन्य परसर्गों का भी प्रयोग किया जाता है। इनमें से प्रमुख परसर्ग हैं— के लाने/के काजे (के लिए), खों (को) तथा खो (का)।

8. सहायक क्रिया में 'ह' के लोप के कारण 'हूं' के लिए औं; है 'हैं' के लिए 'आय'; 'हो' के लिए औ/आव तथा था, थे, थी के लिए तो, ते, ती रूप मिलते हैं। भविष्यत्काल में ह, ग, तथा नै वाले रूप चलते हैं; जैसे— होगे, हुहौ तथा हौनै आदि।
9. बुंदेली में कुछ मुहावरेदार प्रयोग भी विशेष रूप से उल्लेखनीय हैं; जैसे— मो पै जौ काम न हुइऐ (मुझ से यह काम न होगा), वाने बैठो (वह बैठा), वाने चाउत तो (वह चाहता था), ताखों पीछे (उसके पीछे)। इसी प्रकार सकारें (सवेरे), दुफाई (दोपहर को), आसौ (इस वर्ष), फिन (फिर) तथा पै (पहले) आदि बोले जाते हैं।
10. हिंदी की अन्य बोलियों की तरह बुंदेली में भी स्त्रीलिंग बनाने के लिए 'इन' तथा 'नी' प्रत्यय लगते हैं; जैसे—लड़किन।

कन्नौजी

यद्यपि कुछ विद्वान् कन्नौजी को ब्रजभाषा का ही रूप मानते हैं, किन्तु जॉर्ज ग्रियर्सन ने इसे एक अलग भाषा के रूप में स्वीकार किया है। यह प्राचीन कान्यकुब्ज प्रदेश की भाषा है। इसका क्षेत्र मूलतः ब्रजभाषा और अवधी के बीच का क्षेत्र है। इस भाषा का केन्द्र है—कन्नौज (फर्रुखाबाद जिला)। यह बोली इटावा, फर्रुखाबाद, शाहजहांपुर, कानपुर, हरदोई और पीलीभीत जिलों में बोली जाती है।

कन्नौजी भाषा का निम्न उदाहरण द्रष्टव्य है—

"एक बहिनी भइया दूज नाई रहति हती। ना बा भइया कउं सापु देति हती। जब भइया के विआउ की साइति आई तउ बा मट्टी लेन गई। हुआं जमराज केरो दरबारु लगी हतो। जमराज कहत हते कि जा को भइया मरि जइहइ, काहे से कि ना तउ जा भइया दूत रहति, ना भइया कउं असरापु देति। तउ सभासदन ने पूंछी कि महाराज यउ कइसे बचिहइ। तउ जमराज ने कही कि जब जाकी बरात जइहइ तउ राह मह सांपु मिलिहइ।"

कन्नौजी की विशेषताएं निम्न प्रकार हैं—

1. कन्नौजी में प्रायः वे सभी स्वर एवं व्यंजन-ध्वनियां प्रयुक्त होती हैं, जो ब्रजभाषा में प्रचलित हैं। अंतर केवल इतना है कि इसमें व्यंजनांत पुल्लिंग शब्द उकारांत बोले जाते हैं; जैसे— रामु, कानु, घरु, किसानु, पेटु आदि।
2. इसमें ड, ड़ और ढ, ढ़ में भेद स्पष्ट है।
3. इसमें 'ह' और 'स' की अपेक्षा 'र' का प्रयोग अधिक होता है।
4. इस बोली में मध्यम 'ह' का लोप हो जाता है; जैसे— जाहि=जाइ।
5. इसमें हिंदी के अकारांत शब्द प्रायः ओकारांत बोले जाते हैं; जैसे—'छोटा' को 'छोटो'। इसी प्रकार हिंदी का 'अ' भी यहां 'औ' में बदल जाता है; जैसे— बकरा=बौकरा।

6. हिंदी की अंतिम महाप्राण ध्वनि यहां अल्पप्राण के रूप में पाई जाती है; जैसे— हाथ=हांत्।
7. कन्नौजी में अनुनासिकता का अत्यधिक प्रयोग होता है।
8. इस बोली में व्यंजन और वाक्यों में शब्द—संयोग उल्लेखनीय है; जैसे— बादशाह=बास्साह, थक गया=थग्गयो, लोभ मत करो=लोभ्मति करो।
9. स्त्रीलिंग बनाने के लिए आइन, इया तथा इ प्रत्यय जोड़े जाते हैं।
10. संज्ञा—सर्वनामों में कुछ अतिरिक्त परसर्ग भी प्रयोग में लाए जाते हैं; जैसे— कर्म के लिए का, कौ; संबंध के लिए 'कर' तथा अधिकरण के लिए मां, म्हं आदि। इसमें ई (य) और ऊ (व) सर्वनाम अवधी से आए हैं।
11. इसमें वर्तमान काल के लिए हू, हों, हो, हैगो तथा हुई; भूतकाल के लिए थी, थे, हो, हते, हती तथा भविष्यत्काल के लिए ह और ग वाले रूप अधिक प्रचलित हैं।

हरियाणवी

जॉर्ज ग्रियर्सन ने इसके लिए बांगड़ु नाम दिया है। बांगर का अर्थ होता है—"ऊँची-नीची भूमि।" करनाल के आसपास का क्षेत्र बांगर कहलाता है। इसलिए ग्रियर्सन ने इसे बांगरू कहा। इस बोली का क्षेत्र दिल्ली, रोहतक, करनाल, जीन्द, नाभा, हिसार तथा पटियाला के कुछ क्षेत्रों तक विस्तृत है।

हरियाणवी का निम्न उदाहरण द्रष्टव्य है—

"एक था राजा। वह घणा आलसी था। राज काज में उसका मन कतई नी लगता था। एक दिन वो बीमार हो गया। डागदार बोला—राजा को दवा की जरूरत कोई ना। वो ठीक हो जांगे। वो सहर के सबते सुखी माणस का लत्ते पैरे योअे उनकी दवा सै। सहर का सबते सुखी माणस कौण है, राजा के सिपाई टोंण चल पड़े। वे सहर के सबतै ठाड़े माणस के धोरे गए। उनते पूछा तुम सुखी सो ? उसने कया मेरे धोरे भोत धन पर मेरे को सुख नई सैं क्योंकि मेरी कोई औलाद नहीं सै। फेर सिपाई दूसरे ठाडे माणस धोरे गए। उनका सारा कुणबा था। सिपाई ने उनते कया कि तुम तो भोत घणो सुखी दीखो सो। पेसे वाला माणस बोला कि मेरे धोरे सब कुछ सै पर मेरे बालक अनपड़ सै। वो सारी हांण कलेस रैवे सै। जबै तै मैं सुखी नई सूं।"

हरियाणवी की सामान्य **विशेषताएं** इस प्रकार हैं—

1. हरियाणवी में स्वरों के उच्चारण में अधिक विविधता है। इसमें अ का उ, ए, ऐ, तथा औ में परिवर्तन हो जाता है; जैसे— कहाऊं=कोहाऊं, जवाब= जुवाब, बहुत=बोहत।
2. कुछ शब्दों के उच्चारण भिन्न-भिन्न स्थानों पर भिन्न- भिन्न होते हैं; जैसे—'कहां' के लिए रोहतक के आसपास 'कड़े' तथा झज्जर के आसपास 'किग्घे' कहा जाता है।

3. इसमें 'न' के स्थान पर 'ण' बोला जाता है; जैसे– अपना=अपणा, होना= होणा। इसी प्रकार ड़=ड (बड़ा=बडा) तथा त=द (मारता=मारदा) बोला जाता है।
4. कुछ शब्दों में विशेषकर क्रियाओं में दोहरे व्यंजनों का भी प्रयोग होता है; जैसे–चाल्लया, लाग्गे आदि।
5. इसमें 'नै' परसर्ग कर्त्ता-कर्म-सम्प्रदान तीनों में प्रयुक्त होता है। करण और सम्प्रदान कारक के लिए 'नइ', सम्प्रदान और अपादान के लिए 'तइ' तथा संबंध कारक के लिए 'कइ', एवं 'के' का प्रयोग होता है।
6. इसमें वर्तमान काल के लिए सूं, सां, हूं, सैं, सै तथा भूतकाल के लिए सहायक क्रिया 'था' का प्रयोग किया जाता है।

पूर्वी हिन्दी

जैसा कि पूर्व में बताया जा चुका है, पूर्वी हिन्दी की उत्पत्ति अर्ध मागधी अपभ्रंश से हुई है। इसके अन्तर्गत मुख्यतः तीन प्रमुख बोलियां आती हैं। ये हैं– (1) अवधी, (2) बघेली तथा (3) छत्तीसगढ़ी। अब यहां इन तीनों भाषाओं की विशेषताओं का उल्लेख किया जाएगा। इनमें से अवधी भाषा की विशेषताएं विस्तार के साथ बताई जाएंगी।

अवधी

इस बोली का केन्द्र अयोध्या है। अयोध्या का ही विकसित रूप है–अवध, जिससे 'अवधी' शब्द बना। अवधी के लिए 'बैसवाड़ी' तथा 'कोसली' नाम के भी प्रयोग होते हैं।

यह उत्तर प्रदेश के लखीमपुर खीरी, गोंडा बहराइच, लखनऊ, उन्नाव, बस्ती, रायबरेली, सीतापुर, हरदोई (शाहाबाद तहसील को छोड़कर), फैजाबाद, सुलतानपुर, प्रतापगढ़, बाराबंकी, फतेहपुर, इलाहाबाद, मिर्जापुर (चुनार व दुद्धी को छोड़कर) तथा जौनपुर (केराकत तहसील को छोड़कर) में बोली जाती है। अवधी भाषा का क्षेत्र लगभग 35,500 वर्ग मील है।

इसके साथ ही अवधी बोलने वालों की एक बड़ी संख्या उनकी भी है, जो करीब 150 वर्ष पूर्व आजीविका की खोज में विदेश गए थे और वहीं बस गए। अब वे प्रवासी भारतीयों के रूप में फीजी, मॉरीशस, त्रिनीदाद-टोबागो, सूरीनाम तथा दक्षिण अफ्रीका में बसे हुए हैं।

अवधी भाषा का साहित्य अत्यन्त सम्पन्न है। महाकवि तुलसीदास ने 'रामचरितमानस' की रचना इसी भाषा में की है। हिन्दी के सभी प्रेमाश्रयी कवि; जैसे– मलिक मोहम्मद जायसी, मंझन, कुतुबन, नूर मोहम्मद, मुल्ला दाऊद तथा उस्मान आदि कवियों ने इसी भाषा में लिखा। कुतुबन में जहां पुरानी अवधी है, वहीं जायसी में

बाद की। यह अभी भी एक जीवन्त बोली है, तथा विकास के पथ पर अग्रसर है। इधर बोलचाल की अवधी खड़ी बोली से प्रभावित हुई है।

अवधी भाषा का निम्न उदाहरण द्रष्टव्य है—

"एकु राजा रहे। वो कहानी सुनै का बड़ा सौखीन रहे। वो राजा राज मां डुग्गी पिटवाय दीन्हैंसि कि जो कोउन हमका एतनी बड़ी कहानी सुनाई कि हम सुनत सुनत हारि जाव तो हम वोहका आधा राज दइ धाब। लेकिन जो सुनानेवाला हमका हारी न मनवाए पाई तो वो क्यार मूड काटि लीन जाई।

केतन्हेंव कहानी सुनावै का आए। कोऊ एक दिन सुनाएसि, कोऊ दुइ दिन सुनाएसि, लेकिन राजा का हारी न मनाए पाएनि। फलु यो भा कि उनका मूड़ काटि लीन गा।"

अवधी की सामान्य **विशेषताएं** निम्न प्रकार हैं—

1. अवधी में हिंदी की प्रायः सभी ध्वनियां मिलती हैं। इसमें स, श, ष में से केवल 'स' का ही शुद्ध रूप में प्रयोग किया जाता है; जैसे—शुक्ल=सुकुल। इसी प्रकार 'ष' का उच्चारण 'स' किया जाता है; जैसे— वर्षा=वरसा।
2. इसमें 'ण' का उच्चारण 'न' तथ 'ड़' का उच्चारण 'र' की तरह होता है; जैसे— बाण=बान, साड़ी=सारी।
3. उच्चारण की सुविधा की दृष्टि से इसमें संधि से व्यंजन का संयोग कर दिया जाता है; जैसे— 'बाप-महतारी' के लिए 'बाम्महतारी'।
4. इसमें 'ऐ' का उच्चारण 'अइ' (पैसा=पइसा) तथा 'औ' का उच्चारण 'अउ' (औरत=अउरत) किया जाता है।
5. अवधी में संज्ञा के तीन रूप मिलते हैं; जैसे— सरिका, सरिकवा, सरिकउना। विदेशी शब्दों को भी इसी तर्ज पर बोलने के लिए इया, इआ, प्रत्यय लगा देते हैं; जैसे— कितबिया, स्कूलवा आदि।
6. पुल्लिंग से स्त्रीलिंग बनाने के लिए ई, इनि, इया तथा आइन आदि प्रत्यय लगाए जाते हैं; जैसे— लड़की, मालिनी, बुढ़िया, ललाइन आदि।
7. इसमें बहुवचन शब्द की रचना खड़ी बोली की तरह होती है; जैसे— सपने, बातें आदि। कभी-कभी एकवचन को सीधे बहुवचन के लिए भी प्रयोग में लाया जाता है; जैसे— लरिका खात रहीन (इसके दोनों अर्थ हैं— 'लड़का खा रहा था' तथा 'लड़के खा रहे थे')।
8. इसमें कर्त्ता के लिए परसर्ग का प्रयोग नही होता। अन्य परसर्ग इस प्रकार हैं—

कर्म-सम्प्रदान	— का, कां, कहं, कु, कूं, के, कहूं
करण-अपादान	— से, सेनी, सेन, सन, ते, सों, सौं, सेती, सेंति, हुंत
सम्प्रदान	— बरे, बदे
संबंध	— का, की, के, कर, केर, के

अधिकरण — में, मां, पर, मांझ, मांह, मेंहू, महूं आदि।

9. सर्वनाम के अंतर्गत उत्तम पुरुष एकवचन के लिए मैं, मह तथा बहुवचन के लिए हम, हम लोग का प्रयोग होता है। इसके तिर्यक रूप में एकवचन के लिए मो, मोका, मोसे, मोहि, मोर आदि का, तथा बहुवचन के लिए हमहिं, हमां, हमका, हमसूं, हमार आदि का प्रयोग होता है। मध्यम पुरुष एकवचन के लिए तू, तूं, तई, तोइ तथा बहुवचन के लिए तुम, तुम्हं, तूं, सब, तुम लोग का प्रयोग होता है। मध्यम पुरुष के तिर्यक रूप में एकवचन के लिए तो, तोका, तोसों, तोहि, तोर आदि का तथा बहुवचन के लिए तुम, तुमका, तुमसों, तुमहिं, तुम्हार, तोहार आदि का प्रयोग होता है। अन्य पुरुष एकवचन के लिए वह, बहुवचन के लिए वेइ, तेइ तथा इसके तिर्यक रूप एकवचन के लिए ऊ, ओ, ओकर, ओक, ओसे तथा बहुवचन के लिए ओ, औन, ओनकर, ओनसे तथा ओनका आदि का प्रयोग होता है।
10. इसमें वर्तमान काल के लिए आटो, बाटे, अहें; भूतकाल के लिए राह, रहे, भए तथा भविष्यत् काल के लिए 'ब' और 'ह' रूप (खाब, होइी) आदि सहायक क्रियाओं का प्रयोग किया जाता है।
11. अवधी के प्राचीन साहित्य में सहायक क्रिया का प्रयोग कम ही हुआ है। उसकी सहायक क्रियाएं हैं—अहउं, अउ, अहरि, आहि। इसी प्रकार 'ह' वाले रूप भी प्रचलित हैं; जैसे—हउं, हहिं, हसि।

भूतकाल के रूप में 'भ' वाले शब्द प्रचलित हैं; जैसे— भा, भइ, भए, भयेउ, भएन, भइल आदि। इसी काल में 'ह' वाले शब्द भी प्रचलित हैं; जैसे— हत, हते, हता, हतें, हुत आदि।

भविष्यकाल की सहायक क्रिया के ये शब्द प्रचलित हैं— होब, होबहू, होबउं, होइहि, होइहिं आदि।

आधुनिक अवधी में 'अक्ष्' वाली सहायक क्रियाएं बिल्कुल नहीं हैं।

बघेली

इसे अवधी की दक्षिणी शाखा कहा जा सकता है। इसका मुख्य केन्द्र रीवां है। इसके अतिरिक्त यह मध्य प्रदेश के दमोह, जबलपुर, मण्डला तथा बालाघाट जिलों में भी बोली जाती है। बघेली भाषा और बघेलखण्ड का नाम बाघेला राजाओं के नाम पर पड़ा।

अवधी और बघेली; दोनों में इतना साम्य है कि कई भाषा वैज्ञानिकों ने इसे अवधी की ही एक उपबोली माना। लेकिन डॉ॰ ग्रियर्सन ने दोनों में पर्याप्त समानता बताते हुए भी दोनों की अलग स्थिति स्वीकार की।

बघेली का निम्न उदाहरण द्रष्टव्य है—

"एक रहे राजा। व बहुत आलसी रहा। राज काम मा वाखर मन नहीं लागत रहा। एक दिन व बिमार होइगा। सब डाक्टर कहिन कि दवाई कै जरूरत नहीं आय। ऊं ठीक होइ जइहैं। ऊं अपने शहर के सबसे सुंखी मनई व्या वन्हा पहिरैं, यहौ उनखर दवाई है।

शहर म सबसे सुखी मनई कउन है। राजाज केर सिपाही दूढै लाग। ऊं शहर के सबसे धनी मनई के लघेगे। उनसे कहिन कि का अपना सुखी ह्यन। उई कहिन—हमरे पास बहुत धन दउलत है पर तऊ हम सुखी नहि आह्यन काहे कि हमरे पेन्कबठे लड़िका बच्चा नहिं आहीं।"

बघेली की **विशेषताएं** निम्न प्रकार हैं—

1. अवधी के 'व' की जगह बघेली में 'ब' का उच्चारण अधिक किया जाता है, इसलिए अवधी का 'आवा' बघेली में 'आबा' बन जाता है।
2. इसी प्रकार अवधी की 'ओ' और 'ए' ध्वनियों का जब बघेली में उच्चारण किया जाता है, तब उनके उच्चारण में क्रमशः 'व' और 'य' ध्वनि मिला दी जाती है; जैसे— घोड़=घ्वाड़, खेत=ख्यात।
3. परसर्गों में हालांकि अधिकांशतः अवधी के ही शब्दों का प्रयोग किया जाता है, किंतु कर्म-सम्प्रदान के लिए 'कह' तथा करण-अपादान के लिए 'तार' परसर्ग बघेली के अपने अलग हैं।
4. बघेली के सर्वनामों के उच्चारण में भी अवधी से थोड़ी भिन्नता है। इसमें 'मुझे' के लिए म्वां, मोही; 'तुझे' के लिए त्वा, तोही; 'उसको' के लिए 'वहि' तथा 'इसको' के लिए 'यहि' शब्द प्रयोग किए जाते हैं। यह इसकी अपनी विशिष्टता है।
5. विशेषण बनाने के लिए बघेली में 'ह्' प्रत्यय अलग से जोड़ दिया जाता है; जैसे— अपकह, निकह आदि।
6. क्रिया रूपों में भी इसकी अपनी अलग पहचान है। इसमें 'चराने' के लिए 'चरामै' का तथा 'देखकर' के लिए 'देखकै' का प्रयोग होता है। भूतकाल के लिए अवधी के रहा, रहेन के अतिरिक्त ता, तें का भी प्रयोग किया जाता है।
7. अवधी में भविष्यत् काल के लिए जहां 'व' वाले रूपों की प्रधानता होती है, वहीं बघेली में 'ह' वाले रूपों की प्रधानता होती है; जैसे—जेहों, कैहों आदि।

छत्तीसगढ़ी

इसका मुख्य क्षेत्र छत्तीसगढ़ होने के कारण इसका नाम छत्तीसगढ़ी पड़ा। अर्ध मागधी अपभ्रंश के दक्षिण के रूप में इसका विकास हुआ। यह भाषा मध्य प्रदेश में सरगुजा, रायगढ़, बिलासपुर, रायपुर, दुर्ग, बस्तर और राजनान्दगाँव जिलों में बोली जाती है। सरगुजिया, नागपुरिया, सदरी, बगानी तथा बिझवाली आदि इसकी मुख्य

उपबोलियां हैं। छत्तीसगढ़ी भाषा के चारों ओर भोजपुरी, मगही, बघेली, मराठी और उड़िया भाषाएं बोली जाती हैं। अतः इन भाषाओं का प्रभाव छत्तीसगढ़ पर पड़ना स्वाभाविक है।

छत्तीसगढ़ी का निम्न उदाहरण द्रष्टव्य है—

"नगर के सबले सुखी मनखे कोन आय ? एखर खोज मा राजा के सेवकमन निकल पड़िन। ओमन हा नगर के सबले धनी मनखे करा गीन, अऊ पूछिन—का आप सुखी हौ ? ओहर कहिस मोर कना अब्बड़ धन-दउलत हवै लेकिन मय हा सुखी नई हंव, काबर कि मोर एको झन लड़का-बच्चा नई हे।"

छत्तीसगढ़ी की मुख्य **विशेषताएं** निम्न प्रकार हैं—

1. छत्तीसगढ़ी में बोलते समय महाप्राणीकरण की प्रवृत्ति बहुत अधिक है; जैसे— दौड़ = धौड़, कचहरी = कछेरी, जन = झन, जात है = जाथै आदि।
2. इसके अतिरिक्त छत्तीसगढ़ी में 'स' का 'छ' (सीता = छीता), 'ल' का र/व तथा 'व' का 'ज' हो जाता है।
3. इसी प्रकार इसमें 'श' को 'स' के रूप में बोलने की प्रवृत्ति है। अवधी की तरह ही इसमें भी 'ष' को 'स' बोला जाता है; जैसे—भाषा = भासा, दोष = दोस।
4. संज्ञा-सर्वनामों में कर्म-सम्प्रदान के लिए 'ला' तथा करण-अपादान के लिए 'ले' छत्तीसगढ़ी के विशेष परसर्ग हैं। संबंध कारक परसर्ग 'के' लिंग के अनुसार परिवर्तित नहीं होता। इसके बहुवचन का रूप प्रायः एकवचन के जैसा ही रहता है। कहीं-कहीं तिर्यक बहुवचन में 'न' का प्रयोग किया जाता है; जैसे— लरिकन, बहलन (बैल) आदि।

   सामान्य बहुवचन बनाने के लिए 'मन' प्रत्यय जोड़ा जाता है, जैसे— हम मन (हम लोग)। लेकिन यह 'मन' प्रत्यय निर्जीव वस्तुओं के साथ नहीं लगाया जाता।
5. स्त्रीलिंग के लिए निन, इन, आनी, इया आदि प्रत्यय प्रचलित हैं; जैसे— नतनिन, जेठानी, बुढ़िया आदि।
6. इसमें वर्तमान काल के लिए हवउं (हूं), हवन् (हैं), हवस (हो), हवै (है); तथा भूतकाल के लिए रहेंव, रहेन्, तथा रहे सहायक क्रिया का प्रयोग किया जाता है। भविष्यत् काल के लिए 'ह' और 'ब' वाले रूप प्रचलित हैं; जैसे— चलहूं, चलबो, चलिहअ आदि।
7. क्रिया के साथ 'त' और 'ह' को जोड़कर 'थ' बना दिया जाता है, जैसे— करते हैं = करथन।
8. छत्तीसगढ़ी के अपने कुछ विशेष अव्यय हैं; जैसे— अंते (अन्यत्र), एकोत (एक ओर), काबर (क्यों) तथा अभीच (अब ही) आदि।

मध्यकाल में 'ब्रज' एवं 'अवधी' का साहित्यिक भाषा के रूप में विकास

हिन्दी भाषा के लिए मध्यकाल संक्रमण का काल कहा जा सकता है। इसके दो पक्ष हैं। पहला प्रमुख पक्ष भक्तिकाल से जुड़ा हुआ है। दूसरा पक्ष रीतिकाल से। मध्यकाल की ठीक पूर्व पीठिका पर आदिकाल अवस्थित है, जिसमें अपभ्रंश और उसका साहित्य अपना स्वरूप स्थापित कर चुका था। इसी काल में अपभ्रंश की भिन्न-भिन्न शाखाएं अपनी क्षेत्रीय बोलियों से मिलकर नया-नया रूप ग्रहण कर रही थीं। जहां एक ओर डिंगल और पिंगल में साहित्य रचा जा रहा था, वहीं दूसरी ओर ब्रज, अवधी, मैथली, भोजपुरी तथा राजस्थानी आदि अनेक बोलियों में जन-कवि जन-भावनाओं को अभिव्यक्त कर रहे थे।

वस्तुतः हिन्दी भाषा के मध्यकाल का प्रारम्भिक चरण संत और सूफियों की भक्ति-उपासना से जुड़ा हुआ काल है। ये सभी मूलतः घुमक्कड़ कवि थे। इस घुमक्कड़ी प्रवृत्ति के कारण उनकी भाषा में ब्रज, अवधी, भोजपुरी, पंजाबी तथा राजस्थानी आदि के शब्दों का सहज रूप से समावेश हो गया। इतना ही नहीं, बल्कि ये संत कवि पढ़े-लिखे नहीं थे, तथा उनमें से अधिकांशतः उपेक्षित वर्गों से आए हुए थे। इसलिए भी उनकी भाषा में किसी विशेष साहित्यिकता के लक्षण नहीं मिलते।

यह बात ध्यान देने की है कि मध्यकाल तक दक्षिण से उपजी हुई भक्ति की लहर रामानन्द सम्प्रदाय के रूप में उत्तर भारत में पहुँच चुकी थी। वल्लभ सम्प्रदाय तथा चैतन्य सम्प्रदाय आदि के प्रवर्तक आचार्यों ने अपने विचारों से इस क्षेत्र के जन-मानस को मथ दिया था। इसलिए यह सहज रूप से आवश्यक हो गया था कि आम लोगों की भावनाओं को स्वर देने के लिए तथा उन तक अपनी बात पहुंचाने के लिए उनकी अपनी ही बोलियों का प्रयोग किया जाए। यही कारण था कि इस काल में ब्रज तथा अवधी भाषाएँ साहित्यिक भाषा के रूप में विकसित होने लगी।

ब्रज भाषा का साहित्यिक विकास

इस भाषा का विकास शौरसेनी नामक अपभ्रंश से हुआ है। 11वीं शताब्दी में मध्य देश की जन-भाषा के रूप में ब्रज भाषा का विकास हुआ। इस मध्य देश में नौ महाजनपद थे। वर्तमान में उत्तर प्रदेश के अलीगढ़, मथुरा, आगरा, बुलन्दशहर, एटा, मैनपुरी, बदायूँ तथा बरेली, हरियाणा का गुड़गाँव, राजस्थान के भरतपुर, धौलपुर, करौली तथा मध्य प्रदेश में ग्वालियर का पश्चिमी भाग इस भाषा के अंतर्गत आता है।

अपनी प्रारम्भिक अवस्था में ब्रज भाषा उत्तर भारत की सांस्कृतिक भाषा के रूप में प्रतिष्ठित हुई। ब्रज भाषा के साहित्यिक विकास को निम्न तीन कालों के अंतर्गत देखना उचित होगा—

1. उद्भव काल,
2. निर्माण काल, तथा
3. स्वर्ण काल

1. **उद्भव काल**—साहित्यिक भाषा के रूप में ब्रज का उल्लेख 10वीं शताब्दी में मिलने लगता है। यद्यपि इससे भी पूर्व के ग्रन्थों में इसका उल्लेख मिलता है, किन्तु वह इतने प्रकारान्तर से है कि उसे हम प्रादुर्भाव काल तो कह सकते हैं, किन्तु साहित्यिक काल नहीं।

ब्रज भाषा का सबसे प्राचीन ग्रन्थ हेमचन्द्र का 'प्राकृत व्याकरण' तथा उसके बाद का 'प्राकृत पैंगलम' है। हेमचन्द्र के व्याकरण में देशी धातुओं का प्रयोग ब्रज भाषा में प्राप्त होता है। उनके दोहों का वाक्य गठन भी ब्रज भाषा के अधिक निकट है; जैसे—

अंगहि अंग न मिलिउ (अपभ्रंश)
अंगहि अंग न मिल्यो (ब्रज भाषा)

हेमचन्द्र की 'देसी नाममाला' में भी ब्रज भाषा के अनेक शब्द देखने को मिलते हैं; जैसे—

काहारो (कहार-पानी लाने वाला)
गगरी (जल पात्र)
कुल्ड़ (कुल्हड़-मिट्टी का पात्र)

हेमचन्द्र के इन उदाहरणों से यह लगता है कि ब्रज भाषा पिंगल के काफी निकट रही है। पृथ्वीराज रासो मूलतः डिंगल भाषा का ग्रन्थ है। किन्तु इसी भाषागत समानता के कारण डॉ॰ धीरेन्द्र वर्मा यह मानते हैं कि "पृथ्वीराज रासो मध्यकालीन ब्रज भाषा में ही लिखा गया है, पुरानी राजस्थानी में नहीं; जैसा कि साधारणतः इस विषय में माना जाता है।"

एक अन्य ग्रन्थ है—'उक्ति व्यक्ति प्रकरण'। इसमें ब्रज भाषा के रूप में कई पद्य

हैं। 'संदेश रासक' नाटक में भी ब्रज भाषा के चिह्न मिल जाते हैं। इसी प्रकार श्रीधर व्यास के छन्दशास्त्र 'रणमलचन्द' में ब्रजभाषा के चिह्न हैं। ये चिह्न ऐसा, इतलो, काहेसे, तोहे, मोहे, हौं, आइ आदि शब्दों के रूप में मिलते हैं। इसी प्रकार कुछ परसर्ग एवं क्रिया के भी चिह्न दिखाई पड़ते हैं। इस ग्रन्थ में परसर्ग हैं—केरउ, मांझि, उप्परि आदि। इसी प्रकार क्रिया है—जण्यौं, दिण्णी आदि।

इस काल में ब्रज भाषा का साहित्य संतों की वाणियों के रूप में सामने आया। इसलिए इनमें स्वाभाविक रूप से गति एवं शक्ति आई। वस्तुतः ब्रज भाषा में गेय पदों का प्रचलन 12वीं-13वीं शताब्दी से ही प्रारम्भ हो गया था, जो आज तक विद्यमान है। उस समय के सामन्तीय दरबारों में संगीत का पर्याप्त सम्मान था। इसलिए इस काल की ब्रज भाषा में रचित गेय पद भी प्राप्त होते हैं। सच तो यह है कि ब्रज के इन गेय पदों ने सम्पूर्ण देश को सम्मोहित किया, और इसी कारण आगे चलकर यह पद्य की एक प्रमुख भाषा बनी।

2. **निर्माण काल**— 14वीं शताब्दी से 16वीं शताब्दी तक के काल को ब्रज भाषा एवं ब्रज साहित्य का निर्माण काल कहा जा सकता है। 14वीं-15वीं शताब्दी में जो ग्रन्थ प्रकाश में आए, उनमें 'प्रद्युम्न चरित' तथा 'हरिवंश पुराण' प्रमुख हैं। 'प्रद्युम्न चरित' में कृष्ण के पुत्र प्रद्युम्न के चरित्र का वर्णन है। इसकी रचना ब्रज क्षेत्र के केन्द्र आगरा में हुआ। यह ग्रन्थ भाषा और साहित्य दोनों ही दृष्टियों से अत्यन्त ही महत्त्वपूर्ण ग्रन्थ है। भाषा की दृष्टि से निम्न उदाहरण द्रष्टव्य है—

> "नित-नित भीजइ बिलखी खरी,
> काहे दुषी विधाता करी।"

'हरिश्चन्द्र पुराण' में राजा हरिश्चन्द्र की पौराणिक कथा कही गई है। इस ग्रन्थ में ब्रज भाषा की सहजता तथा भावों की सशक्त अभिव्यक्ति दिखाई पड़ती है।

15वीं शताब्दी के प्रथम कवि विष्णुदास ब्रज भाषा के अप्रतिम कवि हैं। उन्होंने 'महाभारत कथा',, 'रुक्मणी मंगल', 'स्वर्गारोहण' तथा 'स्नेहलीला' जैसे महत्त्वपूर्ण ग्रन्थ लिखे। उनकी भाषा को आदर्श ब्रज भाषा कहा जा सकता है। उन्होंने अपनी काव्य प्रतिभा के द्वारा ब्रज को स्थिरता प्रदान की, और उसे सुविकसित तथा परिनिष्ठित किया।

इसके अतिरिक्त अन्य अनेक कवि हुए, जिन्होंने अपनी रचनाओं से ब्रज भाषा और साहित्य को उत्कृष्टता प्रदान की। इस दृष्टि से नारायणदास की 'छिताई वार्ता' महत्त्वपूर्ण कृति कही जा सकती है। मानिक कवि की 'बैताल पच्चीसी', ठक्कर सी. की 'पचेन्द्रिय बेली' तथा छीहल की 'छीहल बावनी' आदि प्रमुख ग्रन्थ हैं।

इस काल की ब्रज भाषा की निम्न **विशेषताएँ** देखने को मिलती हैं—

1 'ने' के स्थान पर 'नै' का प्रयोग होता था।

2. 'को' के लिए 'कहुँ', 'कं' तथा 'कूँ' आदि शब्द प्रचलित थे।
3. इसी प्रकार 'से' के लिए 'सौ' तथा 'सम' शब्द मिलते हैं।
4. इस युग में 'तैं' भी मिलता है, और 'ते' भी।
5. अन्य महत्त्वपूर्ण शब्दों में 'मांझी', 'मैं', 'महि', 'पै' आदि शब्द चलते थे।
6. सर्वनाम में 'मैं' की जगह 'तौ' का प्रयोग होता था। 'महि' भी मिलता है।
7. तिर्यक शब्दों में 'मौं को', 'मौं पै' तथा 'मौं से' मिलता है। 'मुझे' के अर्थ में 'मोहे' मिलता है।
8. क्रिया में है, हैं, हो (था के अर्थ में), हतो, मै तथा मई आदि मिलते हैं।
9. क्रिया विशेषण में अब, आगे, कहाँ रूप उल्लेखनीय रूप से मिलते हैं।

उपरोक्त भाषागत विशेषताओं से यह स्पष्ट होता है कि इस समय तक ब्रज भाषा अपना पूर्ण स्वरूप ग्रहण कर चुकी थी।

3. **स्वर्ण काल**— इस काल से तात्पर्य भाषा और साहित्य के उस स्वरूप से है, जब वह अपने चरम रूप को प्राप्त कर चुकी थी। इसका आरम्भ 16वीं शताब्दी से हो जाता है। इस उपलब्धि का प्रमुख श्रेय वल्लभाचार्य तथा विट्ठल दास द्वारा स्थापित अष्टछाप के कवियों को जाता है। इन अष्टछाप कवियों में सूरदास, नन्ददास तथा परमानन्द आदि महत्त्वपूर्ण कवि रहे हैं। इसके अतिरिक्त अहिन्दी भाषी क्षेत्रों में भी महाप्रभु चैतन्य के कारण बंगाल में, महानुभाव के कारण उड़ीसा में, शंकरदेव एवं माधवदेव के कारण असम में, सिख गुरुओं के कारण पंजाब में तथा मीरा एवं दादू के कारण राजस्थान में इस भाषा और साहित्य का प्रसार हुआ।

16वीं शताब्दी में अष्टछाप के कवियों ने ब्रज भाषा में रचना कर ब्रज के साहित्य को समृद्ध किया। इस दृष्टि से सूरदास का 'सूरसागर' अपूर्व कृति है। अष्टछाप के कवियों में नन्ददास, परमानन्द दास, कृष्णदास, चतुर्भुज दास, कुम्भनदास, गोविन्द स्वामी तथा क्षीत स्वामी ने ब्रजभाषा में रचना की। नन्ददास रचित 'रस मंजरी' तो वास्तव में हिन्दी के दस ग्रन्थों में प्रथम है।

कृष्ण भक्ति के सभी सम्प्रदायों ने अपनी रचना के लिए ब्रजभाषा को ही अपनाया। ऐसा इसलिए हुआ, क्योंकि कृष्ण का जन्म स्थान ब्रज क्षेत्र में हुआ था। इसलिए कृष्ण की लीलाओं के लिए उन्होंने ब्रज को ही अपनी अभिव्यक्ति का माध्यम बनाया। निम्बार्क सम्प्रदाय के श्री भट्ट तथा हरिव्यास देवाचार्य ने ब्रज भाषा में ही अपने पदों की रचना की। इस समय तक ब्रजभाषा सुव्यवस्थित हो चुकी थी। उसके विभिन्न रूप-परसर्ग, विशेषण तथा क्रिया रूप स्थिर हो चुके थे।

रामानन्द की हिन्दी रचना में भी 'लाग्यौ', 'भयौ' तथा 'रह्यौ' जैसे ब्रजभाषा के क्रिया पद मिलते हैं। इसी प्रकार सन्त रैदास की वाणी में ब्रजभाषा के बिगारयो, चराववौ, पावौ, काटयौ बिसारयो तथा व्यापौ जैसे क्रिया पद बहतायत रूप में मिलते

हैं। यद्यपि कबीर की अधिकांश रचनाएँ खड़ी बोली में हैं तथापि उन पर ब्रजभाषा का व्यापक प्रभाव है। इसी प्रकार खुसरो की भाषा खड़ी बोली में होने के बावजूद ब्रज से रंजित है। मीरा के पदों में ब्रजभाषा का व्यापक प्रयोग मिलता है।

मध्यकालीन काव्य के दो भाग हैं। इसमें रीतिकाल के कवियों की भाषा ब्रज रही। इनमें केशव, घनानन्द एवं बिहारी सबसे प्रमुख नाम हैं। केशव मध्य युग के विशिष्ट कवि तथा आचार्य थे। यद्यपि वे संस्कृत के प्रकाण्ड विद्वान् होने के कारण भाषा (ब्रजभाषा) बोलना नहीं चाहते थे। फिर भी उन्होंने उसके हित में अनेक ग्रन्थ लिखे। इस दृष्टि से उनकी 'रसिक प्रिया' तथा 'कवि प्रिया' उल्लेखनीय हैं। उनके अलंकार ग्रन्थ को ब्रजभाषा काव्य में सौन्दर्य की दृष्टि से अत्यन्त महत्त्वपूर्ण माना जाता है।

घनानन्द ने अपने प्रेमभाव के मर्म को व्यक्त करने के लिए ब्रजभाषा में कवित्त लिखे। उनका ब्रजभाषा पर अबाध अधिकार था। बिहारी ने सतसई लिखकर ब्रजभाषा के साहित्य को समृद्ध किया। उनका 'बिहारी सतसई' दोहों में लिखा गया ऐसा ग्रन्थ है, जो अपने श्लेष अलंकार के लिए प्रसिद्ध है। इनके अतिरिक्त देव, रत्नाकर, मतिराम, आलम, तथा बोधा आदि ने भी ब्रज में रचनाएँ कीं।

भिखारी दास का जन्म यद्यपि अवध में हुआ था, किन्तु उन्होंने ब्रज में भी रचनाएं की। महाकवि देव ने 73 ग्रन्थ रचे, जिनमें भावविलास, भवानी विलास तथा सुजान विनोद आदि प्रमुख हैं। रीतिकाल में संस्कृत के लक्षण ग्रन्थों के आधार पर नायक-नायिका भेद, लक्षण ग्रन्थों का निर्माण, ज्योतिष, आयुर्वेद तथा व्याकरण आदि पर भी रचनाएं की गईं। इससे ब्रजभाषा साहित्य के क्षेत्र से निकलकर अन्य विषयों को भी अभिव्यक्त करने वाली भाषा बनी।

रसलीन कवि की 'रस प्रबोध' तथा 'अंग दर्पण' ब्रज में हैं। पद्माकर ने अकृत्रिम ब्रजभाषा में 'बेनीप्रवीण' की रचना की। मतिराम ने 'रस राज्य' तथा 'रस तरंगिणी' में सहज एवं ओजपूर्ण ब्रज का उपयोग किया। इस दृष्टि से महाकवि भूषण का नाम सम्मान के साथ लिया जाता है। भूषण ने अपनी रचनाओं—'शिवराज भूषण' तथा 'शिवा बावनी' में ब्रजभाषा के ओजपूर्ण शब्दों के साथ-साथ अरबी-फारसी के शब्दों का सुन्दर समन्वय किया। सेनापति की कृति 'कवित्त रत्नाकर' भी इस दृष्टि से उल्लेखनीय है। इनके अतिरिक्त प्रताप साही, अमीर दास तथा ग्वाल कवि आदि ने भी व्याकरणसम्मत ब्रजभाषा की उन्नति में अपूर्व योगदान किया।

ब्रजभाषा एवं उसके साहित्य को समृद्ध करने में गीतकार कवियों का भी महत्त्वपूर्ण योगदान रहा है। जयदेव की तरह राग के अनुसार गाने की परम्परा को ब्रजभाषा ने पूरी तरह अपनाया। संगीत की दृष्टि से इसे आगे बढ़ाने में गोपाल नायक, बख्शू खाँ, स्वामी हरिदास, गोविन्द स्वामी तथा तानसेन के नाम विशेष रूप से उल्लेखनीय हैं।

इस दृष्टि से अकबर के दरबार के बाबा रामदास का नाम भी लिया जा सकता है। इस समय सैकड़ों हिन्दू एवं मुस्लिमों की रचनाओं का संकलन 'राग कल्पद्रुम' में प्रकाशित है। संगीत विषयक अनेक ग्रन्थ ब्रजभाषा में लिखे गए; जैसे—'रागमाला', 'राग कुतूहल', 'राग मंजरी', 'राग रत्नावली', 'संगीत दर्पण' तथा 'संगीत विग्रह' आदि।

रीतिकाल के बाद भी कृष्ण भक्ति की काव्यधारा प्रवाहित होती रही, और ब्रजभाषा में रचनाएं आती रहीं। 18वीं सदी तक ब्रजभाषा का साहित्यिक स्वरूप स्थिर हो गया था। चूंकि इस समय खड़ी बोली का प्रचलन बढ़ गया था, इसलिए उसका प्रभाव ब्रज पर पड़ा। फिर भी कृष्ण भक्ति धारा और ब्रजभाषा की अभिन्नता बनी रही।

रीतिकाल का सारा काव्य शृंगारिक हो गया था। साथ ही उसकी भाषा विनोद का माध्यम बन गई थी। इसी कारण वह जनता से दूर होकर एक कृत्रिम भाषा का स्वरूप ग्रहण करने लगी थी। रीतिकाल के उत्तरार्द्ध में एक प्रकार से इस भाषा के साथ खिलवाड़ ही होने लगा था, जिसके कारण भाषा अपनी गरिमा से पद्च्युत होने लगी। इसी कारण इस युग के अंत में प्रतिक्रिया हुई, और इसी प्रतिक्रिया के फलस्वरूप खड़ी बोली हमारे सामने आई, जिसे आधुनिक युग कहते हैं।

इसके बावजूद 19वीं शताब्दी के उत्तरार्द्ध से लेकर 20वीं सदी में भी ब्रजभाषा में लिखा जाता रहा। भारतेन्दु हरिश्चन्द्र की काव्य की भाषा ब्रज ही रही। द्विवेदी युग (1901-1920) में भी चूंकि अधिकांश कविगण कृष्ण भक्ति से थे, इसलिए वे ब्रजभाषा को अपनाए रहे। हरिऔध के अतिरिक्त करीब सभी कवियों ने ब्रजभाषा में रचनाएं कीं। श्रीधर पाठक ने ब्रजभाषा में 'स्वर्गीय वीणा', 'गोपिका गीत' तथा 'भारत गीत' आदि काव्य लिखे। फतेहपुर के महापात्र लाल जी ने 'षड्ऋतु विनोद', 'वल्लभ शाखा' तथा 'कृष्ण जन्म' रचनाएं प्रस्तुत कीं। इनमें 'वल्लभ शाखा' अत्यन्त प्रसिद्ध रचना है। पं॰ जगन्नाथ दास रत्नाकर ब्रजभाषा के प्रतिबद्ध कवि रहे। उनकी रचनाओं में 'उद्धवशतक', 'गंगावतरण' तथा 'हिण्डोला' उल्लेखनीय हैं। लाला भगवानदीन ने 'अलंकार मंजूषा' तथा 'व्यंगार्थ मंजूषा' के माध्यम से रीतिबद्ध कवियों की परम्परा को आगे बढ़ाया। बैजनाथ किंकर ने 'सुदामा चरित्र' लिखा।

इनके अतिरिक्त श्याम सेवक, सेठ कन्हैया लाल पोद्दार, मिश्र बन्धु, दुलारे लाल, अमीर अली मीर, गया प्रसाद शुक्ल स्नेही, सत्यनारायण कविरत्न, नाथूराम माहौर, हरदयाल सिंह तथा नब्बी बख्श 'फलक' आदि ने भी ब्रजभाषा में रचनाएं कीं।

ब्रजभाषा के आधुनिक कवियों में गोविन्द चतुर्वेदी, रामलाल, सुमनेश, कैलाशचन्द्र 'कृष्ण', विष्णुदत्त शर्मा आदि प्रमुख हैं। गोपाल प्रसाद व्यास की 'रास रसामृत', डॉ॰ जगदीश गुप्त की 'छन्द सती' तथा डॉ॰ विष्णु विराट का 'फैली पलास के कानन लौ' उल्लेखनीय हैं। डॉ॰ जगदीश गुप्त की 'छन्दशैली' ब्रजभाषा परम्परा की महत्त्वपूर्ण वर्तमान उपलब्धि है।

अवधी का साहित्यिक विकास

यह अवध प्रदेश की भाषा है। इसका जन्म अर्द्ध मागधी अपभ्रंश से हुआ है। अवधी पूर्वी हिन्दी की तीनों बोलियों में सबसे प्रमुख बोली मानी जाती है। यह भाषा आजमगढ़, सुल्तानपुर, प्रतापगढ़, बाराबंकी, लखनऊ, इलाहाबाद तथा फतेहपुर आदि जिलों में बोली जाती है।

अवधी की मोटे तौर पर तीन बोलियाँ हैं। पश्चिमी बोली खीरी, सीतापुर, लखनऊ, उन्नाव तथा फतेहपुर जिलों में बोली जाती है। केन्द्रीय बोली बहराइच, बाराबंकी, रायबरेली की है। पुरानी अवधी गौंडा, फैजाबाद, सुलतानपुर, इलाहाबाद, जौनपुर तथा मिर्जापुर के कुछ भागों में बोली जाती है।

पुरानी अवधी के बीज 'प्राकृत पैंगलम्' में मिलते हैं। बाद में 12वीं सदी के आरम्भ की रचना 'उक्ति व्यक्ति प्रकरण' में भी प्राचीन अवधी या कौशाली के रूप में सुरक्षित हैं। 'राउर वेल' तथा 'कीर्तिलता' में अवधी के कुछ उद्धरण मिल जाते हैं। किन्तु ये अवधी के ग्रन्थ नहीं हैं।

काव्य भाषा के रूप में अवधी के दो साहित्यिक रूप मिलते हैं—

(1) ठेठ अवधी

(2) साहित्यिक अवधी

बाद में इन्हीं बिन्दुओं के आधार पर अवधी के साहित्यिक विकास को देखेंगे।

1. ठेठ अवधी—ठेठ अवधी में सूफियों की काव्यधारा प्रवाहित हुई। इस काव्य-धारा में अधिकांशतः मुस्लिम कवि थे, जो प्रेममार्गी शाखा का प्रतिनिधित्व करते हैं। यहाँ यह उल्लेखनीय है कि ठेठ अवधी के रूप में कोई विशेष अन्तर नहीं है।

अवधी को काव्य भाषा के रूप में प्रतिष्ठित करने का प्रथम एवं पूरा श्रेय मुल्ला दाउद को है। उनकी रचना 'चन्दायन' में लोर और चन्दा की प्रेम कथा का वर्णन है, जो अवधी की पहली रचना मानी जाती है। यह दोहा-चौपाई की कड़वह शैली में लिखी गई है।

इस रचना के बाद करीब 125 वर्षों का लम्बा अन्तराल मिलता है। इसके पश्चात सन् 1501 में ईश्वरीदास की 'सत्यकथा' सामने आई। सन् 1503 में कुतुबन की 'मृगावती', सन् 1540 में जायसी का 'पद्‌मावत', सन् 1545 में मंझन की 'मधुमति' तथा सन् 1613 में उस्मान की 'चित्रावली' आदि प्रेमाख्यानक काव्य आए। इन ग्रन्थों ने अवधी को साहित्यिक रूप में समृद्ध बनाया।

जायसी के पूर्व कुतुबन ने 'मृगावती' काव्य की रचना की, जो जनभाषा के निकट है। इसकी भाषा सहज और स्पष्ट है, अलंकृत नहीं। यह काव्य दोहा, सोठा और चौपाई में लिखा गया है। इसमें 'लौकाई' और 'भुलाई' जैसे ठेठ अवधी के शब्द मिलते हैं।

दूसरा प्रसिद्ध ग्रन्थ है—मंझन की 'मधुमती'। इसकी अवधी अधिक सरल है। इसमें 'मृगावती' की अपेक्षा साहित्य का पुट अधिक है।

इनमें से मलिक मोहम्मद जायसी ऐसे पहले कवि रहे, जिन्होंने अवधी बोली को साहित्यिक रूप में प्रतिष्ठित करने का कार्य किया। मसनबी शैली में लिखी उनकी 'पद्मावत' अवधी के लिए 'मील का पत्थर' सिद्ध हुई। यहाँ तक माना जाता है कि उन्होंने जिस शैली को अपनाया, उसी से प्रेरित होकर तुलसीदास ने उसी शैली में 'रामचरित मानस' की रचना की। 'पद्मावत' प्रेमाख्यानों की परम्पराओं में मूर्धन्य कृति है। इसके अतिरिक्त भी जायसी की 'चित्ररेखा' और 'मसलनामा' प्रकाशित हो चुकी है।

भाषा के संबंध में जायसी उदार थे। उनका मानना था—

तुरकी अरबी हिन्दुई भाषा जेती आहि।
जेहि मँ मारग प्रेम कर सबै सराहै ताहि।।

जायसी ने जनभाषा को विशेष महत्त्व दिया। उनमें जहां एक ओर नायिका का सौन्दर्य वर्णन करने में तत्समता आ गई है, वहीं तद्भव रूपों की भी प्रधानता है; जैसे—जोग (योग), नेम (नियम), दरसन (दर्शन) आदि।

नूर मोहम्मद के दो ग्रन्थ प्रसिद्ध हैं—'इन्द्रावती' और 'अनुराग बांसुरी'। इनकी भाषा ठेठ अवधी है। इसके अतिरिक्त शेख नबी, कासीम शाह, शेख निस्सार तथा ख्वाजा अहमद़ आदि ने भी अवधी में रचनाएं कीं।

सूफी कवियों ने मुख्यतः प्रबंध काव्य लिखे। किन्तु कभी-कभी उन्होंने मुक्तक में भी रचनाएं की। रामाश्रयी शाखा के सभी कवियों ने अवधी को ही अपनी रचना का आधार बनाया। ऐसा इसलिए किया गया, क्योंकि भगवान् राम का जन्म अवध में हुआ था।

14वीं से 16वीं शताब्दी तक के ग्रन्थों के आधार पर इस काल की भाषा की निम्न विशेषताएँ देखने को मिलती हैं—

1. इनकी भाषा ग्रामीण है।
2. संस्कृत शब्दावली का अभाव है।
3. सूफी कवियों के कारण स्वाभाविक रूप से उर्दू का पुट दिखाई पड़ता है।
4. विभिन्न कवियों की भाषा में एकरूपता नहीं है। भक्त कवियों की भाषा शैली तथा प्रेम कवियों की भाषा शैली में अन्तर देखने को मिलता है।
5. इस काल की अवधी में भाषा के कुछ अवशेष मिलते हैं; जैसे—'तेन' या 'तेन्ह'। बाद में यही 'तिन' और 'तिन्ह' हो गया। यह रूप तुलसीदास में बहुत मिलता है।
6. एक अन्य शब्द 'अछ' (होना) व्यापक रूप में प्रयुक्त हुआ है। इसी प्रकार 'भवा' तथा 'गवा' शब्दों के भी व्यापक प्रयोग मिलते हैं।

7. 'चन्दायन' 'पद्मावत' तथा 'मधुमालती' में 'कहँ' परसर्ग का प्रयोग बहुतायत में देखने को मिलता है। बाद में 'रामचरित मानस' में यही परसर्ग 'कहुँ' के रूप में विकसित हुआ।

2. हिन्दी-अवधी—इस काल का प्रारम्भ 17वीं शताब्दी से होता है। इस काल के कवियों में भूपति तथा चन्द कवि के नाम मुख्य हैं। किन्तु सबसे महत्त्वपूर्ण नाम है—तुलसीदास का, जिनकी भाषा पूरे काल की भाषा या यूँ कहें कि सम्पूर्ण अवधी की साहित्यिक भाषा का प्रतिनिधत्व करती है। इस ग्रन्थ ने न केवल भक्तिभाव को उच्च शिखर तक पहुँचाया, बल्कि अवधी को भी मानक हिन्दी के इतना समीप ला दिया कि आज वह हिन्दी से बहुत भिन्न मालूम नहीं पड़ती।

तुलसी संस्कृत के प्रकाण्ड विद्वान् थे। इसलिए 'रामचरित मानस' के प्रत्येक काण्ड के आरम्भ में संस्कृत के श्लोक मिलते हैं। यहां तक कि बीच-बीच में भी संस्कृत में वंदनाएं हैं। इसके कारण उनकी भाषा में स्वाभाविक रूप से तत्सम् शब्दावलियाँ आ गई हैं। जैसे—

पुलकित तन मुख भाव न बचना।
देखत रुचिर वेश कै रचना।।

तुलसीदास की तत्सम् शब्दावली की सबसे बड़ी विशेषता यह है कि उन्होंने उसे अवध की लोकभाषा में सहजता के साथ गूँथ दिया है। इसलिए वे तत्सम् होकर भी तत्सम् नहीं लगते और तद्भव से ऊपर उठ जाते हैं। इसलिए उनकी भाषा अत्यंत शिष्ट और प्रांजल हो गई है।

रामचरित मानस के अतिरिक्त तुलसीदास ने अवधी में 'बरवै रामायण', 'रामलला नहछू' तथा 'जानकी मंगल' आदि रचनाएं की। 'रामलला नहछू' ठेठ अवधी में लिखा गया है। ब्रजभाषा में उन्होंने 'कवितावली', 'गीतावली' तथा 'विनयपत्रिका' लिखी।

तुलसी के संदर्भ में यह बात दिखाई पड़ती है कि अवधी को व्यापक बनाने की इच्छा के कारण उन्होंने संस्कृत, ब्रजभाषा तथा तत्कालीन खड़ी बोली के रूपों को आत्मसात किया। इसीलिए उनमें खड़ी बोली के 'वह' 'हमारा', 'तुम्हारा', 'किया' जैसे रूप बड़ी सहजता के साथ आ गए। उन्होंने अवधी भाषा की लोकोक्तियों का खूब प्रयोग किया, तथा अवधी के क्रिया पदों को सरल बनाने की दृष्टि से आटै-बाटै जैसे प्रयोग समाप्त कर दिए। सहायक क्रिया में भी 'अछ्' को समाप्त करके 'हे', 'अहै', 'हया', 'भये' जैसे रूपों को प्रश्रय दिया। इसके कारण तुलसी दास की अवधी बोलने की दृष्टि से सरल तथा ध्वनि की दृष्टि से कर्णप्रिय एवं स्निग्ध हो गई। इसमें कोई दो मत नहीं कि अवधी को साहित्यिक भाषा का सर्वोत्तम रूप प्रदान करने में तुलसीदास का अप्रतिम योगदान है।

वस्तुतः तुलसी का व्यक्तित्व इतना विराट् था कि उनके बाद अवधी भाषा का

कोई भी कवि उतना प्रसिद्ध नहीं हो सका। जो कवि हुए भी, वे तुलसी की काव्य भाषा से आगे नहीं बढ़ सके। तुलसी के प्रवृति काल के प्रमुख कवियों में अग्रदास नाभादास तथा लालदास आदि कवि उल्लेखनीय हैं। नाभादास ने 'भक्तमाल' की रचना की। लालदास ने 'अवध विलास' काव्य रचा। इसकी भी शैली दोहा-चौपाई की है। हृदयराम ने संवाद शैली में 'हनुमन्नाटक' लिखा। मधुसूदनदास का 'रामाश्वमेध' प्रबंध काव्य है। अवधी की साहित्यिक परम्परा में नरहरि बारहट की कृति 'पौरुषेय रामायण' एक प्रौढ़ कृति है। इसकी भाषा भी ब्रज मिश्रित मिलती है, जिसमें राजस्थानी का पुट भी देखने को मिलता है।

इस काल तक खड़ी बोली अवधी का स्वरूप प्रभावशाली होने लगा था। वैसे भी तुलसीदास ने 'रामचरित मानस' के द्वारा एक ऐसी शिष्ट अवधी स्थापित कर दी थी, जिसमें खड़ी बोली की सम्भावनाओं के बीज पलने लगे थे। इसलिए इस काल के कवियों की भाषा खड़ी बोली के लिए अधिक जानी-पहचानी भाषा है। इनमें संस्कृत के शब्द कम हैं, साथ ही पूर्ववर्ती काल की अपेक्षा उर्दू के शब्द भी कम हैं। इस काल के साहित्य की अवधी की एक महत्त्वपूर्ण बात यह है कि इनकी भाषा में पूर्ववर्ती काल की अपेक्षा एक अधिक एकरूपता देखने को मिलती है।

बाद में जब साहित्य के क्षेत्र में रीतिकाल की प्रबलता होने लगी, तब राम भक्ति का झुकाव भी रसिकता की ओर होने लगा। ऐसी स्थिति में ज्ञात-अज्ञात रूप से ब्रजभाषा का प्रभाव बढ़ता चला गया। रघुराजसिंह ने तो राम को रीतिकालीन कृष्ण की भांति श्रृंगारी बना दिया और सच पूछा जाए तो इसी के साथ ही अवधी भाषा के साहित्य के विकास का अंत हो गया।

19वीं शताब्दी में खड़ी बोली हिन्दी का साहित्यिक भाषा के रूप में विकास

18वीं शताब्दी के अंत तक अवधी और ब्रज ने साहित्यिक रूप से पर्याप्त विकास कर लिया था। किन्तु यह विकास पद्य के क्षेत्र में जितना था, उतना गद्य के क्षेत्र में नहीं।

19वीं सदी का आरम्भ भारत में अनेक परिवर्तनों का काल रहा है। पुनर्जागरण के फलस्वरूप जहाँ भारतीय जन-मानस अपनी जड़ताओं को तोड़कर नए क्षितिज की तलाश कर रहा था, वहीं राष्ट्रीयता की भावना के उद्वेग के कारण वह अंग्रेज सत्ता के विरुद्ध भी हो गई थी। नवीन विचारधाराओं तथा विज्ञान के कारण बदलती मानसिकता को व्यक्त करने के लिए निश्चित रूप से एक नई भाषा की आवश्यकता थी। मूल रूप से पद्य की भाषा होने के कारण ब्रज और अवधी में इन नए विचारों को प्रस्तुत करने की क्षमता नहीं थी। साथ ही ये दोनों भाषाएं स्वयं को इन नई आवश्यकताओं के अनुरूप परिवर्तित नहीं कर सकीं। इसके परिणामस्वरूप पिछले करीब तीन शताब्दियों से जो भाषा हिन्दी क्षेत्र में धीरे-धीरे विकसित हो रही थी, उसने साकार रूप ग्रहण किया। 19वीं शताब्दी तक आते-आते यही भाषा खड़ी बोली कही जाने लगी।

19वीं शताब्दी के प्रारम्भ में जो भाषा हमें दिखाई देती है, उसके चार प्रमुख भेद किए जा सकते हैं। पहली वह खड़ी बोली थी, जिसमें ब्रज भाषा का मिश्रण था। दूसरी वह खड़ी बोली थी, जिसमें ब्रज के साथ-साथ राजस्थानी और पंजाबी का भी मिश्रण था। तीसरे प्रकार की खड़ी बोली में पूर्व की बोलियों (भोजपुरी तथा अवधी) एवं बंगला का मिश्रण आ गया था। चौथी वह खड़ी बोली थी, जिसमें तत्सम् और तद्भव के साथ-साथ अरबी और फारसी के शब्दों का भी मिश्रण था। अरबी और फारसी का यह मिश्रण ध्वनि और शब्द के अतिरिक्त वाक्य संरचना पर भी दिखाई पड़ता है। वस्तुतः 19वीं शताब्दी के आरम्भ को खड़ी बोली का प्रस्तावना काल कहा जा सकता है, जिसमें इसने पूर्व प्रचलित भाषाओं से कुछ तत्त्व ग्रहण कर अपनी अभिव्यंजना

शक्ति को समर्थ बनाने का प्रयास किया, और बाद में उनमें से कुछ को आत्मसात कर अपना पृथक् अस्तित्व बना लिया।

फोर्ट विलियम कॉलेज, कलकत्ता की स्थापना से पूर्व 'हिन्दी', 'हिन्दवी', 'हिन्दुई', 'हीन्दुई' तथा 'भाखा-भाषा' आदि शब्द अपना स्थान बना चुके थे। वस्तुतः इनका प्रयोग एक ही भाषा की किंचित् विविध शैलियों के लिए किया जाता था।

'खड़ी बोली' शब्द का पहली बार प्रयोग फोर्ट विलियम कॉलेज की स्थापना के साथ हुआ, जिसका श्रेय डॉ॰ जॉन गिलक्राइस्ट को जाता है। डॉ॰ गिलक्राइस्ट ने इस भाषा को ब्रज भाषा से पृथक् दिखाने के लिए 'खड़ी बोली' शब्द का प्रयोग किया, और खड़ी बोली के स्वरूप को स्पष्ट करने के लिए उन्होंने लल्लू जी लाल को 'प्रेम सागर' तथा पंडित सदल मिश्र को 'नासिकेतोपाख्यान' का खड़ी बोली में अनुवाद करने का आदेश दिया। स्वयं गिलक्राइस्ट ने सन् 1804 में लिखा कि "प्रेम सागर एक बहुत ही मनोरंजक पुस्तक है, जिसे लल्लू लाल जी ने हमारे विद्यार्थियों को हिन्दुस्तानी की शिक्षा देने के निमित्त ब्रज भाषा की सुन्दरता और स्वच्छता के साथ खड़ी बोली में दिया।"

खड़ी बोली के इस आरम्भिक काल के साहित्यिक विकास को निम्न साहित्यों में देखा जा सकता है :

1. **प्रेम सागर**—प्रेम सागर श्रीमद्भागवत के 10वें अध्याय के ब्रज भाषा रूपान्तर का खड़ी बोली में अनुवाद है। इस पुस्तक के लिए लल्लू जी लाल ने गिलक्राइस्ट के आदेश से "यामिनी भाषा छोड़ दिल्ली आगरे की खड़ी बोली" में रूपान्तरित किया। यहां 'यामिनी भाषा छोड़' से तात्पर्य अरबी-फारसी के उस वाक्य-गठन शैली से है, जो उस समय जन साधारण के व्यवहार की भाषा बन चुकी थी। लल्लू जी लाल ने गिलक्राइस्ट के इस आदेश का निर्वाह वाक्य के स्तर पर तो किया, किन्तु शब्द के स्तर पर वे इसे नहीं निभा सके। प्रेम सागर की भाषा से यह ज्ञात होता है कि इस समय दिल्ली और उसके आसपास के क्षेत्रें में जहां एक ओर फारसी शैली वाली खड़ी बोली प्रचलित थी, वहीं दूसरी ओर उससे भिन्न भी एक शैली व्यवहार में आ चुकी थी। ब्रज भाषा से रूपान्तरित करने के कारण 'प्रेम सागर' में ब्रज भाषा की लयात्मकता और संगीतात्मकता अनायास ही आ गई है।

2. **नासिकेतोपाख्यान**—यह संस्कृत के पौराणिक आख्यान चन्द्रावती की कथा का खड़ी बोली गद्य में रूपान्तर है। इसकी रचना पं॰ सदल मिश्र ने गिलक्राइस्ट के आदेश से की थी। यह भी अपनी समकालीन रचनाओं के समान मध्यकालीन ब्रजभाषा शैली से प्रभावित है। इसमें ब्रज भाषा के शब्द, प्रत्यय के क्रिया रूपों के साथ-साथ खड़ी बोली की संरचनात्मक विशेषताएँ भी देखी जा सकती हैं। बंगला तथा कुछ पूर्वी भाषाओं के शब्द भी इसमें शामिल हो गए हैं।

3. **डायलॉग्स**—यह फोर्ट विलियम कॉलेज, कलकत्ता के हिन्दुस्तानी विभाग के प्रथम अध्यक्ष डॉ॰ जॉन बार्थबिक गिलक्राइस्ट की रचना है, जो प्रश्नोत्तर शैली में लिखी गई है। डॉ॰ गिलक्राइस्ट ने इसकी रचना अंग्रेजों को हिन्दी सिखाने की दृष्टि से की थी। इसकी भाषा सरल और बोलचाल की ऐसी खड़ी बोली है, जिसके चिह्न आज भी कलकत्ता की हिन्दी में देखे जा सकते हैं।

4. **रानी केतकी की कहानी**—इंशा अल्ला खाँ ने राजा उदयभान और रानी केतकी के प्रेम-विवाह का वर्णन खड़ी बोली में किया, जिसे खड़ी बोली की प्रथम मौलिक कहानी कहा जाता है। इसे लिखते समय इंशा अल्ला खाँ ने इस बात का विशेष ध्यान रखा कि इसमें ''हिन्दी छुट किसी बाहर की बोली का पुट न मिले'', तथा ''जैसे भले लोग अच्छे-से-अच्छे आपस में बोलते-चालते हैं, ज्यों-का-त्यों वही सब डील रहे और छांह किसी की न हो।'' इंशा के इस वक्तव्य से यह स्पष्ट होता है कि उस समय सामान्य वर्ग में खड़ी बोली के व्यवस्थित और परिष्कृत रूपों का व्यवहार होने लगा था।

इंशा अल्ला खाँ उर्दू के अच्छे विद्वान् एवं कवि थे। इसलिए दावा करने के बावजूद उनकी भाषा में उर्दू के शब्द तथा वाक्य-गठन पर उर्दू का प्रभाव दिखाई पड़ता है। इसमें उन्होंने मध्यकालीन लयात्मक गद्य शैली का सफल निर्वाह किया है। मुहावरों का सटीक और गहराई से प्रयोग करना 'रानी केतकी की कहानी' की भाषा की सबसे बड़ी विशेषता है। सबसे महत्त्वपूर्ण बात यह है कि 'रानी केतकी की कहानी' अपने पहले के दोनों काव्य 'प्रेम सागर' और 'नासिकेतोपाख्यान' से ही इस बिन्दु पर बिल्कुल अलग हो जाती है कि जहाँ पूर्व की रचनाओं में गद्य खड़ी बोली में और पद्य ब्रज भाषा में है, वहीं इंशा अल्ला खाँ ने गद्य के साथ-साथ पद्य में भी खड़ी बोली के प्रयोग का आरम्भ किया।

चूंकि इस समय खड़ी बोली अपनी शैशवावस्था में थी, इसलिए भाषा में गंवारूपन, लिंग दोष तथा वर्तनी की त्रुटियों का मिलना स्वाभाविक ही था। उदाहरण के लिए 'रानी केतकी की कहानी' में 'दोनों जनियाँ' तथा 'उड़ चलियाँ' जैसे प्रयोग मिलते हैं, जो भाषा के गँवारूपन के उदाहरण हैं। इसी प्रकार 'उन्ने कहा' तथा 'उनको फाँसे' जैसे प्रयोग भी आधुनिक हिन्दी खड़ी बोली से भिन्न हैं।

5. **बैताल पच्चीसी**—यह भी फोर्ट विलियम कॉलेज के अंतर्गत खड़ी बोली में लिखी गई रचना है। यह संस्कृत की 'बैताल पंचविंशतिका' के ब्रज भाषा अनुवाद से खड़ी बोली में रूपान्तरण है। यह रूपान्तरण मजहर अली खाँ विला ने किया है। इसमें उन्होंने लल्लू जी लाल की सहायता ली थी। रचनाओं के आरम्भ के दो अनुच्छेदों के अतिरिक्त शेष भाग खड़ी बोली में है। कुछ स्थानों पर अरबी-फारसी तथा ब्रज भाषा के शब्द भी आ गए हैं। इसलिए इसकी भाषा ब्रज तथा उर्दू से प्रभावित खड़ी बोली कही जा सकती है।

6. राम चरित्र—यह संस्कृत के अध्यात्म रामायण का खड़ी बोली में अनुवाद है। यह अनुवाद सन् 1805 में पं॰ सदल मिश्र ने किया था। संस्कृत से अनूदित होने के कारण इसमें तत्सम् शब्दावलियाँ काफी हैं। चूंकि सदल मिश्र पूर्व क्षेत्र से थे, इसलिए इनमें 'चीन्हाना' तथा 'काँदना' जैसे शब्द भी हैं। फिर भी इसकी भाषा 'नासिकेतोपाख्यान' की तुलना में परिपक्व है। विराम चिह्नों का प्रयोग इनमें भी नहीं मिलता।

इनके अतिरिक्त नवीलयात (डॉ॰ गिलक्राइस्ट कृत) 'रिशाल तिरंदाजी', 'लाला चन्द्रिका', नीति-कथा, रामायण, अखरावली कृष्ण चरितोपाख्यान की कोक सार, दाउद के गीत, हातिमताई, कथासार, प्रह्लाद चरित, नीति-विनोद, सुख सागर, लीलावती तोता मैना की कहानी तथा हितोपदेश जैसी अनेक रचनाएं आईं। अब तक ऐसी 118 रचनाएं मिल चुकी हैं, जिन्हें भारतेन्दु युग से पहले खड़ी बोली में लिखी गई रचनाएं माना गया है।

वस्तुतः खड़ी बोली के इन चारों आरम्भिक रचनाकारों के बारे में विद्वानों का यह कहना है कि लल्लू जी लाल खड़ी बोली के जनक हैं। वे पहले लेखक थे, जिन्होंने खड़ी बोली का व्यापक प्रयोग किया। सदासुखलाल से खड़ी बोली का उषा काल आता है, तथा सदल मिश्र के समय इसका प्रभात हो गया। इंशा अल्ला खाँ से खड़ी बोली का दिन निकल आया।

इंशा अल्ला खाँ के अतिरिक्त शेष तीनों रचनाकारों की भाषा में ब्रज का पुट है। 'य' का प्रयोग सभी में है; जैसे—झुंझलायकर (झुंझलाकर)। इस 'य' का प्रयोग बालकृष्ण भट्ट तक चलता रहा। इनमें ब्रज भाषा के 'भए' तथा 'भयी' शब्द भी मिलते हैं।

19वीं सदी के प्रारम्भ की इस खड़ी बोली में तुकबन्दी, लयात्मकता, अलंकारमयता तथा अनेक बोलियों के शब्दों का मिश्रण मिलता है। फिर भी सामूहिक प्रयास से अंततः यह खड़ी बोली ब्रज भाषा के समानान्तर खड़ी हो ही गई। यह सत्य है कि अब तक इसका कोई परिनिष्ठित या मानक रूप स्थिर नहीं हो सका था, फिर भी सम्पर्क भाषा के रूप में इसका विस्तार काफी हुआ। उस समय आगरा व्यापार का एक बड़ा केन्द्र था। इसलिए फोर्ट विलियम कॉलेज ने हिन्दी पढ़ने के लिए विशेषकर आगरा से प्राध्यापक बुलाए और इस प्रकार आगरा की भाषा का महत्त्व बढ़ा।

डॉ॰ गिलक्राइस्ट फोर्ट विलियम कॉलेज में जनवरी 1904 तक ही रहे। लेकिन इसके बाद भी हिन्दुस्तानी विभाग के जो अध्यक्ष वहां आए, उन्होंने भी हिन्दी को महत्त्व दिया। फोर्ट विलियम कॉलेज के कैप्टन टेलर ने (फरवरी 1808 से मई 1823 तक) सन् 1815 में सर्वप्रथम 'हिन्दी' शब्द का प्रयोग आधुनिक रूप में किया। सन् 1816 के एक अध्यादेश में अनेक परिवर्तन किए गए, जिसके फलस्वरूप फोर्ट विलियम कॉलेज के ही हिन्दी और हिन्दुस्तानी विभाग के अध्यक्ष विलियम क्राइस्ट ने सन् 1825 में

पहली बार हिन्दी भाषा को हिन्दुस्तानी से पृथक् कर एक प्रमुख देशी भाषा के रूप में स्वीकार किया। इसके एक वर्ष बाद ही कलकत्ता के ही पंडित गया प्रसाद शुक्ल ने हिन्दी भाषा का शब्दकोश संकलित किया।

19वीं सदी का मध्य

भारतेन्दु युग से पूर्व 19वीं सदी के मध्य में दो ऐसे विद्वान् उभरकर आए, जिनके कारण खड़ी बोली का आंदोलन चल पड़ा। ये दो साहित्यकार थे—

(1) राजा शिवप्रसाद 'सितारे-हिन्द' तथा

(2) राजा लक्ष्मण सिंह

इनमें से प्रथम ने जहां हिन्दी और उर्दू को समीप लाने की चेष्टा में हिन्दी को उर्दू बहुल बनाया, वहीं राजा लक्ष्मण सिंह ने उसे संस्कृत के तत्सम् शब्दों से भर दिया।

राजा शिवप्रसाद 'सितारे-हिन्द' ने हिन्दी का व्याकरण, खड़ी बोली में भारत का इतिहास तथा खड़ी बोली में ही स्कूलों के लिए पाठ्य पुस्तकें लिखीं, जिसमें संस्कृत शब्दों का प्रयोग काफी होता था। बाद में हिन्दी को व्यापक स्वीकृति दिलाने तथा हिन्दुओं को सरलता की ओर ले जाने की इच्छा के कारण वे उर्दू के शब्दों पर आ गए। उनका मानना था कि उर्दू के शब्द अधिक व्यापक, सरल और प्रचलित हैं, इसलिए उनका अधिकाधिक प्रयोग होना चाहिए। उन्होंने कहा था—

"हम लोगों को जहां तक बन पड़े, चुनने में उन शब्दों को लाना चाहिए, जो आमफहम को खास पसन्द हों, अर्थात् जिनको ज्यादा आदमी समझ सकते हों।"

परिणामस्वरूप इनकी रचनाओं में उर्दू के शब्दों की भरमार होने लगी। इसी कारण आचार्य रामचन्द्र शुक्ल ने इनकी भाषा को 'मुस्लिम हिन्दी' तक कह दिया। हालाँकि ये लिखते तो नागरी में थे, किन्तु शब्द अरबी-फारसी के होते थे।

इसके बावजूद राजा शिवप्रसाद 'सितारे-हिन्द' के प्रयास से खड़ी बोली अपने रूखेपन से मुक्त हुई। उन्होंने भाषा को व्याकरण सम्मत बनाया। अरबी-फारसी की क़, ख़, ग़, ज़, फ़ ध्वनियों को शुद्ध लिखने की ओर ध्यान दिलाया। किन्तु इनमें भी वर्तनी की एकरूपता नहीं आ सकी। वर्तनी के दो-दो रूप एक-साथ चलते रहे, जैसे— उनने — उन्ने, सकता — सक्ता आदि।

राजा शिवप्रसाद की उर्दू से भरपूर इस शैली का पर्याप्त विरोध हुआ, विशेषकर उनकी रचना 'इतिहास तिमिरनाशक' की भाषा को लेकर। इसकी भाषा को एक प्रकार से देवनागरी लिपि में लिखी गई उर्दू भाषा कहा जा सकता है। इसकी निम्न पंक्ति द्रष्टव्य हैं—

"बगावत का सुबहा हुआ। पूछने पर उकूबत और सियासत के डर से झूठा

इकरार कर दिया।"

इसमें कोई दो मत नहीं कि फिर भी राजा शिवप्रसाद 'सितारे-हिन्द' ने हिन्दी का बहुत प्रचार किया। उस समय इनकी पुस्तकें सम्पूर्ण उत्तर प्रदेश और बिहार में पढ़ाई जाती थीं।

द्वितीय प्रमुख साहित्यकार थे—राजा लक्ष्मण सिंह। ये शिवप्रसाद सिंह की भाषा नीति के बिल्कुल विरोध में जाते हुए दिखाई देते हैं। वे विशुद्ध हिन्दी के पक्षधर थे, तथा उर्दू को मुसलमानों की भाषा मानते थे। उनका विचार था कि "हमारे मत में हिन्दी और उर्दू दो बोली न्यारी-न्यारी हैं।...हिन्दी में संस्कृत के पद आते हैं, उर्दू में अरबी-फारसी के। परन्तु कुछ आवश्यक नहीं कि अरबी-फारसी के शब्दों के बिना हिन्दी न बोली जाए, और न हम उस भाषा को हिन्दी कहते हैं, जिसमें अरबी-फारसी के शब्द भरे हैं।"

राजा लक्ष्मण सिंह ने कालिदास के 'रघुवंश' और 'शाकुन्तलम्' नाटक का खड़ी बोली में अनुवाद किया। इनकी खड़ी बोली काफी सुन्दर है, जिसमें संस्कृत की प्रधानता है। हालाँकि वे उर्दू के पक्ष में नहीं थे, फिर भी उर्दू के कुछ शब्दों का आना स्वाभाविक एवं अनिवार्य ही था। इसी कारण उनमें मकान, सलवार तथा कुर्ता जैसे शब्द देखने को मिल जाते हैं।

भारतेन्दु काल

19वीं सदी के उत्तरार्द्ध में उपर्युक्त भाषागत पृष्ठभूमि में भारतेन्दु का प्रादुर्भाव हुआ। हम कह सकते हैं कि खड़ी बोली में गद्य की सही शुरुआत भारतेन्दु हरिश्चन्द्र से ही हुई। यहां तक कि काव्य के संदर्भ में भी एक नई धारा का शुभारम्भ हुआ।

भारतेन्दु हरिश्चन्द्र ने अपने समय से पूर्व प्रचलित खड़ी बोली की 12 शैलियों की बात लिखी है। ये शैली इस प्रकार की थीं कि कुछ में पूर्वीपन था, कुछ में ब्रज भाषापन, कुछ में उर्दूपन, कुछ में संस्कृतपन तो कुछ में न संस्कृतपन, न उर्दूपन तो कुछ में गंवारूपन। वस्तुतः ये सभी बोलियाँ तो थीं, किन्तु भाषा नहीं बन सकी थीं। यहीं पर भारतेन्दु जी ने खड़ी बोली के संबंध में एक ऐतिहासिक भूमिका निभाई।

भारतेन्दु ने शिवप्रसाद 'सितारे-हिन्द' की उर्दू प्रधान खड़ी बोली और राजा लक्ष्मण सिंह की संस्कृतनिष्ठ खड़ी बोली के बीच में से मध्यम मार्ग निकाला। उनका मानना था कि भाषा में न तो पांडित्यपन हो, और न ही उर्दू शैली की क्लिष्टता हो। उन्होंने खड़ी बोली को क्लिष्ट प्रयोग एवं पंडिताऊपन से मुक्त रखा। वे बनारस के रईस घराने से थे, जिनके यहाँ हमेशा हिन्दू और मुस्लिमों का जमावड़ा लगा रहता था। अतः उन्होंने इन दोनों की भावनाओं का ध्यान रखते हुए अपनी भाषा में एक संतुलन स्थापित किया। इसलिए इनकी भाषा एक मिश्रित भाषा है। उन्होंने जहां

बोलचाल के शब्दों का प्रयोग किया, वहीं साहित्यिक शब्दों का भी। उनमें ग्रामीण शब्द भी हैं, प्रचलित मुहावरे भी हैं, और व्यावहारिक हिन्दी भी है। उनकी भाषा विषयानुसार होती है; जैसे— हास्य-व्यंग्य के अवसर पर हल्की गम्भीर, विषयों पर संस्कृतनिष्ठ तथा मुस्लिम पात्रों के लिए उर्दू। यहाँ तक कि उन्होंने अपना सारा काव्य तो ब्रज में लिखा, किन्तु गद्य खड़ी बोली में। वैसे कुछ काव्य खड़ी बोली में भी हैं; जैसे—'चना जोर गरम'।

इसमें कोई दो मत नहीं कि भारतेन्दु हरिश्चन्द्र के अथक एवं प्रतिबद्ध प्रयासों से कविता नई चाल में ढलने लगी। सन् 1873 में स्वयं भारतेन्दु हरिश्चन्द्र ने इस खड़ी बोली को 'नए चाल की हिन्दी' की संज्ञा दी। आचार्य रामचन्द्र शुक्ल ने इस बात को स्वीकार करते हुए हिन्दी साहित्य के इतिहास में ठीक ही लिखा है कि "जब भारतेन्दु अपनी मंजी हुई परिष्कृत भाषा सामने लाए, तो हिन्दी बोलनेवाली जनता को गद्य के लिए खड़ी बोली का परिष्कृत साहित्यिक रूप मिल गया, और भाषा के स्वरूप का प्रश्न न रह गया। भाषा का स्वरूप स्थिर हो गया।"

यह कहना गलत नहीं होगा कि लल्लू लाल जी कवि द्वारा बोए गए बीज तथा शिवप्रसाद द्वारा पनपाए गए पौधे को भारतेन्दु हरिश्चन्द्र ने पल्लवित-पुष्पित किया।

भारतेन्दु युग के अन्य कई सहयोगी लेखक रहे, जिन्होंने खड़ी बोली का साहित्य रचकर इसके विकास में अपना योगदान किया। इनमें से निम्न लेखक उल्लेखनीय हैं

1. **बालकृष्ण भट्ट**—आप अच्छे निबंधकार थे। इसके अतिरिक्त इन्होंने नाटक और उपन्यास भी लिखे। 'हिन्दी प्रदीप' नामक इनका एक मासिक पत्र था, जिसमें ये बराबर लिखते थे। बालकृष्ण भट्ट अपने विचारों की पुष्टि के लिए संस्कृत के उदाहरण देते थे। शुद्ध हिन्दी के पक्षधर होने के बाद भी ये आवश्यकतानुसार अंग्रेजी शब्दों का प्रयोग करने में नहीं हिचकते थे। इनके निबंधों में उठाए, बैठाए जैसे लोकभाषा के शब्द भी देखने को मिलते हैं। भट्ट जी ने अपने लेखन से यह सिद्ध किया कि खड़ी बोली साहित्यिक भाषा के रूप में प्रतिष्ठित हो चुकी है।

2. **श्रीनिवास दास**—इन्होंने भी निबंध, नाटक, उपन्यास और कविताएँ लिखीं। 'परीक्षा गुरु' इनका प्रसिद्ध उपन्यास है। इनकी भाषा मुहावरेदार है, और खड़ी बोली का एक अच्छा प्रामाणिक रूप है। इन्होंने अरबी-फारसी के प्रचलित शब्दों का प्रयोग किया।

3. **बद्री नारायण चौधरी**—ये उत्तर प्रदेश के मिर्जापुर के रहनेवाले थे। इसलिए इनमें संस्कृत के बड़े-बड़े तत्सम् शब्द मिलते हैं। इनकी भाषा में समास भी हैं, और अरबी-फारसी के शब्द भी। वर्तनी में उस तरह के दोष मिल जाते हैं, जैसे कि खड़ी बोली के प्रारम्भिक काल में मिलते हैं; जैसे—"हम जान्ते हैं।"

4. **प्रताप नारायण मिश्र**—इन्होंने नाटक, कविता और निबंध लिखे। इनकी भाषा बोलचाल की भाषा है। इनकी भाषा में पूर्वीपन है, और यही स्थिति वर्तनी की भी

है। इन्होंने 'ब्राह्मण' नामक एक पत्रिका का सम्पादन भी किया।

इनके अतिरिक्त अलीगढ़ के तोताराम, वृन्दावन के राधाचरण गोस्वामी तथा गोपालराम भी खड़ी बोली में रचना कर रहे थे।

एक अन्य प्रसिद्ध नाम है—देवकीनन्दन खत्री का। उन्होंने 'चन्द्रकान्ता संतति' लिखी। तिलस्मी कथानक पर आधारित यह उपन्यास अपने समय में अत्यन्त लोकप्रिय हुआ। यहाँ तक कि यह उपन्यास पढ़ने के लिए लोगों ने हिन्दी सीखी।

इस काल के लगभग सभी लेखक पत्रकारिता से जुड़े हुए थे। आम आदमी का ध्यान रखने के कारण इन्होंने सरल एवं सहज भाषा अपनाई। यद्यपि इस समय तक खड़ी बोली ने अपना स्वरूप प्राप्त कर लिया था, फिर भी वह ब्रजभाषा तथा पूर्वी हिन्दी के प्रयोग से मुक्त नहीं हो पाई थी। इनकी रचनाओं में वचन एवं लिंग के दोष बराबर मिलते हैं। व्याकरण स्पष्ट नहीं था। वर्तनी की अनियमितता भी इस युग में देखने को मिलती।

भाषागत विशेषताएं

इस काल की रचनाओं के आधार पर भाषा की निम्न ध्वनिगत एवं व्याकरणिक विशेषताएं चिहि्नत की जा सकती हैं—

1. इस काल की वर्तनी में अनेक दोष दिखाई देते हैं। तात्कालीन उच्चारण के अनुसार निम्न दोषयुक्त शब्द देखने को मिलते हैं—

दर्बान (दरबान)
दर्वाजा (दरवाजा)
इस्को (इसको)
निरणय (निर्णय)
परसपर (परस्पर)

2. 'ण' के स्थान पर 'न' के प्रयोग मिलते हैं; जैसे—

आक्रमन (आक्रमण)
पुरान (पुराण)
प्रान (प्राण)

3. इसी प्रकार 'श' के स्थान पर 'स' का प्रयोग भी मिलता है; जैसे—

आकास (आकाश)
देस (देश)

4. संस्कृत के तत्सम् शब्दों की अंतिम 'य' ध्वनि का लोप कर उसके पूर्व के अर्द्ध व्यंजन को पूर्ण व्यंजन में परिवर्तन करने की प्रवृत्ति दिखाई देती है। उदाहरण के लिए—

नृत (नृत्य)
मृतु (मृत्यु)
राज (राज्य)
नित (नित्य)

5. अंतिम व्यंजन ध्वनि पर जो रैफ आते हैं, उसे इस काल में द्वित कर दिया गया है; जैसे—

धर्म्म (धर्म)
कर्म्म (कर्म)
पूर्व्व (पूर्व)

6. कहीं-कहीं मध्य के अल्पप्राण व्यंजन को महाप्राण में बदलने की प्रवृत्ति दिखाई देती है; जैसे—

बग्घी (बध्घी)

7. भारतेन्दु काल में व्याकरण संबंधी भी कुछ मानक रूप चल रहे थे। पुलिंग और स्त्रीलिंग शब्दों में भेद पूरी तरह स्पष्ट नहीं हो पाया था। उस समय निम्न दोनों प्रकार के वाक्य प्रचलित थे—

मेरी आत्मा — मेरा आत्मा
मैंने विजय प्राप्त की — मैंने विजय प्राप्त किया

इसी प्रकार 'मृत्यु' शब्द भी दोनों लिंगों में मिलता है। इसका कारण यह था कि यह शब्द संस्कृत में पुल्लिंग था, जो बाद में हिन्दी में स्त्रीलिंग हो गया।

8. क्रियाओं के बहुवचन रूप में अनियमितताएं देखने को मिलती हैं; जैसे—

दो स्त्री थी — दो स्त्रियाँ थी
ऐसे-ऐसे राजे हुए हैं — ऐसे-ऐसे राजा हुए हैं

9. एक विशेषता यह थी कि किसी भी शब्द का बहुवचन बनाते समय 'आ' का 'ए' नहीं होता था; जैसे—'महाराज' का बहुवचन 'महाराजों' मिलता है। जबकि मानक हिन्दी में यह 'महाराजाओं' होगा।

10. अनेक शब्दों के पुराने रूप ही प्रचलित रहे। उदाहरण के लिए 'सरीखे' शब्द 'जैसे' के अर्थ में प्रचलित रहा। इसी प्रकार 'उसके प्रति' के लिए 'उस्के तई' शब्द मिलता है।

11. अंग्रेजी राज्य के प्रभाव के फलस्वरूप बीच-बीच में अंग्रेजी शब्दों के प्रयोग होने लगे थे, जैसे—''कम्पनियों के सैकड़ों गेंग''।

भारतेन्दु युग में दो ऐसे शैलीकार हुए, जो भारतेन्दु हरिश्चन्द्र की भाषा से प्रभावित नहीं थे। ये थे—श्रद्धाराम फिल्लौरी तथा स्वामी दयानन्द सरस्वती। स्वामी दयानन्द सरस्वती संस्कृत के व्याकरणानुसार हिन्दी रचते थे। इसलिए उनमें अशुद्धियाँ काफी कम हैं। यह अवश्य है कि संस्कृत के जानकार होने के कारण उनकी भाषा में

संस्कृत शब्दावली बहुत है। इसके बावजूद उन्हीं की भाषा 20वीं सदी में खड़ी बोली बन पाई।

साहित्येत्तर पक्ष

रीतिकालीन साहित्यिक प्रवृत्तियों के बाद अनेक सामाजिक एवं सांस्कृतिक समस्याएं उत्पन्न हुई थीं, जिसके फलस्वरूप पुनर्जागरण की प्रवृतियों का विस्तार हुआ। इसी समय छापेखाने के आविष्कार के फलस्वरूप साहित्य के मुद्रण की व्यवस्था होने लगी। इसके कारण खड़ी बोली के गद्य स्वरूप के विस्तार की सम्भावनाएं और भी अधिक व्यापक हो गईं। ऐसी पृष्ठभूमि में खड़ी बोली के लिए कुछ ऐसे प्रयास भी हो रहे थे, जो मूलतः तो साहित्य से अलग थे, फिर भी खड़ी बोली के प्रचार-प्रसार और उसके स्वरूप के निर्धारण में उनकी पर्याप्त भूमिका रही। इनमें दो पक्ष प्रमुख रहे—ईसाई मिशनरी तथा पत्रकारिता।

खड़ी बोली के विकास में ईसाई मिशनरियों का विशेष योगदान रहा है। आगरा के समीप सिकन्दरा में ईसाइयों का प्रचार केन्द्र था। साथ ही वहां उनका प्रेस भी था। सन् 1887 तक सिकन्दरा केन्द्र से खड़ी बोली में काफी साहित्य प्रकाशित हुआ। कलकत्ता के पास रामपुर के ईसाई मिशनरी ने बाइबिल का अनुवाद खड़ी बोली में छापा। साथ ही उन्होंने अपने प्रचार के लिए अन्य अनेक छोटी-छोटी पुस्तकें भी निकालीं।

हिन्दी में पत्रकारिता का उदय और विकास 19वीं शताब्दी के उत्तरार्द्ध में ही हुआ। इसकी शुरुआत बंगाल से हुई। यह कहना गलत नहीं होगा कि इस दृष्टि से खड़ी बोली के विकास में बंगालियों का; विशेषकर कलकत्ता का महत्वपूर्ण योगदान रहा है। सन् 1826 में पहला हिन्दी पत्र 'उदंत मार्तण्ड' कलकत्ता से ही निकला। कलकत्ता विश्वविद्यालय ने पहली बार हिन्दी को अपने पाठ्यक्रम में रखा, और यहीं से हिन्दी सर्वप्रथम एक विषय के रूप में अवतरित हुई। सन् 1821 में बंगाल से 'संवाद कौमुदी' नामक पत्र प्रकाशित हुआ था, और उसी में पहली बार 'संवाद' और 'संवाददाता' शब्द आए थे, जो आज तक प्रचलित हैं। सन् 1829 में 'बंगदूत' साप्ताहिक निकलना शुरू हुआ। इसके सम्पादक मण्डल में राजा राममोहन राय भी थे।

सन् 1854 में श्री श्यामसुन्दर सेन के सम्पादकत्व में हिन्दी का प्रथम दैनिक 'सुधावर्षण' प्रकाशित हुआ। सन् 1845 में राजा शिवप्रसाद 'सितारे-हिन्द' ने 'बनारस' अखबार निकाला, जिसकी भाषा हिन्दुस्तानी थी। पंजाब से नवीन चन्द्र राय ने 'ज्ञान प्रकाशिनी' प्रकाशित की। नवीन चन्द्र शुद्ध हिन्दी के समर्थक थे। सन् 1852 में सदासुख लाल जी ने आगरा से 'बुद्धि प्रकाश' पत्रिका प्रारम्भ की। आचार्य रामचन्द्र शुक्ल ने इस पत्रिका की भाषा की प्रशंसा की है।

पत्रकारिता के क्षेत्र में भारतेन्दु हरिश्चन्द्र का योगदान ऐतिहासिक महत्त्व का रहा है। सन् 1867 में उन्होंने 'कविवचन सुधा' नामक मासिक पत्रिका प्रारम्भ की। इसमें वे स्वयं लिखते थे। इस पत्रिका से भाषा शैली का स्वरूप स्पष्ट हुआ। 6 वर्ष बाद सन् 1873 में उन्होंने ही 'हरिश्चन्द्र मैगजीन' निकाली, जो 1874 में 'हरिश्चन्द्र चन्द्रिका' कर दी गई।

उपर्युक्त अध्ययन के आधार पर हम यह कह सकते हैं कि भारतेन्दु हरिश्चन्द्र युग के साथ ही खड़ी बोली का वर्तमान स्वरूप काफी कुछ स्पष्ट हो पाया। यद्यपि पूर्ववर्ती भाषा के प्रभाव के कारण खड़ी बोली पूर्णतः परिमार्जित नहीं हो पाई थी। उसमें भाषा के गठन, शब्दों के प्रयोग, वर्तनी, व्याकरण तथा मानकीकरण जैसी अव्यवस्थाएं बनी हुई थीं। फिर भी मौलिक कृतियों तथा अनुवादों के द्वारा साहित्य के साथ-साथ भाषा को भी समृद्ध करने की हर सम्भव कोशिश की गई। अब तक रचनाकारों में यह आत्मविश्वास आ चुका था कि वे खड़ी बोली के माध्यम से युगीन प्रवृत्तियों को व्यक्त कर सकते हैं। इस दृष्टि से सबसे महत्त्वपूर्ण बात थी—गद्य के रूप में खड़ी बोली को स्थापित किया जाना। 20वीं सदी का आरम्भ 19वीं सदी की इसी विरासत को लेकर आगे बढ़ा। यह हिन्दी भाषा का सौभाग्य ही था कि उसे 20वीं सदी के आरम्भ में ही महावीर प्रसाद द्विवेदी जैसे भाषाविद् मिले, जिन्होंने छोटे-से काल में ही हिन्दी को अत्यन्त परिष्कृत एवं समृद्ध भाषा के रूप में स्थापित कर दिया।

स्वतंत्रता संघर्ष के समय हिन्दी का राष्ट्रभाषा के रूप में विकास

संविधान द्वारा हिन्दी को राजभाषा के रूप में स्वीकार किए जाने के पीछे महत्त्वपूर्ण राजनीतिक, सामाजिक, सांस्कृतिक और व्यावहारिक कारण रहे हैं। ऐसा नहीं था कि केवल स्वतंत्रता आन्दोलन के सौ वर्षों के काल में ही हिन्दी राष्ट्रभाषा के रूप में उभरी थी, बल्कि इससे पूर्व भी इसे किसी-न-किसी रूप में न्यायालय तथा सरकारी कार्यालयों की भाषा के रूप में प्रतिष्ठित करने के प्रयास होते रहे थे। इन प्रयासों के फलस्वरूप हिन्दी स्वयं को उस रूप में प्रतिष्ठित एवं विकसित कर चुकी थी कि स्वतंत्रता आन्दोलन के दौरान राष्ट्रीय एकता तथा राष्ट्रीय स्वाभिमान की दृष्टि से एक मत से सभी नेताओं ने इसे राष्ट्रभाषा के रूप में स्वीकार किया। अतः स्वाधीनता आन्दोलन के पूर्व हिन्दी के विकास को समझना व्यावहारिक दृष्टि से उपयोगी होगा।

अंग्रेज़ी शासन एवं राष्ट्रभाषा हिन्दी

भारत में अंग्रेजी भाषा ने सर्वप्रथम सन् 1600 ई॰ में ईस्ट इंडिया कम्पनी के माध्यम से प्रवेश किया था। किन्तु बाद में जब यही व्यापारिक कम्पनी भारत की शासक बन बैठी, तब स्वाभाविक था कि चूंकि कम्पनी की भाषा अंग्रेजी थी, इसलिए वह अंग्रेजी को ही शासन की भाषा बनाना चाहती थी। किन्तु उसके सामने व्यावहारिक संकट यह था कि उस समय मुगल शासन में भारत में फारसी भाषा प्रचलित थी। ऐसी स्थिति में कम्पनी के सामने तीन विकल्प थे। पहला तो यह कि वह अंग्रेजी भाषा लागू करे। दूसरा यह कि उस फारसी भाषा को लागू करे, जो मुगल शासन के पतन के बाद क्षीण पड़ने लगी थी। तीसरा विकल्प यह था कि वह तत्कालीन लोक प्रचलित भाषा हिन्दी को लागू करे। कम्पनी के लिए इस हिन्दी की अवहेलना करना आसान नहीं था। अतएव उसने भाषा संबंधी कोई विशेष हस्तक्षेप नहीं किया, तथा अपने राजकीय आदेशों, सूचनाओं और सरकारी कागजों में फारसी और हिन्दी दोनों को जारी रहने दिया। यहाँ महत्त्वपूर्ण बात यह भी है कि कम्पनी ने अपने सिक्कों और डाक टिकटों

में फारसी के साथ नागरी लिपि को भी स्थान दिया।

इस समय भाषा के संबंध में देश में दो वर्ग सक्रिय थे। पहला वर्ग फारसी का समर्थक वर्ग था, तो दूसरा साधारण जनमत, जो लोक भाषा के पक्ष में था। इसी समय सन् 1830 में कम्पनी ने एक विज्ञप्ति जारी करके न्यायालयों में देशी भाषा को भी स्थान दिया। व्यावहारिक रूप में इस विज्ञप्ति का पालन सन् 1837 से होना शुरू हो गया। इसके पश्चात् बंगाल में बंगला प्रचलित हुई, तथा संयुक्त प्रान्त (उत्तर प्रदेश), बिहार और मध्य प्रान्त (मध्य प्रदेश) में हिन्दी और नागरी लिपि के स्थान पर उर्दू का प्रचलन हुआ।

वस्तुतः इस आदेश से उर्दू की जो शैली चली, वह फारसी के क्लिष्ट शब्दों से बोझिल थी। अतः सरकार ने सन् 1870 में फिर से एक आज्ञा पत्र जारी करके यह कहा कि सामान्य जन की भाषा लिखी जाए। किन्तु इस आज्ञा पत्र का कोई व्यावहारिक प्रभाव नहीं हुआ। इससे पूर्व सन् 1856 में सरकार ने एक आज्ञा पत्र निकालकर न्यायालय में नागरी लिपि के प्रयोग का आदेश दिया था। निश्चित रूप से इस आदेश से नागरी लिपि को व्यापक समर्थन प्राप्त हुआ।

सन् 1857 के प्रथम स्वतंत्रता संग्राम ने अंग्रेजों की भाषा संबंधी नीति को गहराई से प्रभावित किया। इस आन्दोलन के कुछ समय बाद ही हिन्दी और नागरी लिपि के लिए माँग की शुरुआत हुई। किन्तु इस मांग के पीछे विनम्रता की भावना प्रमुख थी। इसी समय राजा शिवप्रसाद सिंह ने एक ऐसी सरल भाषा की मांग उठाई, जिसकी लिपि नागरी हो।

प्रथम स्वतंत्रता आन्दोलन के बाद ब्रिटिश सरकार ने कुछ सुधारात्मक एवं विकासात्मक कदम उठाए। इसी का एक भाग था—उनकी शिक्षा नीति। शिक्षा के क्षेत्र में सरकार की भाषा नीति यह रही कि मुस्लिमों को फारसी के द्वारा तथा हिन्दुओं को संस्कृत के द्वारा शिक्षा दी जाए। इसका अर्थ यह था कि उसकी नीति में हिन्दी के लिए कोई स्थान नहीं था। इससे पूर्व सन् 1834 में लॉर्ड मैकाले ने अंग्रेजी भाषा के द्वारा भारतीयों को शिक्षित करने पर जोर दिया। फलस्वरूप सरकार ने अंग्रेजी शिक्षा के प्रचार का काम अपने हाथ में ले लिया, और सन् 1853 तक अंग्रेजी का खूब प्रचार हुआ।

लेकिन हिन्दी के पीछे जो जनमत था, ब्रिटिश सरकार उससे अच्छी तरह परिचित थी। इसीलिए सन् 1800 में अंग्रेज अधिकारियों को हिन्दुस्तानी सिखाने के लिए कलकत्ता में फोर्ट विलियम कॉलेज की स्थापना की गई थी। बाद में सन् 1818 में मद्रास में सैन्ड जॉर्ज कॉलेज बनाया गया। लॉर्ड वेलेजली हिन्दुस्तानी के कट्टर समर्थक थे। फोर्ट विलियम कॉलेज के हिन्दुस्तानी विभाग के अध्यक्ष डॉ. गिलक्राइस्ट भी हिन्दुस्तानी के समर्थक थे, जिनका शासन की भाषा-नीति निर्धारित करने में महत्त्वपूर्ण

स्थान रहा। यहाँ ध्यान देने की बात यह है कि जहां कम्पनी सरकार अरबी-फारसी से बोझिल हिन्दुस्तानी की समर्थक थी, वहीं भारत में ईसाई धर्म का प्रतिनिधित्व करनेवाली मिशनरियाँ वहाँ के आम लोगों की बोलचाल ठेठ हिन्दी का प्रयोग कर रही थीं। ऐसी स्थिति में कम्पनी द्वारा निर्धारित हिन्दुस्तानी क्रमशः हिन्दी के अधिक करीब पहुंच रही थी। यह कहना गलत नहीं होगा कि हिन्दुस्तानी के नाम पर उर्दू को प्रश्रय देने के कारण खड़ी बोली के विकास की नींव पड़ गई थी। स्वयं गिलक्राइस्ट ने पहली बार 'खड़ी बोली' शब्द का प्रयोग करके उसके स्वतंत्र अस्तित्व की सूचना दे दी थी। फोर्ट विलियम कॉलेज ने ही पहली बार खड़ी बोली में गद्य रचनाओं को प्रोत्साहित किया। इस प्रकार एक ऐसी उर्दू को सरकारी क्षेत्र में महत्त्वपूर्ण स्थान प्राप्त हो गया था, जिसमें खड़ी बोली की संभावनाओं के बीज निहित थे।

सन् 1857 की क्रांति के बाद अंग्रेजों ने भारत संबंधी अपनी नीति में व्यापक परिवर्तन किए। इस आन्दोलन से वे एक तरह से मुस्लिम विरोधी हो गए थे, क्योंकि वे मुस्लिमों को ही विद्रोह का कारण समझते थे। इसके बाद से उन्होंने 'फूट डालो और राज करो' की नीति अपनाते हुए हिन्दू और मुसलमानों के बीच साम्प्रदायिकता के आधार पर विभाजन करने की नीति अपनाई। इसके लिए उन्होंने भाषा का भी सहारा लिया। नतीजा यह हुआ कि हिन्दू और मुसलमानों का प्रश्न हिन्दी और उर्दू का प्रश्न बना दिया गया।

प्रथम स्वतंत्रता आन्दोलन के पश्चात् यह मांग जोर पकड़ने लगी थी कि न्यायालय की भाषा सरल, सुबोध और नागरी लिपि में लिखित हिन्दी होनी चाहिए। इस माँग ने एक व्यापक आन्दोलन का रूप ले लिया। हिन्दी के लिए सार्वजनिक रूप से प्रस्ताव पारित किए गए, और सरकार के पास ज्ञापन भेजे गए। इसके फलस्वरूप सरकार ने सन् 1873 में यह आदेश जारी किया कि बिहार की अदालतों और दफ्तरों में सभी विज्ञप्तियाँ और घोषणाएँ हिन्दी भाषा में जारी की जाएँ। पुलिस अधिकारियों को यह आदेश दिया गया कि यदि वे सन् 1881 के आरम्भ तक नागरी लिखना-पढ़ना नहीं सीखेंगे, तो उन्हें हटा दिया जाएगा, और उनके स्थान पर हिन्दी जाननेवालों की भर्ती कर ली जाएगी। इस प्रकार सही अर्थों में हिन्दी के प्रचार का काम सन् 1881 से ही शुरू हुआ माना जा सकता है।

19वीं शताब्दी के आठवें दशक के आरम्भ में ही हिन्दी आन्दोलन की जड़ें मजबूत हो गईं। इसी समय इस आन्दोलन को भारतेन्दु हरिश्चन्द्र जैसे व्यक्ति का नेतृत्व मिला, जिसने हिन्दी की जड़ों को और अधिक मजबूत कर दिया। भारतेन्दु हरिश्चन्द्र ने सन् 1882 में शिक्षा आयोग के प्रश्नों का उत्तर देते हुए कहा था—

"सभी सभ्य देशों की अदालतों में उनके नागरिकों की बोली और लिपि का प्रयोग होता है। यही ऐसा देश है, जहाँ न तो अदालती भाषा शासकों की मातृभाषा है,

और न प्रजा की।.....हिन्दी का प्रयोग होने से जमींदार, साहूकार, व्यापारी और सभी को सुविधा होगी, क्योंकि सभी जगह हिन्दी का ही प्रयोग है।''

ज्ञातव्य है कि भारतेन्दु जी के इस वक्तव्य से पूर्व सन् 1873-74 के वार्षिक प्रान्तीय भाषा रिपोर्ट में यह बताया गया था कि प्रान्त के 71 प्रतिशत विद्यार्थी हिन्दी माध्यम से पढ़ने के इच्छुक हैं। इससे भी हिन्दी आन्दोलन को बल मिला था, तथा भारतेन्दु हरिश्चन्द्र उत्साहित हुए थे।

19वीं शताब्दी के आठवें दशक तक इस हिन्दी आन्दोलन को अधिकांश व्यक्तियों का समर्थन मिलना प्रारम्भ हो गया था। भारतेन्दु हरिश्चन्द्र के नेतृत्व में साहित्यकारों के एक बड़े वर्ग ने हिन्दी के कार्य को अपना उद्देश्य बना लिया। पं॰ प्रताप नारायण मिश्र ने 'हिन्दी-हिन्दू-हिन्दुस्तानी' का नया नारा लगाना शुरू किया। इस उद्देश्य की पूर्ति के लिए अनेक पत्र-पत्रिकाओं का प्रकाशन शुरू हुआ, तथा हिन्दी-उर्दू विवाद एवं नागरी लिपि के संबंध में लेख लिखे जाने लगे।

सन् 1896 में यह बात चर्चा में आई कि संयुक्त प्रान्त में फारसी लिपि के स्थान पर रोमन लिपि अपनाई जाएगी। इससे उर्दू एवं हिन्दी दोनों के समर्थकों को काफी धक्का लगा। इसी समय सन् 1893 में काशी नागरी प्रचारिणी सभा का गठन हुआ, जिसका उद्देश्य नागरी लिपि का प्रचार करना था। नागरी प्रचारिणी सभा ने रोमन लिपि का डटकर विरोध किया।

इसी समय हिन्दी आन्दोलन का नेतृत्व पं॰ मदन मोहन मालवीय के हाथ में आ गया। उन्होंने यह प्रमाणित किया कि स्वयं विभिन्न अंग्रेज अधिकारियों ने समय-समय पर स्वीकार किया है कि हिन्दी को देश की अदालती भाषा बनाने का अधिकार है। अंग्रेजों ने नागरी लिपि की भी प्रशंसा की है। सन् 1898 में मालवीय जी के नेतृत्व में एक प्रतिनिधि मण्डल प्रान्त के लेफ्टिनेंट गवर्नर जनरल सर मैकडानवेल से मिला। गवर्नर ने नागरी लिपि के पक्ष में अपने विचार व्यक्त किए।

ऐसी स्थिति में उर्दू के पक्षधर भी सक्रिय हुए। उर्दू के समर्थन में सार्वजनिक सभाएँ की गईं और सरकार के पास प्रतिनिधि मण्डल भेजे गए। इस प्रकार अब तक अदालत में हिन्दी-उर्दू का प्रश्न पूरी तरह एक राजनीतिक प्रश्न बन गया। ऐसी स्थिति में सरकार ने 18 अप्रैल, 1900 को निर्णय लिया कि—

1. सभी लोग अपनी इच्छानुसार अपनी याचिकाएँ अथवा शिकायतें नागरी या फारसी हिन्दी में प्रस्तुत कर सकते हैं।

2. सभी सम्मन, घोषणाएँ तथा अदालतों एवं राजस्व बोर्डों द्वारा जारी किए जाने वाले पत्र फारसी और नागरी दोनों लिपियों में हों।

3. भविष्य में सभी दफ्तरों में क्लर्क या अधिकारी के पद केवल ऐसे लोगों द्वारा भरे जाएंगे, जो फारसी और नागरी लिपि पढ़-लिख सकते हों।

इस घोषणा में यद्यपि हिन्दी को स्थान दिया गया, किन्तु उर्दू के समानान्तर होने के कारण उसे पूरा स्थान नहीं मिल पाया। अब तक राजनीतिक आन्दोलन एक नई करवट लेने की मुद्रा में था, और यहीं से हिन्दी के प्रचार-प्रसार में व्यापकता आई।

स्वतंत्रता आन्दोलन और हिन्दी का विकास

यद्यपि सन् 1885 में भारतीय राष्ट्रीय कांग्रेस की स्थापना से ही स्वतंत्रता आन्दोलन की विधिवत शुरुआत हो गई थी, किन्तु इसमें तीव्रता और गुणात्मक परिवर्तन 20वीं सदी के आरम्भ में सन् 1905 से आया। यहाँ तक पहुँचते-पहुँचते राष्ट्रीय आन्दोलन ने व्यापक रूप ग्रहण कर लिया था। इस आन्दोलन का प्रभाव केवल राजनीतिक जीवन पर ही नहीं, बल्कि सांस्कृतिक एवं सामाजिक जीवन पर भी पड़ा। अब लोग भाषा को भी राष्ट्रीय दृष्टि से देखने लगे थे। ऐसा माना जाने लगा था कि राष्ट्रीय चेतना का सीधा संबंध भाषा से है।

साहित्यिक क्षेत्र में राष्ट्रीयता की भावना प्रबल होने लगी थी। लेखक, कवि एवं पत्रकार अपनी-अपनी विधाओं के द्वारा राष्ट्र के अतीत के गुणगान में संलग्न थे। ऐसी स्थिति में स्वाभाविक रूप से इससे भाषा का प्रश्न भी जुड़ गया। क्योंकि इस अतीत के गौरव के बीज न तो फारसी भाषा में निहित थे और न ही अंग्रेजी में, बल्कि उसके अंकुर उस संस्कृत और मध्यकाल की बोलियों में दिखाई पड़ते थे, जो वर्तमान में हिन्दी के रूप में विद्यमान था।

20वीं सदी के आरम्भ में सभी नेता एक ऐसी भाषा की तीव्र आवश्यकता का अनुभव करने लगे थे, ताकि वे अपनी बात पूरे देश तक सीधे-सीधे पहुँचा सकें। इसमें हिन्दी एवं अहिन्दी भाषी क्षेत्र के सभी नेता शामिल थे। इन राष्ट्रीय उद्देश्यों की पूर्ति के लिए जब एक सार्वदेशिक भाषा के चयन का प्रश्न आया, तब इन नेताओं का ध्यान स्वाभाविक रूप से हिन्दी भाषा की ओर गया। इसके पीछे निम्न ठोस कारण थे—

1. यह भाषा भारत के अधिकांश लोगों द्वारा बोली और समझी जाती थी।
2. दक्खिनी हिन्दी के रूप में दक्षिण भारत के लोग भी इससे परिचित थे।
3. उर्दू के रूप में इस भाषा से मुस्लिम समुदाय का भी थोड़ा परिचय हो गया था, तथा
4. यह भाषा सम्पूर्ण भारत की संस्कृति का प्रतिनिधित्व करती थी।

हिन्दी के इन्हीं गुणों के कारण हिन्दी भाषियों तक ने इसे उस समय सार्वदेशिक भाषा के रूप में स्वीकार किया। इस दृष्टि से हिन्दी के लिए सर्वप्रथम विचार करनेवालों में बंगला भाषी केशवचन्द्र सेन थे। इन्होंने सन् 1873 में अपने पत्र 'सुलभ समाचार' में लिखा—

"यदि भाषा एक न होने पर भारतवर्ष में एकता न हो तो उपाय क्या है ? समस्त

भारतवर्ष में एक भाषा का प्रयोग करना इसका उपाय है। इस समय भारत में जितनी भी भाषाएं प्रचलित हैं, उनमें हिन्दी भाषा प्रायः सर्वत्र प्रचलित है। इस हिन्दी भाषा को यदि भारतवर्ष में एकमात्र भाषा बनाया जाए, तो अनायास ही यह (एकता) शीघ्र सम्पन्न हो सकती है।"

सच तो यह है कि हिन्दी को राष्ट्रभाषा बनाने का विचार सबसे पहले बंगाल से ही आया था, और बाद में उसे बंगला के प्रसिद्ध नेताओं का सहयोग प्राप्त होता रहा। बंकिमचन्द्र चटर्जी ने यह भविष्यवाणी की थी कि हिन्दी एक दिन भारत की राष्ट्रभाषा होकर रहेगी, क्योंकि हिन्दी भाषा की सहायता से भारत के विभिन्न प्रदशों में एकता स्थापित की जा सकती है। इसी प्रकार सुभाष चन्द्र बोस ने कहा था–

"देश की एकता के लिए एक भाषा का होना जितना आवश्यक है, उससे अधिक आवश्यक है–देश भर के लोगों में देश के प्रति विशुद्ध प्रेम तथा अपनापन का होना। यदि आज हिन्दी मान ली गई है, तो वह अपनी सरलता, व्यापकता और क्षमता के कारण। वह किसी प्रान्त विशेष की भाषा नहीं है, बल्कि सारे देश की भाषा है।"

सच तो यह है कि भक्तिकाल के बाद से ही किसी-न-किसी रूप में हिन्दी भाषा सम्पूर्ण देश की भाषा बनने की ओर बढ़ती रही थी। इस दृष्टि से रवीन्द्र नाथ टैगोर का यह विचार महत्त्वपूर्ण है–

"हमें उस भाषा को राष्ट्रभाषा मानना चाहिए, जो देश के सबसे बड़े भू-भाग में बोली जाती है, और जिसे स्वीकार करने के लिए महात्मा जी ने हमसे आग्रह किया अर्थात् हिन्दी।"

यहां प्रकारान्तर से यह स्मरण करना गलत नहीं होगा कि सन् 1886 में लन्दन से प्रकाशित 'हॉब्सन-जॉब्सन कोश' में हिन्दुस्तानी को भारत की राष्ट्रभाषा कहा जा चुका था।

इस प्रकार 19वीं शताब्दी के अंत होने तक इस प्रश्न पर सभी भारतीय नेता एकमत थे कि यदि भारत की कोई एक सार्वदेशिक भाषा हो सकती है, तो उसकी क्षमता मात्र हिन्दी भाषा में ही है।

उग्र आन्दोलन एवं हिन्दी :

20वीं शताब्दी के प्रथम दशक से ही देश में उग्र राजनीतिक आन्दोलन का तांता लग गया था, जिसका नेतृत्व लोकमान्य तिलक कर रहे थे। ये नेता अपने पूर्ववर्ती नेताओं की तरह सुधार के विनम्रतावादी व्यवहार को त्याग कर एक क्रान्ति की मुद्रा में थे। अब अंग्रेजों से पूरी तरह मुक्ति की मांग की जाने लगी थी। इसलिए भाषा के स्तर पर भी मुक्ति की मांग स्वाभाविक हो गई। इस उग्र राष्ट्रीय नीति के नेता स्वदेशी को अपनाने

एवं विदेशी के बहिष्कार के लिए दृढ़ संकल्प हो गए। ऐसी स्थिति में स्वदेशी वस्तु, स्वराज्य, स्वभाषा तथा राष्ट्रीय शिक्षा को भी स्वाधीनता प्राप्ति का एक अभिन्न अंग समझा जाने लगा। इसी पृष्ठभूमि में देश में राष्ट्रीय विद्यालयों की स्थापना हुई, जिसकी शिक्षा का माध्यम हिन्दी एवं भारतीय भाषा रखी गई।

भाषा के स्तर पर यहां एक मूल परिवर्तन यह आया कि अब तक जो विवाद हिन्दी और उर्दू के बीच में था, अब वह विवाद भारतीय भाषा और अंग्रेजी के बीच हो गया। वस्तुतः राष्ट्रीय शिक्षा मूलतः पश्चिमी शिक्षा की प्रतिक्रिया में आयी थी, जिसके बारे में राष्ट्रीय नेताओं का मानना था कि अंग्रेजी शिक्षा दासता की भावना को सुदृढ़ करती है। इसके विपरीत राष्ट्रीय शिक्षा देश प्रेम एवं राष्ट्रीयता की भावना को गहरा बनाएगी। इस प्रकार इस राजनीतिक और राष्ट्रीय आन्दोलन से भारतीय भाषाओं के प्रति; विशेषकर हिन्दी के प्रति लोगों का प्रेम जाग्रत हुआ। उग्र विचारों के प्रतिनिधि लोकमान्य तिलक ने हिन्दी का समर्थन किया, और 1903 में 'हिन्दी केसरी' पत्रिका का प्रकाशन किया।

हिन्दी को राष्ट्रभाषा के रूप में यह स्वीकृति केवल भारत में ही नहीं, बल्कि विदेशों में भी मिल रही थी। इसी समय विदेशों में भारतीय क्रान्तिकारी दलों की स्थापना हो चुकी थी; जिसमें महाराष्ट्र, पंजाब, बंगाल तथा गुजरात के युवा शामिल थे। इन सब में राष्ट्रप्रेम के साथ-साथ राष्ट्रभाषा हिन्दी के प्रति भी आस्था थी। वीर सावरकर के नेतृत्व में विदेशों में संगठित एक सशक्त क्रांतिकारी दल ने राष्ट्रभाषा हिन्दी के प्रयोग का संकल्प लिया।

भारतीय राष्ट्रीय कांग्रेस और हिन्दी :

स्वतंत्रता आन्दोलन के दौरान हिन्दी को राष्ट्रभाषा के रूप में विकसित एवं स्थापित करने में भारतीय राष्ट्रीय कांग्रेस की महत्त्वपूर्ण भूमिका रही है। उस समय सम्पूर्ण देश की सबसे बड़ी और पुरानी राजनीतिक पार्टी होने के कारण इसके निर्णयों का एक विशेष स्थान था। इस दृष्टि से कांग्रेस ने अपने विशेष अधिवेशन में हिन्दी के पक्ष में प्रस्ताव पारित कर तथा अपनी कार्रवाइयाँ हिन्दी में करके इसके तीव्र विकास का मार्ग प्रशस्त किया।

सन् 1906 के कांग्रेस अधिवेशन में दादाभाई नौरोजी ने पहली बार 'स्वराज्य' शब्द का प्रयोग किया था। इसके बाद से ही कांग्रेस की नीति स्वराज्य पर अधिक केन्द्रित हो गई थी। यद्यपि लोकमान्य तिलक के प्रवेश के साथ ही भारतीय राष्ट्रीय कांग्रेस का आधार व्यापक होने लगा था। जो कांग्रेस अब तक कुछ पढ़े-लिखे लोगों की पार्टी थी, उसमें आम लोग भी शामिल होने लगे थे। किन्तु देश के जन-जन को भारतीय राष्ट्रीय कांग्रेस में शामिल करने का श्रेय महात्मा गांधी को जाता है। सन्

1915 में दक्षिण अफ्रीका से भारत लौटने के बाद गांधी भारतीय स्वतंत्रता आन्दोलन में सक्रिय हुए, और उन्होंने स्वतंत्रता आन्दोलन को जन-जन का आन्दोलन बना दिया। ऐसी स्थिति में यह स्वाभाविक हो गया था कि भारतीय राष्ट्रीय कांग्रेस उस भाषा को स्वीकार करे, जिसे जन-जन समझ सके।

अब तक स्वदेशी आन्दोलन के संदर्भ में स्वभाषा के महत्त्व को भी महसूस किया जाने लगा था।

इन सबके फलस्वरूप जब 1924 में बेलगाँव में कांग्रेस का 39वां अधिवेशन हुआ, तब इसके अध्यक्ष महात्मा गांधी ने कांग्रेस के कार्यक्रमों में हिन्दी के प्रचार कार्यों को भी सम्मिलित कराया। इससे हिन्दी भाषा कांग्रेस में शामिल हो गई। एक वर्ष बाद ही जब कानपुर में कांग्रेस का 40वां अधिवेशन हुआ, तब उसमें यह प्रस्ताव पारित किया गया कि—

> ''यह कांग्रेस तय करती है कि कांग्रेस की महासमिति का और कार्यकारिणी समिति का कामकाज आमतौर पर हिन्दुस्तानी में चलाया जाएगा।''

कांग्रेस द्वारा ऐसा महत्त्वपूर्ण निर्णय लिया जाना राष्ट्रभाषा हिन्दी के प्रचार-प्रसार के लिए ऐतिहासिक एवं क्रांतिकारी था। इसके बाद से कांग्रेस और महासमिति की कार्रवाइयों के लिए हिन्दी अपनाई जाने लगी। हिन्दी भाषी कार्यकर्ता ही नहीं, बल्कि कुछ अहिन्दी भाषी तक अपने अधिकतर भाषण हिन्दी में देने लगे। अंग्रेजी में छपनेवाला कांग्रेस के अधिवेशन का विवरण हिन्दी में भी छपने लगा।

हिन्दी को राष्ट्रभाषा के रूप में संकेतिक करनेवाली एक घटना सन् 1936 में हुई। इसी वर्ष फाइजपुर में कांग्रेस का अधिवेशन हुआ। इसी समय डॉ॰ राजेन्द्र प्रसाद की अध्यक्षता में 'राष्ट्रीय सम्मेलन' का आयोजन किया गया। इस सम्मेलन में सर्वसम्मति से यह प्रस्ताव पारित किया गया कि भारत के विभिन्न राज्यों में हिन्दी जाननेवालों की संख्या इतनी अधिक है कि देश का अन्तर्प्रान्तीय काम राष्ट्रभाषा हिन्दी द्वारा ही होना उचित और हितकर है। प्रस्ताव में यह भी कहा गया कि अन्तर्प्रान्तीय व्यवहार के लिए अंग्रेजी भाषा का प्रयोग करना हमारे राष्ट्रीय गौरव के विपरीत तथा राष्ट्रीय भावनाओं की जागृति और उनके प्रचार के लिए अहितकर है।

इसके दो वर्ष बाद सन् 1938 में अंग्रेजी के हरिपुरा अधिवेशन में फिर से राष्ट्रभाषा सम्मेलन हुआ। इस प्रकार कांग्रेस के अधिवेशनों में क्रमशः हिन्दी के प्रति समर्थन बढ़ता गया, और उसकी राजनीतिक स्थिति दृढ़ होती गई।

भारतीय राष्ट्रीय कांग्रेस के कारण हिन्दी भाषा के लिए अनुकूल राजनीतिक वातावरण बनता चला गया। इस वातावरण में कांग्रेस के नेता, राजनीतिक संस्थाएं तथा यहाँ तक कि समाज सुधारक संस्थाएँ भी हिन्दी के प्रचार-प्रसार के लिए आगे आईं। इस दृष्टि से अहिन्दी भाषी नेताओं का विशेष योगदान रहा। इन्होंने न केवल हिन्दी को अपनाया, बल्कि उसे व्यापक भी बनाया।

गांधी जी और राष्ट्रभाषा हिन्दी

स्वतंत्रता आन्दोलन में गांधी जी का प्रवेश एक क्रांतिकारी व्यक्तित्व की तरह हुआ। वे वस्तुतः सम्पूर्ण भारत के जन के प्रतिनिधि के रूप में आन्दोलन में शामिल हुए। इसीलिए उनके प्रवेश करते ही भारतीय राष्ट्रीय कांग्रेस के चरित्र में व्यापक बदलाव होना प्रारम्भ हो गया। यद्यपि इसकी शुरुआत लोकमान्य तिलक से ही हो गई थी, किन्तु गांधी जी ने उसे अपने चरम पर पहुँचाया। गांधी जी का भाषा संबंधी दृष्टिकोण भी उनके इसी जन-व्यक्तित्व से जुड़ा हुआ दृष्टिकोण था।

सन् 1906 में दादा भाई नौरोजी ने जिस 'स्वराज्य' शब्द का प्रयोग किया था, गांधी जी ने उसके फलक को राजनीति से आगे बढ़ाकर सामाजिक, सांस्कृतिक और आर्थिक क्षेत्र तक विस्तृत कर दिया था। इसी कारण उस फलक में भाषा भी शामिल हो गई। गांधी जी ने यह स्वीकार किया था कि उनके लिए भाषा का प्रश्न स्वराज्य का प्रश्न है। सन् 1931 में गांधी जी ने स्पष्ट रूप से लिखा–

> "यदि स्वराज्य अंग्रेजी पढ़े-लिखे भारतवासियों का है, और केवल उनके लिए है तो सम्पर्क भाषा अवश्य अंग्रेजी होगी। लेकिन यदि वह करोड़ों भूखे लोगों, करोड़ों निरक्षर लोगों, निरक्षर स्त्रियों और सताए हुए अछूतों के लिए है, तो सम्पर्क भाषा केवल हिन्दी ही हो सकती है।"

चूँकि भाषा के संबंध में गांधी जी का दृष्टिकोण उनके जीवन के व्यापक दृष्टिकोण से जुड़ा हुआ था, इसलिए उनमें कहीं भी बिखराव या भटकाव दिखाई नहीं देता। वे आरम्भ से ही केवल अंग्रेजों के ही नहीं, बल्कि अंग्रेजी के भी विरोधी रहे। 6 फरवरी 1914 को बनारस हिन्दू विश्वविद्यालय में उन्होंने विद्यार्थियों के सामने स्पष्ट रूप से कह दिया था–

> "अंग्रेजी भाषा हमारे राष्ट्र के पाँव में बेड़ी बनकर पड़ी हुई है।...जरा सोचकर देखिए कि अंग्रेजी भाषा में अंग्रेज बच्चों के साथ होड़ करने में मामले पर उन पर कितना वजन पड़ता है।"

गांधी जी जीवन भर इस अंग्रेजी के विरोध में खड़े रहे। इनकी इसी दृढ़ता ने भारतीय नेताओं को सम्मेलन में अंग्रेजी बोलना छुड़ाया। इस बात की शुरुआत उन्होंने स्वयं सन् 1918 में वायसराय के सामने हिन्दी में भाषण देकर की थी। इस बारे में गांधी जी के उन शब्दों को याद करना उपयुक्त होगा, जो उन्होंने सन् 1931 में संयुक्त भारत के चेम्बर ऑफ कामर्स के कराची अधिवेशन में कहे थे। उन्होंने कहा था–

> "मेरे अंग्रेज़ मित्र मुझे क्षमा करेंगे कि जो कुछ मुझे कहना है, वह मैं राष्ट्रभाषा में कहूँगा। इस अवसर पर मुझे उस सभा की याद आती है, जो यहीं 1918 में बुलाई गई थी। बहुत बहस-मुबाहसे के बाद जब मैं इस सभा में आने को तैयार हुआ, तो मैंने उनसे प्रार्थना की कि मुझे हिन्दी या हिन्दुस्तानी में बोलने की

अनुमति दी जाय। मैं जानता हूँ कि इसके लिए प्रार्थना करना जरूरी नहीं था। फिर भी सभ्यता का तकाजा था; वरना वाइसराय को बुरा लगता। उन्होंने तुरन्त मुझे अनुमति दे दी, और तब से इस मामले में मेरी हिम्मत और खुल गई है। और आज फिर मैं उसी जगह अपने उस अमल को दुहराने जा रहा हूँ। और इस चेम्बर के सदस्यों से मैं विनय करूँगा कि आपका यह कर्त्तव्य है कि अपना सारा काम राष्ट्रभाषा में करें।"

जैसा कि पूर्व में बताया जा चुका है, महात्मा गांधी के निरन्तर प्रयास के फलस्वरूप ही भारतीय राष्ट्रीय कांग्रेस के कानपुर अधिवेशन में हिन्दुस्तानी संबंधी प्रस्ताव पारित कराया जा सका था। और इसके बाद से ही कांग्रेस के कार्य अंग्रेजी के स्थान पर हिन्दी में होने लगे थे। निश्चित रूप से ऐसा करने से हिन्दी को न केवल राष्ट्रीय स्तर पर व्यापकता ही मिली, बल्कि अधिक सम्मान भी प्राप्त हुआ।

गांधी जी ने हिन्दी को केवल भाषा ही नहीं, बल्कि उसे भारतीय संस्कृति से भी जोड़ा। इसलिए राष्ट्रीय शिक्षा और बुनियादी शिक्षा का माध्यम उन्होंने हिन्दुस्तानी तथा प्रान्तीय भाषा को रखा।

गांधी जी यह जानते थे कि भाषा का प्रचार-प्रसार स्वतः नहीं होता। उसके लिए प्रयास करने होंगे। इसलिए उन्होंने अपने रचनात्मक कार्यक्रमों में राष्ट्रीय भाषा के प्रचार को भी शामिल किया। इसका परिणाम यह हुआ कि जितनी भी गांधीवादी संस्थाएँ थीं, उन सबने इस कार्य को अपने हाथ में लिया।

दक्षिण भारत में हिन्दी के प्रचार-प्रसार के कार्य की शुरुआत करने का श्रेय गांधी जी को जाता है। सन् 1918 में इन्दौर अधिवेशन के बाद यह निर्णय लिया गया कि दक्षिण भारत में हिन्दी के प्रचार के लिए एक संस्था होनी चाहिए। यह बात कम महत्त्व की नहीं है कि इस कार्य के लिए गांधी जी ने अपने सबसे योग्य पुत्र देवदास गांधी को मद्रास भेजा।

चूँकि स्वतंत्रता आन्दोलन के दौरान गांधी जी पूरे देश का प्रतिनिधित्व कर रहे थे, इसलिए स्वाभाविक रूप से उनकी बात पूरे देश की बात मानी जाती थी। ऐसी स्थिति में गांधी जी द्वारा राष्ट्रभाषा की बात करना पूरे देश की बात हो जाती थी। जो कुछ थोड़े बहुत विरोधी स्वर उठते भी थे, तो वे गांधी जी के व्यक्तित्व के सामने अनसुने रह जाते थे।

गांधी जी का भाषा संबंधी दृष्टिकोण अत्यन्त व्यापक और व्यावहारिक था। डॉ॰ राम विलास शर्मा ने 'गांधी जी और भाषा समस्या' शीर्षक अपने लम्बे निबंध में गांधी जी की भाषा नीति के पाँच प्रमुख सूत्र बताए हैं, जो निम्न हैं—

1. भाषा समस्या का समाधान जनता के हित में हो।
2. राष्ट्रीय आत्म-सम्मान की रक्षा के लिए अंग्रेजी का प्रतिनिधित्व समाप्त हो।

3. भारतीय जनता की असली राष्ट्रभाषा हिन्दी है।
4. कांग्रेज की अपनी राजनीतिक कार्रवाई की भाषा हिन्दी होनी चाहिए।
5. भारत का विकास और राष्ट्रीय एकता की रक्षा प्रादेशिक भाषाओं को दबाकर नहीं बल्कि उनके पूर्ण विकास से ही सम्भव है, तथा
6. हिन्दी-उर्दू बुनियादी तौर पर एक ही भाषा हैं, और आगे चलकर उनका एक ही सम्मिलित साहित्यिक रूप होगा।

गांधी जी ने राष्ट्रभाषा के रूप में हिन्दुस्तानी की बात कही थी। उनकी यह हिन्दुस्तानी हिन्दी और उर्दू के परस्पर समन्वय और सद्भाव पर आधारित थी। हिन्दुस्तानी की परिभाषा देते हुए उन्होंने कहा था—

> "हिन्दुस्तानी का मतलब उर्दू नहीं, बल्कि हिन्दी और उर्दू की वह खुबसूरत मिलावट है, जिसे उत्तरी हिन्दुस्तान के लोग समझ सकें, और जो नागरी या उर्दू लिपि में लिखी जाती हो।"

वस्तुतः गांधी जी के हिन्दुस्तानी का यह विचार उस समय के स्वतंत्रता आन्दोलन की परिस्थितियों की देन थी। उस समय अंग्रेजों की 'फूट डालो और राज करो' की नीति के कारण हिन्दू और मुसलमान परस्पर विरोधी खेमों में संगठित हो रहे थे। फलस्वरूप गांधी जी ने इस सांस्कृतिक एकता को ध्यान में रखते हुए हिन्दुस्तानी की कल्पना की थी। इस दृष्टि से रामधारी सिंह दिनकर का यह कथन सही है कि—

> "मानसिक ऊहापोह के क्रम में गांधी जी का तर्क यह रहा होगा कि यदि संस्कृतनिष्ठ हिन्दी राष्ट्रभाषा हुई, तो मुसलमान, क्रिस्तान और सिक्ख तथा पारसी उस भाषा को हिन्दुत्व की भाषा समझकर उससे घबराएंगे। इसी तरह यदि अरबी-फारसी से भरी हुई भाषा राष्ट्रभाषा बनाई गई, तो उसे हिन्दू स्वीकार नहीं करेंगे, क्योंकि हिन्दू केवल हिन्दीभाषी प्रान्तों में ही नहीं बसते, वे अहिन्दीभाषी प्रान्तों में भी बसते हैं। अतएव वे इस निष्कर्ष पर आ गए कि जैसे भारत मिश्रित संस्कृतियों का देश है, उसी प्रकार उसकी राष्ट्रभाषा भी हिन्दी और उर्दू का मिश्रित रूप होगी। आज़ादी की लड़ाई के दिनों में हिन्दू-मुस्लिम एकता की समस्या ही प्रधान थी। अतएव भारत के सभी प्रान्तों में ऐसे लोग थे, जो यह चाहते थे कि हिन्दी-उर्दू की एकता से अगर हिन्दू-मुस्लिम एकता की नींव पुष्ट होती है, तो उचित है कि भारत की राष्ट्रभाषा हिन्दुस्तानी बना दी जाए।"

गांधी जी चाहते थे कि हिन्दुस्तानी के लिए नागरी और फारसी दोनों ही लिपियां स्वीकार की जाएं। गुजरात विद्यापीठ में गांधी जी ने यह प्रावधान कराया था कि वहां हिन्दी नागरी और उर्दू दोनों लिपियों में लिखी जाए। लेकिन गांधी जी की हिन्दुस्तानी वाली कल्पना अन्य नेताओं को स्वीकार नहीं थी। इसलिए जब हिन्दी साहित्य सम्मेलन में हिन्दी भाषा और देवनागरी लिपि का समर्थन हुआ, तो गांधी जी ने सम्मेलन से

अपना संबंध विच्छेद कर लिया। इसके बाद भी वे हमेशा ऐसी हिन्दुस्तानी की बात करते रहे, जो नागरी और उर्दू लिपि में लिखी जाती हो। उन्होंने यहाँ तक कहा कि—

> "हिन्दी और उर्दू नदियाँ हैं, और हिन्दुस्तानी सागर है। हिन्दी और उर्दू दोनों को आपस में झगड़ा नहीं करना चाहिए। दोनों का मुकाबला तो अंग्रेजी से है।"

इस प्रकार गांधी जी की भाषा संबंधी नीति जन-जन से जुड़ी हुई नीति थी। वे यह मानते थे कि जब तक जन-जन से उनकी अपनी भाषा में बात नहीं की जाएगी, तब तक न तो उनमें राष्ट्रीय चेतना जाग्रत की जा सकती है और न ही उनकी ऊर्जा को सक्रिय किया जा सकता है। वे मानते थे कि अंग्रेजी के प्रभुत्व के कारण हमारे देश की ऊर्जा कुण्ठित हो रही है। ऐसी स्थिति में हमें प्रान्तीय भाषाओं का विकास करना होगा, और उन सबके बीच हिन्दुस्तानी को राष्ट्रभाषा का पद देना होगा।

इसमें कोई दो मत नहीं कि यदि गांधी जी ने राष्ट्रभाषा के लिए हिन्दी और हिन्दुस्तानी को अपना ध्येय नहीं बनाया होता, तो हिन्दी के प्रचार-प्रसार और विकास का काम कठिन हो गया होता। गांधी जी का स्पर्श पाकर ही हिन्दी भाषा इतनी तेजी से आगे बढ़ सकी।

राष्ट्रभाषा हेतु व्यक्तिगत प्रयास

19वीं सदी के मध्य से लेकर स्वतंत्रता प्राप्ति तक हिन्दी का जो व्यापक प्रचार-प्रसार हुआ, उसमें उसकी अपनी ऐतिहासिकता, वैज्ञानिकता तथा साहित्यिकता तो थी ही, किन्तु राजनेताओं के व्यक्तिगत प्रयासों ने इसकी शक्ति को बहुत अधिक बढ़ा दिया। इनके प्रयासों से हिन्दी भाषा पूरे देश को एक सूत्र में पिरोने में और अधिक सक्षम हो सकी।

ध्यान देने की बात है कि हिन्दी के लिए ये व्यक्तिगत प्रयास स्वतंत्रता आन्दोलन से पूर्व ही प्रारम्भ हो गए थे। इनमें राजा राममोहन राय, केशव चन्द्र सेन तथा स्वामी दयानन्द सरस्वती आदि के नाम विशेष रूप से उल्लेखनीय हैं। सन् 1926 में राजा राममोहन राय ने 'वेदान्त सार' नामक ग्रन्थ का हिन्दी में अनुवाद किया था। राजा राममोहन राय की बंगला पत्रिका में कुछ स्थान हिन्दी के लिए सुरक्षित था। ईश्वर चन्द्र विद्यासागर के लिखे अनेक साहित्यपरक लेख 'कवि वचन सुधा' में प्रकाशित हुए। स्वामी दयानन्द सरस्वती ने 'सत्यार्थ प्रकाश' हिन्दी में लिखकर राष्ट्रभाषा के प्रति अपना समर्थन और उसके प्रचार में अपने योगदान की अभिव्यक्ति की।

स्वतंत्रता आन्दोलन के दौरान हिन्दी के लिए निम्न राजनेताओं का महत्त्वपूर्ण योगदान रहा है—

लोकमान्य बाल गंगाधर तिलक—मराठी भाषी लोकमान्य बाल गंगाधर तिलक प्रारम्भ से ही स्वदेशी के प्रबल समर्थक थे। इसीलिए राष्टीय आन्दोलन के समय

उनके द्वारा राष्ट्रभाषा के प्रश्न को बहुत बल मिला। उनका यह मानना था कि वर्तमान में भारत में हिन्दी ही एकमात्र ऐसी भाषा है, जो राष्ट्रभाषा हो सकती है। इसके साथ ही वे देवनागरी लिपि के भी समर्थक थे। अपने राष्ट्रीय भावनाओं को जन-जन तक पहुँचाने के लिए तिलक ने जहाँ मराठी और अंग्रेजी में पत्रों का प्रकाशन किया, वहीं सन् 1903 में हिन्दी में 'हिन्दी केसरी' पत्रिका का भी प्रकाशन शुरू किया। केवल इतना ही नहीं, बल्कि आरम्भ में अंग्रेजी में भाषण देनेवाले तिलक ने बाद में हिन्दी में भाषण देकर लोगों के सामने एक आदर्श प्रस्तुत किया। तिलक का युग उग्र राष्ट्रीय आन्दोलन के आरम्भ का युग था। वे स्वयं इसके नेतृत्वकर्ता थे। इसलिए उनके द्वारा हिन्दी का समर्थन किए जाने से हिन्दी आन्दोलन को बहुत अधिक बल मिला।

लाला लाजपतराय—पंजाब में आरम्भ में हिन्दी के प्रचार का पूरा श्रेय लाला लाजपतराय को जाता है। एक ऐसे समय में, जबकि हिन्दी-उर्दू का विवाद तेजी से चल रहा था, लाला जी ने खुले रूप से हिन्दी का समर्थन किया। उन्होंने अनेक शिक्षण संस्थाओं की स्थापना की, जहां हिन्दी को अनिवार्य बनाया गया। उन्हीं की प्रेरणा से पंजाब विश्वविद्यालय के पाठ्यक्रम में हिन्दी को स्थान मिला। लाला जी के प्रयासों से पंजाब एवं उर्दू भाषी प्रान्त में हिन्दी के पक्ष में अनुकूल वातावरण बना।

पं॰ मदनमोहन मालवीय—हिन्दी भाषा के विकास एवं प्रचार में पं॰ मदनमोहन मालवीय का नाम अत्यन्त महत्त्वपूर्ण नाम है। मालवीय जी ने राष्ट्रीय आन्दोलन में एक पत्रकार की हैसियत से प्रवेश किया था। उनके राष्ट्रीय कार्यों में हिन्दी प्रचार का काम प्रथम रहा। सन् 1886 के कांग्रेस अधिवेशन में मालवीय जी के भाषण से प्रभावित होकर कालाकांकर के राजा ने उन्हें अपने हिन्दी दैनिक 'हिन्दुस्तान' का सम्पादक बनाया। मालवीय जी के हिन्दी सेवा का कार्य यहीं से आरम्भ हुआ। बाद में उन्होंने हिन्दी साप्ताहिक 'अभ्युदय' आरम्भ किया। इसके अतिरिक्त उन्होंने हिन्दी में 'मर्यादा' तथा 'सनातन धर्म' पत्र निकाले। उनकी प्रेरणा से अन्य पत्र-पत्रिकाएं भी शुरू हुईं।

मालवीय जी ने राष्ट्रीय शिक्षा के माध्यम से भी हिन्दी को आगे बढ़ाया। वे राष्ट्रीय शिक्षा के अंतर्गत हिन्दी के अध्ययन को अनिवार्य मानते थे। सन् 1917 में जब उन्होंने बनारस हिन्दू विश्वविद्यालय की स्थापना की थी, तब उसमें प्रत्येक विद्यार्थी के लिए हिन्दी का अध्ययन अनिवार्य था।

19वीं सदी के अंतिम दशक में न्यायालय में हिन्दी भाषा और नागरी लिपि को स्थान दिलाने में उनकी ऐतिहासिक भूमिका रही। मालवीय जी ने 'कोर्ट कैरेक्टर एण्ड प्राइमरी एजूकेशन इन नार्थ-वैस्टर्न प्रोविंसेज़' पुस्तिका तैयार करके यह सिद्ध किया था कि हिन्दी को ही देश की अदालत की भाषा बनने का अधिकार है। इस पुस्तिका को लेकर वे लेफ्टिनेंट गवर्नर से भी मिले थे। इसके लिए उन्होंने विभिन्न जिलों के हिन्दी समर्थकों से हजारों हस्ताक्षर इकट्ठे किए थे।

नागरी लिपि के प्रचार-प्रसार के लिए सन् 1893 में जिस काशी नागरी प्रचारिणी सभा की स्थापना की गई थी, उसमें मालवीय जी ने पूर्ण सहयोग दिया। कांग्रेस पार्टी के अन्दर भी वे हिन्दी का समर्थन करते रहे।

राजर्षि पुरुषोत्तमदास टण्डन—मालवीय जी के उत्तराधिकारी के रूप में पुरुषोत्तमदास टण्डन जी ने उनके काम को आगे बढ़ाया। वे हिन्दी साहित्य सम्मेलन के जन्मदाता थे। टण्डन जी हिन्दी और नागरी लिपि के इतने प्रबल समर्थक थे कि हिन्दी और हिन्दुस्तानी के प्रश्न को लेकर वे गांधी तक से उलझ गए। टण्डन जी की प्रेरणा से अनेक हिन्दी प्रेमी हिन्दी प्रचार के काम में जुटे।

डॉ॰ राजेन्द्र प्रसाद—डॉ॰ राजेन्द्र प्रसाद का व्यक्तित्व लोक तत्त्वों से बना व्यक्तित्व था। इसीलिए आरम्भ से ही उनके मन में हिन्दी के प्रति विशेष आदर का भाव था। जब वे कलकत्ता में पढ़ते थे, तब वहां स्थापित बिहारियों की एक छोटी-सी साहित्यिक संस्था 'हिन्दी भाषा परिषद' से उनका पहला सम्पर्क हुआ। इसके बाद हिन्दी साहित्य सम्मेलन के माध्यम से वे हिन्दी के कार्यों में जुटे। सन् 1936 में कांग्रेस अधिवेशन के समय जो प्रथम राष्ट्रभाषा सम्मेलन हुआ था, उसकी अध्यक्षता डॉ॰ राजेन्द्र प्रसाद ने की थी।

संविधान सभा के अध्यक्ष के रूप में भी उनका महत्त्वपूर्ण योगदान रहा। भारतीय संविधान का हिन्दी रूपान्तर तैयार कराने तथा संविधान की भारतीय भाषाओं में पारिभाषिक कोश तैयार कराने में उन्होंने नेतृत्वकर्त्ता की भूमिका निभाई। भारत के प्रथम राष्ट्रपति के रूप में उन्होंने सरकारी स्तर पर हिन्दी में कार्य करने को प्रोत्साहित किया। उन्होंने स्वयं हिन्दी में पुस्तकें लिखकर साहित्य की सेवा की।

काका साहब कालेलकर—काका साहब कालेलकर मराठी भाषी थे। किन्तु हिन्दी के प्रति उनके मन में गहरा स्नेह था। गांधी जी के सच्चे अनुयायी के रूप में दक्षिण भारत में हिन्दी प्रचार के कार्य के वे कर्णधार थे। गुजरात में भी इन्होंने हिन्दी के कार्य को काफी आगे बढ़ाया। जब सन् 1942 में वर्धा में हिन्दुस्तानी प्रचार सभी की स्थापना हुई, तब काका साहब कालेलकर ने हिन्दी प्रचार के लिए सम्पूर्ण देश का भ्रमण किया।

सेठ गोविन्ददास—सन् 1916 से ही राष्ट्रभाषा आन्दोलन में सेठ गोविन्ददास जी ने भाग लेना शुरू किया था। संविधान सभा में जब हिन्दी के प्रश्न पर गहरा मतभेद उत्पन्न हो गया था, उस समय हिन्दी-हिन्दुस्तानी की समस्या को हल करने में सेठ जी ने महत्त्वपूर्ण भूमिका निभाई थी। लोक सभा के सदस्य तथा पत्रकार के रूप में भी उन्होंने हिन्दी की अनन्य सेवा की।

विनोबा भावे—मराठी भाषी विनोबा भावे बापू के अनन्य शिष्य थे। विनोबा जी आरम्भ से ही हिन्दी के समर्थक रहे। अपनी पद यात्राओं के दौरान हिन्दी में जन-सम्पर्क

स्थापित करके उन्होंने यह सिद्ध किया कि हिन्दी देश की राष्ट्रभाषा है। उन्होंने यह भी स्पष्ट रूप से स्वीकार किया कि उनका भूदान आंदोलन हिन्दी के कारण ही संभव हो सका, क्योंकि इस भाषा के माध्यम से वे देश के सभी लोगों से सीधे बात कर सके।

संस्थाएँ और राष्ट्रभाषा हिन्दी

स्वतंत्रता आन्दोलन के समय भारतीय जनता के सामने अतीत के गौरव को प्रस्तुत करके उनमें राष्ट्र प्रेम की भावना भरने में अनेक सामाजिक एवं धार्मिक संस्थाओं का महत्त्वपूर्ण योगदान रहा है। यद्यपि इन संस्थाओं का मूल उद्देश्य भारतीय जन-मानस को अज्ञानता एवं अंधविश्वास के अंधेरे से निकालकर उन्हें प्रगतिशील बनाना था। किन्तु अपने इस उद्देश्य की पूर्ति के लिए उन्होंने शिक्षा, भाषा तथा अन्य जिन माध्यमों का सहारा लिया, उससे हिन्दी भाषा के प्रचार-प्रसार को गति मिली। ये सभी संस्थाएँ इस बात से अच्छी तरह परिचित थीं कि जन-जन तक पहुँचने की एकमात्र भाषा हिन्दी ही हो सकती है। ऐसी स्थिति में इन संस्थाओं ने अंग्रेजी के विरुद्ध प्रादेशिक भाषा, विशेषकर हिन्दी को अपना माध्यम बनाया। उनके इन प्रयासों से राष्ट्रभाषा हिन्दी के आन्दोलन को नई स्फूर्ति मिली, और इसकी जड़ें उन-उन क्षेत्रों में भी गहरी हो गईं, जहाँ इन्होंने अपनी संस्थाएँ कायम कीं। इस बात से इन्कार नहीं किया जा सकता कि हिन्दी को अखिल भारतीय रूप प्रदान करने में इनका ऐतिहासिक योगदान रहा है। ऐसी कुछ महत्त्वपूर्ण संस्थाएं निम्न हैं—

ब्रह्म समाज—ब्रह्म समाज ने देश में राष्ट्रीय चेतना जाग्रत करने के साथ-साथ इस धारणा को भी स्थापित किया कि पूरे देश के लिए एक राष्ट्रभाषा होनी चाहिए। ऐसे नेताओं में प्रमुख थे—केशव चन्द्र सेन, राजा राममोहन राय, भूदेव मुखर्जी और नवीनचन्द्र राय।

ब्रह्म समाज के संस्थापक राजा राममोहन राय का यह दृढ़ विश्वास था कि देश की सम्पर्क भाषा हिन्दी ही हो सकती है। उन्होंने सन् 1826 में कलकत्ता से 'बंगदूत' नामक एक साप्ताहिक निकाला था, जिसके कुछ पृष्ठ हिन्दी में छपते थे।

नवीन चन्द्र राय ने पंजाब में हिन्दी के माध्यम से ब्रह्म समाज के विचारों का प्रचार किया, और लाहौर से हिन्दी की दो पत्रिकाएँ निकालीं। हिन्दी साहित्य की सेवा के लिए 'हिन्दू बांधव' पत्र का सम्पादन प्रारम्भ किया। हिन्दी-उर्दू के विवाद में उन्होंने हिन्दी का समर्थन किया।

श्री भूदेव मुखर्जी ने बिहार प्रदेश में हिन्दी के प्रचार का विशेष काम किया। उन्होंने हिन्दी के लिए अनेक पुस्तकें स्वयं तैयार कीं, तथा अन्य लोगों से भी तैयार करायीं। बिहार में हिन्दी में पुस्तकों का प्रचलन कराने तथा बिहार की अदालतों में हिन्दी और नागरी का प्रवेश कराने में उनकी महत्त्वपूर्ण भूमिका रही।

चूँकि ब्रह्म समाज ईसाई धर्म के लिए एक चुनौती के रूप में आया था, इसलिए उन्होंने अपने विचारों के प्रचार के लिए अधिकांश पुस्तकें हिन्दी में ही छापीं। इससे स्वाभाविक रूप से हिन्दी का व्यापक रूप से प्रचार-प्रसार हुआ।

आर्य समाज—आर्य समाज के संस्थापक दयानन्द सरस्वती गुजराती भाषी थे, और संस्कृत के प्रकाण्ड विद्वान् थे। फिर भी केशव चन्द्र की राय के बाद उन्होंने हिन्दी में बोलना शुरू किया, और अपना ग्रन्थ 'सत्यार्थ प्रकाश' हिन्दी में ही लिखा। स्वामी दयानन्द सरस्वती ने आर्य समाज के विचारों को जन-जन तक पहुँचाने की दृष्टि से हिन्दी की क्षमता को पहचाना था। इसलिए उन्होंने खड़ी बोली हिन्दी का प्रयोग किया। स्वामी जी ने अपने कार्यकर्ताओं के लिए हिन्दी की शिक्षा और उसके विकास को अनिवार्य बना दिया था। उनके अपने भाषण हिन्दी में ही होते थे। पत्र-पत्रिकाएँ तथा प्रचार साहित्य भी हिन्दी में ही छपते थे। यहाँ तक कि आर्य समाज ने हिन्दी शिक्षण के लिए संस्थाएं भी चलाईं।

आर्य समाज की शाखाएं अनेक नगरों में थीं, जिनके हजारों लोग सदस्य थे। चूँकि आर्य समाज के साप्ताहिक सत्संग एवं वार्षिक अधिवेशन हिन्दी में ही होते थे, इसलिए इसके सदस्य बने हजारों नर-नारियों ने हिन्दी सीखी। इसके अतिरिक्त हिन्दी सम्मेलन का आयोजन तथा हिन्दी में धार्मिक प्रक्रियाओं का संचालन करके आर्य समाज ने हिन्दी को घर-घर पहुँचा दिया।

इतना ही नहीं, बल्कि आर्य समाज ने देश की शिक्षा प्रणाली में हिन्दी को सम्मिलित करने के भरसक प्रयास किए। उसने अदालतों में हिन्दी का प्रयोग किए जाने संबंधी आन्दोलन चलाया। स्वामी दयानन्द सरस्वती की प्रेरणा से हिन्दी के पक्ष में अंग्रेज सरकार के पास अनेक ज्ञापन भेजे गए।

आर्य समाज के हिन्दी प्रचार का कार्य केवल भारत तक ही सीमित नहीं रहा, बल्कि इसने विदेशों में भी धर्म प्रचार के साथ-साथ हिन्दी का प्रचार किया। उस समय विदेशों में जहाँ-जहाँ भी भारतीय थे, वहाँ उन्होंने आर्य समाज की स्थापना की, और हिन्दी शिक्षण संस्थाओं का संचालन भी शुरू किया। ऐसे प्रमुख देश थे—दक्षिण अफ्रीका, केन्या, उगांडा, मारीशस, फिजी, गुयाना और त्रिनिदाद-टोबेगो।

सनातन धर्म सभा—पं॰ दीनदयाल शर्मा ने सन् 1895 में सनातन धर्म सभा की स्थापना की। हिन्दू धर्म में सुधार लाने के उद्देश्य से इसने देश भर में सनातन धर्म सभाओं की स्थापना की। इसका एक अन्य महत्त्वपूर्ण उद्देश्य था—संस्कृत और हिन्दी को प्रोत्साहित करना। आर्य समाज की तरह इसने भी अपने विचारों के प्रचार के लिए हिन्दी का माध्यम अपनाया। इनके सारे प्रकाशन हिन्दी में होते थे। पंजाब, दिल्ली तथा उत्तर प्रदेश में इसने अनेक शिक्षण संस्थाएं खोलीं, जिसमें हिन्दी को प्रमुख स्थान दिया गया।

सनातन धर्म सभा के प्रमुख नेता गोस्वामी गणेशदत्त का प्रमुख कार्य था—हिन्दी की सेवा करना। उन्होंने पंजाब में हिन्दी पढ़ने के लिए रात्रिशालाएं खोलीं, जिसमें प्रौढ़ व्यक्तियों को हिन्दी पढ़ाई जाती थी। गणेशदत्त ने पंजाब में हिन्दी पढ़ाने के लिए दो अन्य संस्थाओं की स्थापना की। सन् 1940 में लाहौर से हिन्दी दैनिक 'विश्व बन्धु' निकाला। इस प्रकार, विशेषकर पंजाब में हिन्दी के व्यापक प्रचार में गोस्वामी जी ने महत्त्वपूर्ण भूमिका निभाई।

सनातन धर्म के एक अन्य नेता श्रद्धाराम फिल्लौरी ने अपने रोचक उपदेशों से और व्याख्यानों द्वारा पूरे पंजाब में हिन्दी के प्रचार कार्य में अभूतपूर्व योगदान किया।

थियोसॉफिकल सोसायटी—इस सोसायटी की ओर अनेक प्रशिक्षित व्यक्ति आकृष्ट हुए थे। सोसायटी ने अनेक शिक्षण संस्थानों की स्थापना की थी, जिनमें धार्मिक शिक्षा के साथ-साथ भारतीयता, भारतीय संस्कृति और भारतीय भाषाओं पर बहुत अधिक बल दिया जाता था। इससे शिक्षा के क्षेत्र में हिन्दी को पनपने का अवसर मिला।

सोसायटी के साहित्य का प्रकाशन अंग्रेजी के साथ-साथ हिन्दी में भी होता था। थियोसॉफिकल सोसायटी की संस्थापिका श्रीमती ऐनी बेसेन्ट हिन्दी की प्रबल समर्थक थीं। उन्होंने सन् 1915 से 1921 तक गांधी जी के साथ दक्षिण में भ्रमण करके हिन्दी का प्रचार किया। वे हिन्दी को राष्ट्र निर्माण का एक अंग मानती थीं।

इसके अतिरिक्त प्रार्थना समाज, रामकृष्ण मिशन तथा राधा स्वामी सम्प्रदाय आदि ने भी हिन्दी के प्रचार-प्रसार का काम किया। यद्यपि इन संस्थाओं का मुख्य उद्देश्य अपने विचारों का प्रचार करना होता था, किन्तु उसके लिए हिन्दी भाषा के माध्यम को स्वीकार किए जाने से हिन्दी का कार्य भी सम्पन्न हो जाता था।

हिन्दी प्रचारक संस्थाएं और हिन्दी

स्वतंत्रता आन्दोलन के समय सामाजिक और धार्मिक संस्थाओं के अतिरिक्त कुछ ऐसी संस्थाएं भी स्थापित की गई थीं, जिनका मुख्य उद्देश्य हिन्दी भाषा एवं नागरी लिपि का प्रचार-प्रसार करना था। एक प्रकार से ये संस्थाएं हिन्दी भाषा के विकास से प्रत्यक्ष रूप से जुड़ी हुई संस्थाएँ थीं। इन संस्थाओं की उपस्थिति ने उस समय जहाँ सरकार के समक्ष अंग्रेजी की विरोधी शक्ति का काम किया, वहीं भाषा एवं लिपि के विकास और सुधार का भी महत्त्वपूर्ण कार्य सम्पन्न किया। साथ-ही-साथ ये संस्थाएं अपने-अपने क्षेत्रों में हिन्दी के अध्यापन से भी जुड़ी रहीं। इस तरह की महत्त्वपूर्ण संस्थाएं निम्न थीं—

काशी नागरी प्रचारिणी सभा—राष्ट्रभाषा हिन्दी और राष्ट्रलिपि नागरी के प्रचार-प्रसार के लिए सन् 1893 में वाराणसी में इस सभा की स्थापना की गई थी।

हिन्दी साहित्य सम्मेलन का संरक्षण और पोषण ही इसके प्रमुख लक्ष्यों में था। इस सभा ने हिन्दी के प्राचीन हस्तलिखित ग्रन्थों के संग्रहण, हिन्दी के बृहद् कोशों के निर्माण तथा हिन्दी साहित्य और भाषा के इतिहास लेखन आदि ऐतिहासिक कार्य सम्पन्न किए। साहित्यिक गोष्ठियों तथा शोध कार्यों के द्वारा भी इसने हिन्दी साहित्य को समृद्ध बनाया। हिन्दी शब्दसागर, हिन्दी वैज्ञानिक शब्दावली और संक्षिप्त शब्दसागर जैसे महत्त्वपूर्ण कोशों के प्रकाशन का श्रेय भी इसे प्राप्त है। पृथ्वीराज रासो, परमाल रासो, बीसलदेव रासो आदि अनेक ऐतिहासिक ग्रन्थ इसी सभा की देन हैं। सभा की मुख्य पत्रिका 'नागरी प्रचारिणी पत्रिका' हिन्दी की सबसे प्राचीन साहित्यिक शोध पत्रिका है, जो अभी तक प्रकाशित हो रही है।

नागरी प्रचारिणी सभा को हिन्दी की सर्वप्रथम संस्था बनने का गौरव प्राप्त है। आज हिन्दी को राजभाषा का जो पद प्राप्त हुआ है, उसमें इस सभा का भी बहुत बड़ा योगदान रहा।

हिन्दी साहित्य सम्मेलन, प्रयाग—सन् 1910 में विभिन्न विद्वानों का एक सम्मेलन बुलाकर यह निर्णय लिया गया था कि हिन्दी भाषा और नागरी के प्रचार-प्रसार के लिए एक संस्था स्थापित की जाए। इसके परिणामस्वरूप प्रयाग में हिन्दी साहित्य सम्मेलन का सूत्रपात हुआ। सम्मेलन के प्रमुख सूत्रधार राजर्षि पुरुषोत्तमदास टण्डन थे। इस सम्मेलन के निम्न प्रमुख उद्देश्य थे—

1. हिन्दी साहित्य के सभी अंगों की पुष्टि और उन्नति के लिए प्रयत्न करना।
2. राष्ट्रलिपि देवनागरी और राष्ट्रभाषा हिन्दी का प्रचार करना।
3. नागरी लिपि को मुद्रण तथा लेखन की दृष्टि से अधिक विकसित करना।
4. हिन्दी भाषी राज्यों के सरकारी विभागों, विद्यालयों, कॉलेजों तथा अदालतों में हिन्दी भाषा के प्रयोग का प्रचार करना।
5. हिन्दी के विद्वानों और लेखकों को सम्मानित करना तथा उन्हें पारितोषिक, पुरस्कार, पदक एवं उपाधि आदि से विभूषित करना।
6. हिन्दी भाषा द्वारा उच्च परीक्षाएं लेना आदि।

इस सम्मेलन की परीक्षा में हजारों विद्यार्थी बैठते थे। सरकार द्वारा मान्यता प्राप्त होने के कारण इन परीक्षाओं की लोकप्रियता बढ़ गई। सम्मेलन की तरफ से विभिन्न प्रदेशों में वार्षिक अधिवेशन किए जाते थे। साथ ही यह सम्मेलन भारतीय साहित्य, संस्कृति और भाषाओं में ग्रन्थ प्रकाशित करता था। इसके द्वारा मौलिक रचनाओं को पुरस्कार देने की भी शुरुआत की गई। इसने अपनी एक त्रैमासिक पत्रिका का भी प्रकाशन शुरू किया। इन सबके कारण हिन्दी भाषा और साहित्य समृद्ध हुआ, तथा लेखकों को भी प्रोत्साहन मिला।

दक्षिण भारत हिन्दी प्रचार सभा, मद्रास—सन् 1918 में इन्दौर में महात्मा गांधी की अध्यक्षता में हिन्दी साहित्य सम्मेलन का जो अधिवेशन हुआ था, उसमें

दक्षिण भारत में हिन्दी के प्रचार के लिए एक व्यापक योजना प्रस्तुत की गई थी। इसी के अंतर्गत इस सभा की स्थापना की गई। सन् 1927 में इसका नाम बदलकर दक्षिण भारत प्रचार सभा रखा गया। दक्षिण में इसकी चार शाखाएँ तमिलनाडु, आन्ध्र प्रदेश, केरल और कर्नाटक में स्थापित की गईं। सभा का केन्द्र मद्रास में था।

इस सभा ने दक्षिण भारत में हिन्दी सिखाने के लिए ऐतिहासिक काम किया है। सभा हिन्दी की परीक्षाएँ आयोजित करती है, जिसमें लाखों विद्यार्थी बैठते हैं। इसने दक्षिण भारत के प्रमुख केन्द्रों में हिन्दी महाविद्यालय और हिन्दी प्रचारक विद्यालय भी खोले।

बापू दक्षिण भारत में हिन्दी के प्रचार के लिए कितने अधिक उत्सुक थे, इस बात का प्रमाण इससे ही मिलता है कि उन्होंने अपने पुत्र देवदास गांधी को इस कार्य के लिए मद्रास भेजा। सौभाग्यवश इस सभा को आरम्भ से ही सभी का सहयोग प्राप्त हुआ। इस सभा के तत्त्वावधान में सन् 1918 में ही होमरूल कार्यालय में सी.पी. स्वामी अय्यर की अध्यक्षता में श्रीमती ऐनी बेसेन्ट ने प्रथम हिन्दी वर्ष का उद्घाटन किया। स्वामी सत्यदेव ने हिन्दी सीखने के लिए हिन्दी की पहली पुस्तक लिखी। सन् 1922 तक सभा का हिन्दी प्रचार का कार्य इतना विस्तृत हो गया था कि उसके लिए अलग से प्रेस खोलना पड़ा।

दक्षिण भारत प्रचार सभा के लक्ष्यों की लोकप्रियता दिन-पर-दिन बढ़ती गई। इसकी स्थापना के चार वर्ष बाद ही मोटूरि सत्यनारायण की सहायता से आन्ध्र प्रदेश के नेल्लूर में इसकी शाखा खोली गई। तमिलनाडु की शाखा तिरुचरापल्ली में श्री अवध नन्दन के संचालन में खुली। सन् 1932 में केरल तथा सन् 1935 में कर्नाटक में शाखाएं प्रारम्भ हुईं। जब कार्य और अधिक बढ़ गया, तब सन् 1927 में स्वतंत्र रूप से दक्षिण भारत हिन्दी प्रचार सभा स्थापित की गई, जो आज विकसित होकर स्नातकोत्तर अध्ययन तथा अनुसंधान का केन्द्र बन गया है। इसकी शाखाएं मद्रास के अतिरिक्त हैदराबाद, धारवाड़ तथा केरल में भी हैं।

राष्ट्रभाषा प्रचार समिति, वर्धा—महात्मा गांधी और राजर्षि पुरुषोत्तम दास टण्डन की प्रेरणा से सन् 1936 में वर्धा में राष्ट्रभाषा प्रचार समिति की स्थापना हुई। इस समिति का मुख्य उद्देश्य हिन्दी के प्रचार द्वारा राष्ट्रीय भावना को जाग्रत करके सभी भारतीयों के हृदय में भावनात्मक एकता स्थापित करना था। इसीलिए उसने अपना आदर्श वाक्य 'एक हृदय हो भारत जननी' बनाया। दो वर्ष बाद ही समिति ने हिन्दी में पुस्तकों तथा देवनागरी के माध्यम से विभिन्न भारतीय भाषाओं को सीखने की दृष्टि से पुस्तक मालाएं प्रकाशित करनी शुरू कीं। 'राष्ट्रभाषा' और 'राष्ट्रभारती' पत्रिका भी प्रकाशित की गई। समिति ने हिन्दी सिखाने के लिए अनेक विद्यालय खोले, जिनकी परीक्षाओं में लाखों विद्यार्थी बैठते हैं।

समिति ने अपने कार्य क्षेत्र को विदेशों तक व्यापक बनाया। इसके अनेक केन्द्र इंग्लैण्ड, इण्डोनेशिया, श्रीलंका, बर्मा, दक्षिण अफ्रीका, फिजी, चेकोस्लोवाकिया तथा मारीशस आदि में हैं। इसके अतिरिक्त समिति ने हिन्दी को पूर्वांचल भारत के उन दुर्गम स्थानों पर भी पहुँचाया, जहाँ हिन्दी एक दुर्लभ वस्तु थी। ये अंचल हैं—मणिपुर, असम, नागालैण्ड और मिजोरम। नागपुर में आयोजित प्रथम विश्व हिन्दी सम्मेलन का श्रेय भी काफी कुछ इस समिति को है।

गुजरात विद्यापीठ, अहमदाबाद—महात्मा गांधी ने सन् 1920 में राष्ट्रीय शिक्षण संस्था के रूप में इसकी स्थापना की थी। इसके उद्देश्यों में राष्ट्रभाषा हिन्दी का अभ्यास तथा देवनागरी एवं उर्दू लिपि का विकास करना भी शामिल था। गुजरात में हिन्दी के प्रचार-प्रसार का कार्य करने का श्रेय इसी विद्यापीठ को जाता है। यह विद्यापीठ अनेक परीक्षाएँ आयोजित करती है, जिनमें हजारों की संख्या में विद्यार्थी बैठते हैं।

बम्बई हिन्दी विद्यापीठ—बम्बई नगर के कुछ हिन्दी प्रेमियों के प्रयत्न से सन् 1938 में इसकी स्थापना की गई थी। इसका मूल उद्देश्य लोगों के बीच सरल और बोलचाल की हिन्दी का प्रचार करना था। यह विद्यापीठ हिन्दी के अध्ययन के केन्द्र चलाती थी, जिसमें आयोजित परीक्षाओं में विद्यार्थी बैठते थे। साथ ही विद्यापीठ पाठ्य पुस्तकें भी प्रकाशित करती थी। इसकी परीक्षा के केन्द्र जिलों में भी बनाए गए थे, ताकि अधिक-से-अधिक लोग इसमें भाग ले सकें।

महाराष्ट्र राष्ट्रभाषा सभा, पुणे—पहले काका साहब कालेलकर की अध्यक्षता में सन् 1937 में महाराष्ट्र हिन्दी प्रचार समिति के नाम से एक संगठन बनाया गया था। यह समिति वर्धा की संस्था से सम्बद्ध थी। किन्तु बाद में कुछ मतभेद होने के कारण सन् 1945 में महाराष्ट्र राष्ट्रभाषा सभा, पुणे की स्थापना की गई। इस सभा का मुख्य उद्देश्य था—अन्तर्प्रान्तीय व्यवहार के लिए राष्ट्रभाषा हिन्दी के प्रयोग को बढ़ावा देना तथा राष्ट्रभाषा के स्वरूप को सर्वग्राही बनाना। इस समिति ने राष्ट्रभाषा को इस तरह विकसित करने में महत्त्वपूर्ण भूमिका निभाई, ताकि अन्य प्रान्त के लोग भी इसे सरलता के साथ स्वीकार कर सकें। समिति परीक्षाएँ भी आयोजित करती थी। इसके महाराष्ट्र में केन्द्र भी हैं। सम्पूर्ण महाराष्ट्र में हिन्दी को लोकप्रिय बनाने में इस सभा की सेवाएं प्रशंसनीय रही हैं।

हिन्दी विद्यापीठ, देवधर—कुछ राष्ट्रप्रेमी हिन्दी सेवियों ने सन् 1929 में देवधर में हिन्दी विद्यापीठ की स्थापना की। इसके दो मुख्य उद्देश्य थे। पहला देवनागरी लिपि में हिन्दी भाषा का विकास करना, तथा दूसरा राष्ट्रीय भावना पर आधारित हिन्दी शिक्षा का प्रसार करना। इस उद्देश्य के लिए विद्यापीठ ने सन् 1935 में अपने यहां नए विभाग की स्थापना की। हिन्दी के ख्यात प्राप्त सेवी गंगाशरण सिंह इसके संचालक रहे।

विद्यापीठ हिन्दी में प्रकाशन करती है। साथ ही हिन्दी में अनेक परीक्षाओं के आयोजन भी करती है। इस विद्यापीठ में नागालैण्ड तथा मणिपुर, अरुणाचल प्रदेश आदि से भी विद्यार्थी आते हैं। राजभाषा सम्मेलन तथा भारतीय हिन्दी कार्यकर्ता शिविर आदि का आयोजन इसी विद्यापीठ के द्वारा हुए हैं।

असम राष्ट्रभाषा प्रचार समिति, गुवाहाटी--बाबा राघवदास जी ने महात्मा गांधी की प्रेरणा से सन् 1934 में असम में हिन्दी प्रचार की नींव रखी। इसके बाद से ही गुवाहाटी, शिवसागर और डिब्रूगढ़ में हिन्दी प्रचार का काम तेजी से शुरू हो गया। सन् 1938 में असम हिन्दी प्रचार समिति नामक संस्था स्थापित की गई, जो आगे चलकर असम राष्ट्रभाषा प्रचार समिति बनी। इस समिति द्वारा हिन्दी की कक्षाएं लगाई गईं, और परीक्षाएँ भी आयोजित की गईं। असम में हिन्दी शिक्षण के कार्य को व्यापक बनाने में इस समिति का महत्त्वपूर्ण योगदान रहा है।

अन्य संस्थाएँ— स्वतंत्रता आन्दोलन के दौरान इसके अतिरिक्त भी अनेक ऐसी संस्थाएँ रहीं, जो भारत में राष्ट्रभाषा हिन्दी के प्रचार और प्रसार के लिए महत्त्वपूर्ण काम करती रहीं और आज भी कर रहीं हैं।

उड़ीसा में हिन्दी के प्रचार-प्रसार का काम सन् 1932 में कांग्रेस कमेटी के अधिवेशन से शुरू हुआ। सन् 1933 में उत्कल प्रान्तीय राष्ट्रभाषा प्रचार सभा, कटक की स्थापना की गई। उसके कुछ समय बाद ही उड़ीसा राष्ट्रभाषा परिषद, जगन्नाथपुरी में स्थापित हुई। सन् 1934 में बंगाल में भी प्रचार समिति बनी। मणिपुर में तो सन् 1918 से ही राष्ट्रभाषा प्रचार का कार्य व्यवस्थित ढंग से होने लगा। सन् 1936 में हिन्दी प्रचार समिति, वर्धा की एक शाखा जम्मू में काम करने लगी थी। बाद में श्रीनगर में भी इसकी शाखा शुरू हुई।

इसके अतिरिक्त जो अन्य संस्थाएँ हिन्दी प्रचार के काम में लगी हुई थीं, वे थीं—

1. हिन्दी प्रचार सभा, हैदराबाद
2. मैसूर रियासत हिन्दी प्रचार समिति, बंगलौर
3. मैसूर हिन्दी प्रचार परिषद्, बंगलौर
4. कर्नाटक महिला हिन्दी सेवा समिति, बंगलौर
5. केरल हिन्दी प्रचार सभा, त्रिवेन्द्रम
6. उड़ीसा राष्ट्रभाषा परिषद्, पुरी
7. सौराष्ट्र हिन्दी प्रचार समिति, राजकोट
8. मणिपुर हिन्दी परिषद्, इम्फाल आदि

उपर्युक्त अध्ययन के आधार पर यह कहना गलत नहीं होगा कि स्वतंत्रता आन्दोलन के दौरान हिन्दी को देश की एकमात्र सम्पर्क भाषा के रूप में मान्यता दी गई। इस मान्यता के पीछे न तो कोई राजनीतिक द्वेष था, और न ही कोई साहित्यिक

गर्व की बात थी। चूँकि यह भाषा विशाल क्षेत्र के लोगों के द्वारा बोली जाती थी, तथा इसके पीछे देश की सांस्कृतिक चेतना निहित थी, इसलिए सम्पूर्ण भारत के लोगों ने बिना किसी दबाव के एकमत से इसे राष्ट्रभाषा के रूप में स्वीकार किया। केवल इतना ही नहीं, बल्कि राष्ट्रभाषा के रूप में इसके प्रचार-प्रसार में भी अपना पूरी तरह योगदान किया। यह योगदान किसी क्षेत्र विशेष से नहीं, बल्कि देश की चारों दिशाओं से हुआ। उस समय हिन्दी की व्यावहारिकता के प्रति किस तरह का दृष्टिकोण था, इसके लिए राजाजी का यह कथन महत्त्वपूर्ण है। सन् 1928 में राजाजी ने अपनी अपील में कहा था–

> "यदि दक्षिण भारतीय क्रियात्मक रूप से पूरे देश के साथ एकसूत्र में बँधकर रहना चाहते हैं, और अखिल भारतीय मामलों से तथा तत्संबंधी निर्णयों के प्रभाव से अपने को दूर नहीं रखना चाहते, तो उन्हें हिन्दी पढ़ना जरूरी है। यह संभव और वांछित नहीं है कि अंग्रेजी को बनाए रखकर पूरे भारत में जनता द्वारा प्रतिनिधियों पर नियंत्रण को कमजोर किया जाएगा। भारत की सांस्कृतिक एकता के लिए भी एक सर्वमान्य भारतीय भाषा को ग्रहण करना पड़ेगा। दक्षिण भारतीयों को पूरे भारत में सरकारी तथा व्यावसायिक नौकरियाँ पाने के लिए भी हिन्दी बोलने, समझने और लिखने का ज्ञान प्राप्त करना जरूरी होगा।"

इसके फलस्वरूप ही सन् 1937 में मुख्यमंत्री के रूप में राजाजी ने 125 स्कूलों में हिन्दी की पढ़ाई अनिवार्य की थी। जिस अभूतपूर्व उत्साह से तमिलनाडु में राष्ट्रभाषा हिन्दी का प्रचार हुआ, उसका उदाहरण अन्यत्र दुर्लभ है।

यह दुर्भाग्य की बात है कि आजादी के बाद यही सर्वस्वीकृत राष्ट्रभाषा हिन्दी राजनीति की शिकार हो गई। इसके बावजूद जन-शक्ति के बल पर यह अपनी गति एवं विकास को निरन्तर बनाए हुए है।

स्वतंत्रता के बाद राजभाषा हिन्दी का विकास

हम यह देख चुके हैं कि किस प्रकार स्वतंत्रता आंदोलन के दौरान सम्पूर्ण देश ने एक ऐसी भाषा की आवश्यकता महसूस की थी, जिससे देश के सभी लोगों से सम्पर्क किया जा सके। इस रूप में हिन्दी तथा अहिन्दी भाषी नेताओं ने खड़ी बोली हिन्दी को स्वीकार किया। महात्मा गांधी के नेतृत्व में इस भाषा का पूरे देश में प्रचार-प्रसार हुआ। अन्य राजनीतिक नेताओं, समाज सुधारकों तथा संस्थानों ने भी इसमें अपना योगदान दिया। इस प्रकार स्वतंत्रता प्राप्ति के समय तक यह बात करीब-करीब स्पष्ट हो चुकी थी कि स्वतंत्र भारत की राजभाषा हिन्दी होगी।

किन्तु हिन्दी को राजभाषा बनाने का प्रश्न इतना सहज नहीं था। इसके बीज ऐतिहासिक पृष्ठभूमि में रहे हैं। सबसे पहले हिन्दी को फारसी के बीच से अपना रास्ता बनाना पड़ा। बाद में इसे अरबी-फारसी मिश्रित उर्दू के समानान्तर चलना पड़ा। 19वीं सदी के मध्य में जब अंग्रेजी भाषा अनिवार्य कर दी गई, तब उसका संघर्ष अंग्रेजी से हो गया। वस्तुतः सदियों की इस राजनीतिक गुलामी का खमियाजा हिन्दी को भी भुगतना पड़ा। इस समय तक अंग्रेजी शिष्ट समाज में इतनी लोकप्रिय हो चुकी थी कि राजभाषा के प्रश्न पर हिन्दी बनाम अन्य किसी क्षेत्रीय भाषा का प्रश्न नहीं उठ रहा था, बल्कि हिन्दी बनाम अंग्रेजी का प्रश्न था। लेकिन समस्या यह भी थी कि अंग्रेजी एक ऐसे राज्य की भाषा थी, जिसके विरुद्ध देश ने स्वतंत्रता प्राप्त की थी। फिर स्वतंत्रता आन्दोलन के दौरान हिन्दी ने जिस राष्ट्रीय एकता को सुदृढ़ किया था, उसे भी राजनेता अस्वीकार नहीं कर पा रहे थे। ऐसी स्थिति में राजभाषा का यह प्रश्न धीरे-धीरे एक राजनीतिक प्रश्न बन गया। यही कारण है कि संविधान सभा के समक्ष जब राजभाषा का प्रश्न आया, तब हिन्दी के मामले में मतभेद हो गया। पहले यह मतभेद हिन्दी और हिन्दुस्तानी के प्रश्न को लेकर हुआ। कुछ नेता गांधी जी द्वारा समर्थित हिन्दुस्तानी को राजभाषा के रूप में मान्यता दिलाने के लिए कटिबद्ध थे।

जबकि दूसरी ओर अहिन्दी भाषी प्रदेशों के नेता अंग्रेजी को राजभाषा बनाने के पक्षधर थे।

अंत में राजभाषा के प्रश्न को लेकर 12 सितम्बर, 1948 से 14 सितम्बर तक संविधान सभा के समक्ष बहस चली। इस दौरान करीब 400 संशोधन प्रस्तुत किए गए। लेकिन अंत में कन्हैयालाल माणिकलाल मुंशी–आयंगर फार्मूले को स्वीकार कर हिन्दी को राजभाषा के रूप में प्रतिष्ठित किया गया। मुंशी–आयंगर फार्मूला ही संविधान के भाग 17 में अनुच्छेद 343 से 351 तक है। साथ ही संविधान के परिशिष्ट की अष्टम् अनुसूची भी इसी फार्मूले के तहत रखी गई।

14 सितम्बर, 1948 को संविधान सभा ने हिन्दी को राजभाषा घोषित किया था। इसीलिए 14 सितम्बर का दिन 'हिन्दी दिवस' के रूप में मनाया जाता है। तब से लेकर आज तक राजभाषा से संबंधित संविधान के इन अनुच्छेदों एवं परिशिष्टों में मात्र दो संशोधन हुए हैं। प्रथम संशोधन के अनुसार संविधान के अनुच्छेद 350 के साथ 350(अ) तथा 350(ब) जोड़े गए। इसके द्वारा भाषाई अल्पसंख्यकों की सुरक्षा की व्यवस्था की गई। संविधान का यह 7वां संशोधन सन् 1956 में पारित किया गया था।

दूसरे संशोधन के द्वारा संविधान की अष्टम अनुसूची में सिन्धी भाषा को जोड़ा गया। इस प्रकार मान्यता प्राप्त भाषाओं की संख्या 15 हो गई। बाद में इसमें मणिपुरी, नेपाली तथा कोंकणी भाषाएं भी जोड़ी गईं। वर्तमान में संविधान की अष्टम अनुसूची में मान्यता प्राप्त भारतीय भाषाओं की कुल संख्या 18 हो गई है।

संविधान सभा ने राजभाषा के संबंध में निम्न तीन मुख्य व्यवस्थाएं की हैं–

1. हिन्दी का राजभाषा के रूप में विकास किया जाए।
2. संविधान के प्रारम्भ से 15 वर्षों तक अंग्रेजी राजभाषा के रूप में चलती रहे, तथा
3. हिन्दी के विकास के कारण अन्य भारतीय भाषाओं की उपेक्षा न हो।

संविधान का अनुच्छेद 343 से 351 तक राजभाषा से संबंधित है। ये निम्न प्रकार हैं–

अनुच्छेद 343 : यह सबसे महत्त्वपूर्ण अनुच्छेद है। इसके भाग-1 में कहा गया है कि–

> "संघ की राजभाषा हिन्दी और लिपि देवनागरी होगी। संघ के शासकीय प्रयोजनों के लिए प्रयोग होनेवाले अंकों का रूप भारतीय अंकों का अन्तरराष्ट्रीय रूप होगा।"

इस अनुच्छेद में यह भी व्यवस्था की गई है कि जब तक हिन्दी कार्य के योग्य नहीं हो जाती, तब तक अंग्रेजी का प्रयोग होता रहेगा।

अनुच्छेद 344 : इसके अनुसार हिन्दी की प्रगति का लेखा-जोखा करने के लिए राष्ट्रपति संविधान लागू होने के 15 वर्ष बाद तथा उसके बाद हर 10 वर्ष में एक

आयोग का गठन करेगा। यह आयोग राष्ट्रपति को हिन्दी के प्रयोग के बारे में अपनी सिफारिश प्रस्तुत करेगा। आयोग यह देखेगा कि किस प्रकार राजभाषा हिन्दी के प्रयोग को बढ़ाया जा सकता है।

अनुच्छेद 345 : यह अनुच्छेद राज्य की भाषाओं से संबंधित है। इसके अनुसार यह व्यवस्था की गई है कि यदि कोई राज्य 15 वर्ष के अन्दर अपनी कोई भाषा अंगीकार कर लेता है, तो वह लागू हो जाएगी। अन्यथा उसे हिन्दी भाषा का प्रयोग करना होगा।

अनुच्छेद 346 : यह इस बात से संबंधित है कि विभिन्न राज्य परस्पर किस भाषा का प्रयोग करेंगे। इस धारा के अनुसार राज्यों को परस्पर यह निर्णय करना है कि वे आपस में किस भाषा का प्रयोग करेंगे। निर्णय न होने की स्थिति में हिन्दी का ही व्यवहार करना होगा।

अनुच्छेद 347 : इसके अनुसार यह व्यवस्था की गई है कि यदि किसी राज्य की जनसंख्या के पर्याप्त लोग अपने द्वारा बोली जानेवाली भाषा को राज्य द्वारा मान्यता दिए जाने की मांग करते हैं, तब राष्ट्रपति ऐसी अनुमति दे सकते हैं।

अनुच्छेद 348 : यह उच्चतम एवं उच्च न्यायालयों की भाषा से संबंधित है। इसमें व्यवस्था की गई है कि उच्चतम न्यायालय की भाषा तब तक अंग्रेजी होगी, जब तक कि हिन्दी उसका पूर्ण स्थान नहीं ले लेती। किन्तु उच्च न्यायालय की मांग पर राज्यपाल उच्च न्यायालय में उस राज्य की भाषा के प्रयोग की अनुमति दे सकते हैं।

अनुच्छेद 349 : इसके अनुसार परिस्थितियों को देखते हुए समय-समय पर राष्ट्रपति की पूर्व सम्मति से संसद राजभाषा के संबंध में अधिनियम बना सकती है।

अनुच्छेद 350 : इसके अनुसार भारत का कोई भी नागरिक संघ के स्तर पर किसी भी भाषा में अभ्यावेदन दे सकता है।

अनुच्छेद 351 : यह हिन्दी भाषा के स्वरूप को निर्धारित करनेवाला अनुच्छेद है। इसमें कहा गया है कि "संघ का यह कर्तव्य होगा कि वह हिन्दी भाषा का प्रसार बढ़ाए, उसका विकास करे, जिससे वह भारत की सामासिक संस्कृति के सभी तत्त्वों की अभिव्यक्ति का माध्यम बन सके, और उसकी प्रकृति में हस्तक्षेप किए बिना; हिंदुस्तानी में और आठवीं अनुसूची में विनिर्दिष्ट भारत की अन्य भाषाओं में प्रयुक्त रूप, शैली और पदों को आत्मसात करते हुए, और जहाँ आवश्यक या वांछनीय हो, वहाँ उसके शब्द-भंडार के लिए मुख्यतः संस्कृत से और गौणतः अन्य भाषाओं से शब्द ग्रहण करते हुए उसकी समृद्धि सुनिश्चित करे।"

इसके अतिरिक्त अनुच्छेद 120 और अनुच्छेद 210 भी राजभाषा से संबंधित हैं। अनुच्छेद 120 के अनुसार संसद में संविधान में स्वीकृत भाषाओं में से किसी भी भाषा में बहस हो सकती है। सदन के सदस्य किसी भी भाषा में बोल सकते हैं। अनुच्छेद

210 के अनुसार विधान सभाएं भी अपने राज्य की मान्यता प्राप्त भाषाओं में कार्य कर सकती हैं।

इन संवैधानिक प्रावधानों के अन्तर्गत राजभाषा ने अपना कार्य करना प्रारम्भ किया। चूँकि इससे पूर्व राजकाज की भाषा अंग्रेजी, उर्दू और फारसी रही थी, इसलिए हिन्दी के द्वारा इस स्थान को प्राप्त कर लेना उतना आसान नहीं था। इसीलिए संवैधानिक प्रावधानों के बावजूद हिन्दी तत्काल राजकाज की भाषा नहीं बन सकी। किन्तु प्रयास जारी रहे, और समय-समय पर राष्ट्रपति, संसद तथा सरकारों द्वारा प्रयास किए जाते रहे। इन प्रयासों को कालक्रम की दृष्टि से देखना अधिक व्यावहारिक होगा।

विकास के प्रयास

संविधान के लागू होने के 15 वर्ष बाद राष्ट्रपति ने संविधान के अनुच्छेद 342(2) द्वारा प्रदत्त शक्तियों का प्रयोग करते हुए 3 दिसम्बर, 1955 को एक अध्यादेश जारी किया। इस अध्यादेश के द्वारा सरकारी प्रयोजनों के लिए अंग्रेजी भाषा के अतिरिक्त हिन्दी के प्रयोग की भी बात कही गई। प्रावधान किए गए कि निम्न कार्यों में भी हिन्दी का व्यवहार किया जाए—

1. जनता के साथ पत्र-व्यवहार में।
2. प्रशासकीय रिपोर्ट, सरकारी पत्रिकाओं, तथा उन रिपोर्टों में, जो संसद को दी जानेवाली हों।
3. सरकारी प्रस्तावों तथा संसदीय विधियों में।
4. उन राज्य शासनों के साथ पत्र-व्यवहार में जिन्होंने राजभाषा के रूप में हिन्दी को स्वीकार कर लिया हो।
5. सन्धिपत्र तथा करारनामे में।
6. विदेशी राज्यों, उनके राजदूतों तथा अन्तरराष्ट्रीय संस्थाओं के साथ पत्र-व्यवहार में।
7. अन्तरराजनीतिक तथा वाणिज्यिक अधिकारियों एवं अन्तरराष्ट्रीय संस्थाओं के भारतीय प्रतिनिधियों के लिए जारी किए जानेवाले लेखों में।

इसी वर्ष (सन् 1955 में) राष्ट्रपति ने संविधान के अनुच्छेद 344(1) के अनुसार राजभाषा आयोग की नियुक्ति की। आयोग ने अगले वर्ष सन् 1956 में अपनी रिपोर्ट प्रस्तुत की। इस रिपोर्ट पर विचार करने के लिए 30 सांसदों की एक समिति गठित की गई। इस समिति ने सन् 1957 में अपना प्रतिवेदन प्रस्तुत किया।

इस रिपोर्ट के आधार पर संसदीय समिति ने निम्न महत्त्वपूर्ण सिफारिशें कीं—

1. सरकारी नौकरियों में हिन्दी का स्तर यदि कम भी हो, तो चल सकता है।

2. हिन्दी का ज्ञान प्राप्त न करनेवाले कर्मचारियों को दण्डित किया जाए।
3. अंग्रेजी का प्रयोग अनिश्चित काल तक जारी नहीं रहना चाहिए।
4. 45 वर्ष से ऊपर आयुवाले सरकारी कर्मचारियों को हिन्दी के प्रशिक्षण में छूट मिलनी चाहिए।
5. संघ सरकार को हिन्दी के राजभाषा के रूप में प्रयोग और विकास पर अधिक ध्यान देना चाहिए।
6. रोमन अंकों के साथ देवनागरी अंकों को भी प्रयुक्त करने के बारे में नीति बननी चाहिए।
7. संसद और विधान सभा के विधेयक अंग्रेजी के स्थान पर हिन्दी के रूप में अनुवाद किए जाते रहे हैं।
8. राज्य की विधान सभाएं अपने राज्यों की राजभाषा में विधि निर्माण कर सकती हैं, किन्तु अंग्रेजी पाठ प्रकाशित करना आवश्यक है।
9. राष्ट्रपति की पूर्व सहमति से उच्च न्यायालयों में राज्य की राजभाषा या हिन्दी का प्रयोग किया जा सकता है।

राजभाषा आयोग की इस रिपोर्ट के फलस्वरूप हिन्दी के पक्ष और विपक्ष में बहुत अधिक लिखा गया। इन लेखों और संसद में हुई बहसों के परिप्रेक्ष्य में राष्ट्रपति ने अप्रैल 1960 में भाषा संबंधी एक अध्यादेश जारी किया। इस अध्यादेश की मुख्य बातें इस प्रकार हैं—

राष्ट्रपति का अध्यादेश : 27 अप्रैल, 1960

1. अखिल भारतीय सेवाओं और केन्द्रीय सेवाओं में भर्ती का माध्यम अंग्रेजी बना रहेगा। कुछ समय बाद हिन्दी वैकल्पिक माध्यम के रूप में अपना ली जाएगी।
2. प्रशिक्षण संस्थानों में प्रवेश के लिए अंग्रेजी और हिन्दी; दोनों ही परीक्षाओं का माध्यम रहेंगी।
3. वैज्ञानिक तथा तकनीकी शब्दावली के निर्माण हेतु हिन्दी तथा अन्य भारतीय भाषाओं के लिए शिक्षा मंत्रालय एक आयोग का गठन करे।
4. सभी प्रशासनिक साहित्य का अनुवाद किया जाए।
5. शिक्षा मंत्रालय हिन्दी प्रचार के लिए गैर-सरकारी संस्थाओं की भी सहायता करे।
6. संसदीय अधिनियम और विधेयक अंग्रेजी में बनते रहें, किन्तु उनका हिन्दी अनुवाद भी उपलब्ध कराया जाए।
7 उच्चतम न्यायालय की भाषा अन्ततः हिन्दी होनी चाहिए। राज्य की

राजभाषाओं का प्रयोग विकल्पतः किया जा सकेगा।

8. तृतीय श्रेणी से नीचे के कर्मचारियों के लिए हिन्दी का सेवाकालीन प्रशिक्षण अनिवार्य बना दिया जाए।
9. एक मानक विधि शब्दकोश बनाने के लिए कानूनी विशेषज्ञों का एक स्थायी आयोग गठित किया जाए।

इतने संवैधनिक प्रावधानों के बावजूद राजभाषा हिन्दी का मार्ग आसान नहीं था। राजभाषा के इस आदेश के तीन वर्ष बाद ही सन् 1963 में अहिन्दी भाषियों ने हिन्दी के विरोध में एक जबरदस्त आन्दोलन छेड़ दिया। तमिलनाडु में यह हिन्दी विरोधी आन्दोलन सबसे उग्र रहा। वस्तुतः इस आन्दोलन के पीछे भाषा का प्रश्न उतना निहित नहीं था, जितना कि राजनीति का। दक्षिण में हिन्दी विरोधी आन्दोलन की प्रतिक्रिया स्वरूप उत्तर भारत में अंग्रेजी हटाओ आन्दोलन शुरू हुआ। ऐसी हालत में स्थिति अत्यंत संवेदनशील हो गई थी। इन स्थितियों को देखते हुए सन् 1963 में प्रधान मंत्री पं॰ जवाहरलाल नेहरू ने अहिन्दी भाषियों को यह आश्वासन दिया कि उन पर हिन्दी थोपी नहीं जाएगी, और 15 वर्ष के बाद भी अंग्रेजी जारी रहेगी। हिन्दी विरोधी और अंग्रेजी विरोधी; दोनों अतिवादी विचारधारा को संयमित करने के लिए लोकसभा में राष्ट्रपति की स्वीकृति से तत्कालीन गृह मंत्री लालबहादुर शास्त्री ने 13 अप्रैल 1963 को एक राजभाषा विधेयक प्रस्तुत किया। व्यापक बहस के बाद 25 अप्रैल 1963 को यह विधेयक पारित हो गया।

इस अधिनियम का महत्त्वपूर्ण प्रावधान यही था कि संविधान लागू होने के 15 वर्ष के पश्चात् (जो सन् 1965 में पूरा होता) हिन्दी को राजभाषा के रूप में अनिवार्यतः लागू न करके उस अवधि के बाद भी संघ के सभी सरकारी प्रयोजनों के लिए अंग्रेजी का प्रयोग बनाए रखा जाएगा।

वस्तुतः हिन्दी–अंग्रेजी के राजनीतिक विवाद के परिप्रेक्ष्य में इस अधिनियम की प्रासंगिकता समझी जा सकती है। निश्चित रूप से यह अधिनियम इस दृष्टि से हिन्दी के मार्ग का एक बाधक बन गया, क्योंकि अंग्रेजी के लागू रहने का समय अनिश्चित काल तक के लिए बढ़ा दिया गया। इससे स्वाभाविक रूप से हिन्दी पर से लोगों का ध्यान हट गया। लेकिन महत्त्वपूर्ण बात यह है कि इस अधिनियम के पश्चात् हिन्दी विरोधी आन्दोलन थम गया। निश्चित रूप से यदि अंग्रेजी के प्रयोग की अवधि बढ़ाई जाने की बात नहीं कही जाती, तो हिन्दी विरोधी आन्दोलन बढ़ता ही जाता। इससे अन्ततः राजभाषा हिन्दी को क्षति ही पहुँचती।

द्विभाषिक स्थिति 1965 :

राजभाषा अधिनियम 1963 के अनुसार 26 जनवरी 1965 से संघ के सरकारी प्रयोजनों

में हिन्दी और अंग्रेजी दोनों भाषाएं समान रूप से प्रयुक्त होने लगीं, जिससे द्विभाषिक स्थिति उत्पन्न हो गयी। इसकी धारा 5,उपधारा 2 के अनुसार सभी विधेयक दोनों भाषाओं में एक साथ प्रस्तुत करने तथा दोनों को प्रमाणिक मानने की व्यवस्था की गई। धारा 4 की व्यवस्था के अनुसार 30 संसद सदस्यों की एक समिति दस वर्ष बाद इसकी प्रगति की समीक्षा करेगी, जो राज्य सरकारों की राय भी लेगी।

इसके दो वर्ष बाद ही राजभाषा संशोधन अधिनियम 1967 सामने आया। इस विधेयक की सबसे महत्त्वपूर्ण बात यह रही कि इसमें प्रावधान किया गया है कि जब तक संघ का एक भी राज्य नहीं चाहेगा, तब तक अंग्रेजी को हटाया नहीं जाएगा; अर्थात यदि संघ का कोई राज्य भी हिन्दी का विरोध करेगा, तो भी हिन्दी को लागू नहीं किया जाएगा। इस अधिनियम की महत्वपूर्ण बातें निम्न रहीं—

1. विधेयक के अनुसार सरकार के कामकाज में अंग्रेजी सहभाषा के रूप में तब तक बनी रहेगी, जब तक अहिन्दी भाषी राज्य हिन्दी को एकमात्र राजभाषा बनाने के लिए सहमत न हो जाएं।
2. जिस राज्य ने हिन्दी को सरकारी कामकाज के लिए नहीं अपनाया है, उसके साथ केन्द्र सरकार अंग्रेजी में पत्र-व्यवहार करेगी जबकि हिन्दी को सरकारी कामकाज के लिए अपनानेवाले राज्य से पत्र-व्यवहार हिन्दी में होगा।
3. अंग्रेजी के साथ हिन्दी अनुवाद भी भेजा जाएगा। लेकिन वह राज्य; जिसने सरकारी कामकाज के लिए हिन्दी को नहीं अपनाया है, अंग्रेजी पत्र के साथ हिन्दी अनुवाद भेजने के लिए बाध्य नहीं किया जाएगा।
4. केन्द्र सरकार के विभिन्न मंत्रालय, विभाग, कम्पनियाँ तथा निगम आदि के कार्यालयों के पारस्परिक पत्र-व्यवहार में हिन्दी पत्र के साथ अंग्रेजी अनुवाद तथा अंग्रेजी पत्र के साथ हिन्दी अनुवाद भेजे जाएंगे।
5. संविदा, करार तथा टेण्डर फार्म आदि में भी दोनों भाषाओं का प्रयोग किया जाएगा।
6. केन्द्र सरकार हिन्दी के प्रचार तथा विकास एवं उसके क्रमिक प्रयोग में तेजी लाने के लिए एक अधिक गहन एवं व्यापक कार्यक्रम तैयार करेगी।
7. इस द्विभाषिक स्थिति के कारण कुछ प्रयोजनों के लिए हिन्दी और अंग्रेजी दोनों ही भाषाओं का प्रयोग अनिवार्य हो गया है। इस कारण केन्द्रीय सरकार के हिन्दी न जाननेवाले कर्मचारियों को हिन्दी सीखनी होगी।

हिन्दी के राजभाषा के रूप में विकास के लिए इस अधिनियम का प्रथम प्रावधान बाधक बन गया। हिन्दी समर्थकों के मन में यह आशंका उत्पन्न हुई कि अब अंग्रेजी हमेशा के लिए ही संघ की भाषा बनी रहेगी, क्योंकि शायद ही वैसी आदर्श स्थिति आए, जबकि हिन्दी का विरोध कोई भी राज्य नहीं करेगा। हिन्दी के इस विरोध की

आशंका सबसे अधिक दक्षिण भारत से, तथा उत्तर-पूर्व के कुछ राज्यों से की जाने लगी। अब इस अधिनियम को लागू हुए करीब 30 वर्ष होने को आ रहे हैं। किन्तु अभी तक यदि अंग्रेजी संघ की राजभाषा के रूप में बनी हुई है, तो वह इसी 1967 के अधिनियम के ही कारण है।

किन्तु इन बाधाओं के बावजूद हिन्दी के उपयोग को बढ़ावा देने के लिए निरन्तर प्रयास जारी रहे। यह कोशिश की जाती रही कि राजभाषा हिन्दी का पयोग अधिकाधिक रूप से किया जाए। सरकार इस बात से परिचित थी कि जब तक हिन्दी के पीछे आदेश की शक्ति नहीं होगी, तब तक कार्यालयों में वह सहज-स्वाभाविक रूप से लागू नहीं की जा सकेगी। इसका मूल कारण था—हिन्दी के विरोध में अंग्रेजी का खड़ा होना। चूँकि अच्छे विद्यालयों में; विशेषकर उच्च शिक्षा का माध्यम अंग्रेजी थी, इसलिए कार्यालयों में काम करने वाले लोगों की पृष्ठभूमि अंग्रेजी भाषा की होती थी। इस कारण उन्हें हिन्दी में काम करने में कठिनाई होती थी। यह स्थितिं हिन्दी के विकास के लिए बाधक थी। इसलिए समय-समय पर सरकार द्वारा आदेश, अधिनियम एवं संस्थाएं बनाई जाती रहीं। इनका उद्देश्य यही था कि जहाँ एक ओर हिन्दी में कार्य करने की प्रवृत्ति को प्रोत्साहित किया जाए, वहीं दूसरी ओर हिन्दी भाषा के प्रचार-प्रसार तथा उसके विकास के लिए भी प्रयास किए जाएं।

इस दृष्टि से सन् 1971 और सन् 1972 में एक आदेश जारी किया गया, जिसके अनुसार यह आवश्यक कर दिया गया कि हिन्दी भाषी क्षेत्र में स्थित उपक्रम और निगम अपने यहां हिन्दी के टाइपराइटर और अनुवादक रखें। साथ ही अहिन्दी भाषी कर्मचारियों के प्रशिक्षण की व्यवस्था की जाए।

जनवरी 1973 में एक अन्य आदेश द्वारा इन संस्थानों के लिए यह व्यवस्था की गई कि हिन्दी के प्रयोग के बारे में अपनी तिमाही प्रगति की रिपोर्ट अपने प्रशासनिक मंत्रालयों को प्रस्तुत करेंगे।

इन आदेशों के कारण कार्यालयों में हिन्दी के कार्य के प्रति थोड़ी हलचल पैदा हुई।

इसके पश्चात् एक अन्य महत्त्वपूर्ण राजभाषा अधिनियम 18 जून, 1976 को पारित हुआ। इस अधिनियम के कार्यान्वयन का भार गृह मंत्रलय को सौंपा गया। साथ ही गृह मंत्रलय के अधीन राजभाषा विभाग भी बनाया गया। इस बारे में नियम बनाए गए कि संविधान के अनुच्छेद 346(1) के अंतर्गत राज्य परस्पर किस भाषा में व्यवहार करेंगे। इसके लिए सभी राज्यों को क, ख तथा ग; तीन वर्गों में बाँटा गया।

'क' वर्ग के अंतर्गत उन राज्यों को रखा गया है, जिनकी मातृभाषा हिन्दी थी। ये राज्य हैं—हरियाणा, हिमाचल प्रदेश, राजस्थान, उत्तर प्रदेश, मध्य प्रदेश, बिहार, दिल्ली केन्द्र शासित प्रदेश एवं अण्डमान निकोबार। यह नियम बनाया गया कि ये आपस में हिन्दी भाषा में व्यवहार करेंगे।

'ख' वर्ग में उड़ीसा, पंजाब, गुजरात, महाराष्ट्र तथा असम आते हैं। इनके बारे में नियम बनाया गया कि इनके साथ हिन्दी में पत्राचार हो सकता है, किन्तु साथ में अंग्रेजी का अनुवाद भी जाना चाहिए।

'ग' वर्ग में शेष सभी राज्य आते हैं; विशेषकर दक्षिण के राज्य तथा पश्चिम बंगाल। इनके साथ अंग्रेजी में पत्र-व्यवहार होगा। साथ में हिन्दी का अनुवाद जाना चाहिए।

इस अधिनियम के अनुसार यह व्यवस्था की गई कि प्रत्येक कार्यालय के प्रधान का यह दायित्व होगा कि वह यह सुनिश्चित करे कि राजभाषा अधिनियम और इन नियमों का समुचित रूप से पालन किया जा रहा है।

संस्थान

राजभाषा हिन्दी के विकास के लिए केवल अधिनियम ही पर्याप्त नहीं थे। जिस समय हिन्दी को राजभाषा का दर्जा दिया गया, उस समय इसका साहित्य मात्र 100 वर्ष का ही साहित्य था। भाषा उतनी परिनिष्ठित और व्यापक नहीं थी कि वह वर्तमान आवश्यकताओं को पूरी तरह सटीक रूप से व्यक्त कर सके। इसके लिए आवश्यक था कि उसके प्रचार-प्रसार के साथ-साथ विकास पर भी समुचित ध्यान दिया जाए। इस दृष्टि से सरकार ने विभिन्न संस्थानों की स्थापना की। इनका विवरण इस प्रकार है—

केन्द्रीय हिन्दी निदेशालय—शिक्षा मंत्रालय के अधीन सन् 1951 में हिन्दी एकक की स्थापना हुई जिसे विकसित करते हुए सन् 1960 में केन्द्रीय हिन्दी निदेशालय के रूप में हिन्दी के प्रचार-प्रसार और विकास का कार्य सौंपा गया। इसे केन्द्रीय सरकार के सभी असांविधिक मैनुअलों, नियम, फार्मों तथा विनियमों आदि के हिन्दी अनुवाद का कार्य सम्पादित करना होता है। निदेशालय द्वारा शब्दकोशों, द्विभाषिक शब्दकोशों, हिन्दी विश्वकोशों का संकलन किया जा रहा है। निदेशालय विदेशियों और अहिन्दी भाषियों के लिए हिन्दी पाठ्य मालाएं भी आयोजित करता है।

निदेशालय अहिन्दी भाषी राज्यों के हिन्दी लेखकों को उनकी साहित्यिक कृतियों के लिए पुरस्कार भी प्रदान करता है। 'हिन्दी समाचार जगत्' नामक मासिक पत्रिका के माध्यम से निदेशालय हिन्दी भाषा के संवर्धन का प्रयास करता है। सन् 1961 से एक त्रैमासिक पत्रिका का भी प्रकाशन किया जा रहा है।

गृह मंत्रालय—केन्द्र सरकार का गृह मंत्रालय राजभाषा हिन्दी के प्रगामी प्रयोग के लिए अनेक व्यवस्थाएं करता है। इस मंत्रालय के अधीन राजभाषा आयोग तथा संसदीय राजभाषा समिति की नियुक्ति की गई है, जिसके प्रतिवेदनों, प्रकाशनों और क्रियाकलापों से राजभाषा को विकसित होने का अवसर प्राप्त होता है।

गृह मंत्रालय केन्द्रीय सरकार के कर्मचारियों को हिन्दी सिखाने के लिए कार्यालय के समय में हिन्दी कक्षाएं आयोजित करता है। यह मंत्रालय प्रबोध, प्रवीण तथा प्राज्ञ नामक पाठ्यक्रम आयोजित करता है, तथा पूरे देश में 175 केन्द्रों के माध्यम से हिन्दी का प्रशिक्षण दे रहा है। निर्धारित परीक्षाएं पास करने पर कर्मचारियों को एक अग्रिम वेतन-वृद्धि भी दी जाती है।

राजभाषा विभाग की स्थापना—26 जून, 1975 को भारत सरकार ने सचिव के अधीन एक स्वतंत्र राजभाषा विभाग की स्थापना की है, जिसके कार्य हैं—

1. संविधान के राजभाषा से संबंधित 1963 के उपबंधों का कार्यान्वयन।
2. उच्च न्यायालयों की कार्रवाई में अंग्रेजी भाषा से भिन्न किसी भाषा का सीमित प्रयोग प्राधिकृत करने के लिए राष्ट्रपति का पूर्व अनुमोदन।
3. विभिन्न मंत्रालयों/विभागों द्वारा किए जा रहे राजभाषा से संबंधित कार्यों का समन्वय।
4. केन्द्रीय सरकार के कर्मचारियों के लिए हिन्दी शिक्षण योजना।
5. विभिन्न मंत्रालयों/विभागों द्वारा हिन्दी सलाहकार समितियों से संबंधित कार्य का समन्वय।

विधि मंत्रालय—संसदीय राजभाषा समिति के सुझाव पर विचार करने के लिए विधि मंत्रालय के अधीन राजभाषा (विधायी आयोग) का गठन किया गया है। 27 अप्रैल 1960 को जारी राष्ट्रपति के आदेशानुसार विधि मंत्रालय 'उच्चतम न्यायालय निर्णय' पत्रिका के नाम से निर्णय की एक नियमित पत्रिका का प्रकाशन करती है, जिसमें भारत के विभिन्न उच्च न्यायालयों के निर्णयों में से चुने हुए निर्णय प्रकाशित किए जाते हैं। विधि के मौलिक ग्रन्थों का हिन्दी में प्रकाशन किया जाता है। राजभाषा अधिनियम 1963 की धारा 3 के संबंध में जारी आदेशों का पालन करवाने का दायित्व इसी मंत्रालय पर है। विधि के क्षेत्र में एकरूपता लाने के लिए मानक शब्दावली भी तैयार करने में इसने उल्लेखनीय सफलता प्राप्त की है।

सूचना और प्रसारण मंत्रालय—1950-51 में इस मंत्रालय के अंतर्गत प्रथम हिन्दी सलाहकार समिति का गठन किया गया, जिसके अंतर्गत पत्र सूचना कार्यालय, फिल्म प्रभाग, संगीत नाटक-प्रभाग, प्रकाशन विभाग, आकाशवाणी और दूरदर्शन आते हैं, जो हिन्दी संबंधी कार्यों में विशेष योगदान कर रहे हैं।

पत्र सूचना कार्यालय अंग्रेजी के साथ हिन्दी में समाचार-पत्रों को सूचनाएं भेजता है। इसके लिए अलग से एक हिन्दी एकक स्थापित किया गया है।

फिल्म प्रभाग महत्त्वपूर्ण समाचारों पर वृत्तचित्र हिन्दी में तैयार करता है। संगीत नाटक प्रभाग देश के विभिन्न हिस्सों में नाटकों के माध्यम से हिन्दी को लोकप्रिय बनाने का प्रयास कर रहा है।

प्रकाशन विभाग 'आजकल', 'बाल भारती' नामक दो मासिक पत्रिकाएं नियमित रूप से प्रकाशित कर रहा है। 'योजना', 'कुरुक्षेत्र' का प्रकाशन भी प्रकाशन विभाग की एक उपलब्धि है। अंग्रेजी के 'इंडिया इयर बुक' का हिन्दी रूपान्तरण प्रकाशन विभाग की एक उपलब्धि कही जा सकती है।

आकाशवाणी और दूरदर्शन के माध्यम से यह मंत्रालय हिन्दी को जनप्रिय बनाने के लिए निरन्तर प्रयासरत है। अखिल भारतीय स्तर पर अंग्रेजी से पूर्व हिन्दी में समाचार प्रसारित किए जाते हैं, और लोकप्रिय कार्यक्रमों का माध्यम भी हिन्दी ही रखा गया है। आकाशवाणी द्वारा 'विविधा' नामक संकलन भी हिन्दी में प्रकाशित किया जाता है।

नवें दशक के प्रारम्भ से संसदीय राजभाषा समिति ने राजभाषा की उन्नति के लिए अनेक योजनाएं बनाई हैं, और उसका शीघ्रता से अनुपालन किया जा रहा है। प्रायः सभी मंत्रलयों में हिन्दी सलाहकार समिति और राजभाषा विभाग की स्थापना की गई है, जिनके द्वारा हिन्दी पत्र-पकिाओं का प्रकाशन किया जाता है, जिनमें 'खनन भारती', 'इस्पात भारती' तथा 'पर्यावरण' आदि प्रमुख हैं।

वैज्ञानिक एवं तकनीकी शब्दावली आयोग—विज्ञान की बढ़ती हुई प्रगति के अनुसार उसके लिए शब्दावली बनाने की दृष्टि से इस आयोग का गठन किया गया। प्रारम्भ में सन् 1950 में भारत सरकार ने एक वैज्ञानिक और तकनीकी शब्दावली मण्डल की स्थापना की थी। बाद में इसका कार्य केन्द्रीय हिन्दी निदेशालय को सौंप दिया गया। किन्तु निदेशालय द्वारा इस दायित्व का निर्वाह ठीक से न किए जाने के कारण वैज्ञानिक एवं तकनीकी शब्दावली आयोग का गठन किया गया। इस आयोग ने अनेक खण्डों में हिन्दी की वैज्ञानिक और तकनीकी शब्दावली का प्रकाशन किया।

केन्द्र ने विधि संबंधी शब्दावली तथा अधिनियमों का हिन्दी अनुवाद तैयार करने के लिए विधि आयोग का गठन किया। इस आयोग ने भी विधि शब्दकोश तैयार किए हैं।

गृह मंत्रालय के अंतर्गत एक अनुवाद विभाग खोला गया है, जो सरकारी आदेशों एवं नियमों का अनुवाद करने का काम करता है।

प्रत्येक वर्ष हिन्दी की प्रगति का लेखा-जोखा करने के लिए एक केन्द्रीय राजभाषा समिति बनाई गई है, जिसके अध्यक्ष प्रधान मंत्री हैं।

इसके अतिरिक्त प्रत्येक मंत्रालय की सलाहकार समितियाँ भी हैं, जो मंत्रालयों को हिन्दी में कार्य करने संबंधी आवश्यक सुझाव देती हैं।

यह भी व्यवस्था की गई है कि प्रत्येक ऐसे नगर में; जहाँ केन्द्रीय सरकार के कम-से-कम दस कार्यालय हैं, वहाँ हिन्दी कार्यान्वयन समितियाँ होंगी। साथ ही विभागों, बैंकों तथा सार्वजनिक उपक्रमों में भी हिन्दी अधिकारी की नियुक्ति की व्यवस्था है। इस दृष्टि से बैंकों तथा रेलवे का काम काफी सराहनीय रहा है।

सन् 1995-96 में शंकरदयाल सिंह केन्द्रीय हिन्दी समिति के उपाध्यक्ष थे। उन्होंने हिन्दी को राजभाषा के रूप में विकसित करने में महत्त्वपूर्ण योगदान किया। उन्होंने इस बात पर विशेष जोर दिया कि सार्वजनिक उपक्रम अपने यहाँ से राजभाषा में पत्रिकाएँ निकालें। इससे राजभाषा हिन्दी के विकास को काफी गति मिली। आशा की जानी चाहिए कि संचार माध्यमों के द्वारा हिन्दी का जितना व्यापक प्रचार-प्रसार हो रहा है, उससे राजभाषा के रूप में इसके विकसित होने में मदद मिलेगी। वैसे भी अब हिन्दी के प्रति पहले जैसा राजनीतिक विरोध नहीं रह गया है। दक्षिण के अनेक सांसद संसद में हिन्दी में बोलने लगे हैं। यह राजभाषा के रूप में हिन्दी के एक अच्छे भविष्य का संकेत है।

राजभाषा की समस्याएं और समाधान

19वीं शताब्दी में एक भाषा आन्दोलन चला था, और खड़ी बोली हिन्दी इसके केन्द्र में थी। स्वतंत्रता आन्दोलन के समय हिन्दी ने देश में भावनात्मक एकता की स्थापना की। इसे देखते हुए स्वतंत्रता आन्दोलन के समय 'एक भाषा एक लिपि' की घोषणा की गई थी। फलस्वरूप स्वतंत्रता के बाद संविधान बनाते समय राजनेताओं में विचार-विमर्श हुआ, और एक लम्बे वाद-विवाद के बाद अन्ततः हिन्दी भाषा तथा देवनागरी लिपि को राजभाषा के रूप में स्वीकार किया गया। किन्तु साथ ही यह भी प्रावधान किया गया कि 15 वर्षों तक अंग्रेजी राजभाषा के रूप में चलती रहेगी।

वस्तुतः इसी प्रावधान ने हिन्दी के समक्ष विभिन्न समस्याओं को जन्म दिया। यह प्रावधान किए जाने के कारण शासन के विभिन्न स्तरों पर अंग्रेजी का प्रचलन स्वाभाविक रूप से होने लगा, और राजभाषा हिन्दी का विकास स्थान-स्थान पर बाधित होने लगा। इससे भाषागत समस्याएं बढ़ने लगीं।

स्वतंत्रता के बाद राजभाषा की समस्या का एक आर्थिक पक्ष भी रहा है। उस समय विभिन्न प्रकार की प्रशासनिक एवं शासकीय सेवाओं के लिए अंग्रेजी का ज्ञान आवश्यक ही नहीं, बल्कि अनिवार्य भी था। अंग्रेजी के जानकारों को प्राथमिकता दी जाती थी। ऐसी स्थिति में स्वाभाविक था कि शिक्षा के स्तर पर अंग्रेजी का प्रभुत्व हो, तथा समाज के उच्च वर्ग के लोगों ने अंग्रेजी के ज्ञान के कारण महत्त्वपूर्ण पदों पर आधिपत्य जमा लिया। इसके कारण भी अंग्रेजी के प्रति आकर्षण बढ़ा, और हिन्दी के प्रति उपेक्षा का भाव आया।

संविधान निर्माताओं ने संविधान में द्विभाषा सूत्र को स्वीकार किया था। इसके कारण अंग्रेजी का प्रतिनिधित्व पहले जैसा ही बना रह गया। बाद में जब भाषा के आधार पर राज्यों का पुनर्गठन किया गया, तब प्रादेशिक भावनाएँ स्वाभाविक रूप से उभर कर आईं। क्षेत्रीय भाषाओं के उभरने के कारण भाषा का प्रश्न एक बार फिर से

जटिल हुआ, जिसके कारण शिक्षा में त्रि-भाषा सूत्र को स्वीकार किया गया।

भाषा के आधार पर राज्यों के गठन के कारण भाषा का प्रश्न एक बार फिर से राजनीतिक हित से जुड़ गया। विशेषकर दक्षिण भारत के राजनेताओं ने राजभाषा हिन्दी को अपने क्षेत्र के लोगों तथा अपनी क्षेत्रीय भाषाओं के विकास के लिए एक अवरोधक शक्ति के रूप में देखा। बाद में जब क्षेत्रीय राजनीतिक दल महत्त्वपूर्ण होने लगे, तब भाषा को भी क्षेत्रीय भावनाओं के उभार का एक आधार बना लिया गया। इसके कारण भी राजभाषा हिन्दी के सामने एक समस्या उत्पन्न हुई। यहाँ ध्यान देने की महत्त्वपूर्ण बात यह है कि राजभाषा हिन्दी के विकास के सामने कोई भी अन्य क्षेत्रीय भाषा चुनौती बनकर नहीं आई, बल्कि इन क्षेत्रीय भाषाओं के समर्थकों ने हिन्दी के विरोध में अंग्रेजी को प्रस्तुत किया।

इस प्रकार शासकीय अधिनियमों एवं आदेशों के बावजूद राजभाषा हिन्दी के समक्ष समस्याएं और जटिलताएं आती चली गईं।

इसके अतिरिक्त ऐसा नहीं है कि राजभाषा हिन्दी अपने-आप में ऐसी सक्षम और सम्पूर्ण भाषा है कि उसमें किसी तरह के बदलाव की कोई सम्भावना नहीं है। हमें यह नहीं भूलना चाहिए कि हिन्दी अपेक्षाकृत आधुनिकतम भाषा है। संस्कृत से उत्पन्न होने के कारण इसकी अपनी ध्वनिगत एवं व्याकरणिक सीमाएँ हैं। इसके कारण कुछ जटिलताएं भी आ गई हैं। भारत जैसे बहुभाषी राष्ट्र को जब किसी एक भाषा को स्वीकार करना पड़ता है, तब अहिन्दी भाषियों के सामने कुछ कठिनाइयाँ आशंकाएं स्वाभाविक रूप से उत्पन्न हुईं। और इस प्रकार राजभाषा हिन्दी के सामने कुछ ऐसी भी समस्याएं उठ खड़ी हुईं, जिसके बीज उसके अपने अन्दर ही निहित हैं।

इसमें कोई दो मत नहीं कि हिन्दी को एक समर्थ राजभाषा बनने के लिए अपने चारों अंगों को भारतीय परिवेश के अनुसार पूरी तरह पुष्ट करना होगा। इन चारों अंगों के रूप में हिन्दी के वाक्य विज्ञान, पद विज्ञान, ध्वनि विज्ञान तथा अर्थ विज्ञान को ऐसा होना होगा, जो भारत की सम्पूर्ण भाषाओं की आवश्यकताओं को पूरा कर सके। इस दृष्टि से हिन्दी भाषा के सामने निम्न आवश्यकताओं को पूरा करने की चुनौती है—

1. राजभाषा की एक मूलभूत समस्या यह है कि उसे स्वयं को ज्ञान-विज्ञान, अनुसंधान, तकनीक, अन्तरराष्ट्रीय सम्पर्क एवं कूटनीति की भाषा बनाना है।
2. साथ ही इसे स्वयं को इस रूप में विकसित करना है, ताकि यह शिक्षा, प्रशासन, न्याय-व्यवस्था तथा दैनिक जीवन के व्यवहार की सम्पूर्ण भाषा बन सके।
3. राजभाषा हिन्दी के सामने एक महत्त्वपूर्ण समस्या है—अंग्रेजी को स्थगित करने की। यह कार्य सरल नहीं है। इसके लिए उसे स्वयं को शाब्दिक स्तर पर बहुत अधिक समर्थ करना होगा। उसे यह कार्य क्षेत्रीय भाषाओं के साथ मधुर संबंध बनाकर करना होगा।

4. भारतीय संविधान ने अल्पसंख्यकों के सांस्कृतिक और शैक्षणिक अधिकारों की रक्षा के लिए उनकी भाषाओं और लिपि के संरक्षण की सुविधा प्रदान की है। राजभाषा हिन्दी को यह देखना होगा कि वह किस प्रकार इन स्थितियों के बीच से एक व्यावहारिक रास्ता निकाल सके।

इन मूलभूत समस्याओं का सफलतापूर्वक समाधान करने के लिए हिन्दी को अपने-आपको स्वस्थ, समृद्ध, सुदृढ़, व्यापक, सुन्दर एवं व्यावहारिक बनाना होगा। स्वाभाविक है कि इस तरह के भाषागत स्वरूप का निर्माण करना एक बहुत बड़ी चुनौती है, जो हिन्दी को करना है।

अन्तर्निहित समस्याएं

अन्तर्निहित समस्याओं से तात्पर्य भाषा की उन समस्याओं से है, जिसका संबंध बाह्य परिस्थितियों से नहीं है। यहां उन समस्याओं की चर्चा की जा रही है, जो भाषा के अपने अन्दर की ध्वनि, उच्चारण, लेखन, अर्थ बोधन, वाक्य गठन, लिंग विधान तथा शब्दों के प्रयोग आदि से संबंधित हैं। ये समस्याएं निम्न हैं—

1. **उच्चारण की समस्या**—यह समस्या विश्व की अधिकांश भाषाओं की समस्या है। उच्चारण का निर्धारण वागेन्द्रियों से होता है। इस वागेन्द्री की रचना प्राकृतिक वातावरण से होती है। ऐसी स्थिति में विभिन्न क्षेत्रों के लोगों की वागेन्द्रियाँ अलग-अलग होती हैं। उदाहरण के लिए पहाड़ पर रहनेवाले व्यक्तियों की वागेन्द्रियाँ शहर में रहनेवाले व्यक्तियों की वागेन्द्रियों से भिन्न होगी। इसलिए एक ही शब्द को जब दो भिन्न-भिन्न स्थानों पर रहनेवाले व्यक्ति उच्चरित करेंगे, तब उनका उच्चारण भिन्न-भिन्न होगा।

हिन्दी के साथ स्थिति यह है कि स्वरों के उच्चारण में उत्तर भारतीय कम समय लगाते हैं, जबकि दक्षिण भारतीयों को अधिक समय लगता है। यह देखा गया है कि यदि 'इ' स्वर के उच्चारण में एक हिन्दी भाषी को 0.080 सैकिण्ड लगता है, तो दक्षिण भारतीय को इसके उच्चारण में लगभग 0.100 सैकिण्ड लग जाते हैं। इसके कारण भाषा के उच्चारण की समस्या पैदा होती है, क्योंकि उच्चारण की भिन्नता के कारण अर्थ में भी अन्तर आ जाता है। जैसा कि हम सब जानते हैं, हिन्दी में जैसा बोला जाता है, वैसा ही लिखा भी जाता है। इस प्रकार उच्चारण की यह गलती लिपि की भी अशुद्धि बन जाती है। उदाहरण के लिए शब्द हैं—ज्ञान, अभिज्ञान। हिन्दी के 'ज्ञ' का उच्चारण अनिश्चित है। कोई उसे 'ग्य' कहता है, तो कोई 'ग्यं'। कोई 'ज्य' कहता है, तो कोई 'ज्यँ'। इतना ही नहीं, बल्कि कोई 'ज्न' तो कोई 'जनँ' भी कहते हैं। ऐसी स्थिति में 'ज्ञान' और 'अभिज्ञान' का उच्चारण कई रूपों में हो सकता है।

इतना ही नहीं, बल्कि किन्हीं दो उच्चारणों में से किस एक उच्चारण को शुद्ध

माने, यह समस्या भी हिन्दी के सामने है। जैसे—भासा, भाषा और भाशा। इसी प्रकार शडानन एवं षडानन, ऋषि और रिषि।

ध्वनि एवं उच्चारण की भिन्नता के कारण वाक्यों के अर्थ में भी परिवर्तन आ जाता है। उदाहरण के लिए 'हो' एवं 'ली' को यदि विराम के साथ बोला जाए, तो उसका अर्थ होगा—'हो गया'। लेकिन यदि इसे बिना विराम के बोला जाए, तो वह एक पर्व (होली) का भाव देगा। इसी प्रकार यदि 'जा' के साथ 'ति' लगाई जाए, तो वह 'कास्ट' (जाति) का अर्थ देगा। लेकिन यदि 'जा' के साथ 'ती' लगाए, तो वह 'जाने' (क्रिया) का भाव देगा।

हिन्दी के उच्चारण की इन समस्याओं पर समय-समय पर विचार-विमर्श होते रहे हैं। प्रो॰ बाबूराम सक्सेना ने यह सुझाव दिया था कि ऐसे वर्णों को समाप्त कर दिया जाना चाहिए, जिनका अब उच्चारण ही नहीं होता; जैसे— ऋ, ष, ण आदि।

उन्होंने यह भी सुझाव दिया था कि यदि 'ऋ' को 'रि' बोला जाता है, तो लेखन में भी 'रि' ही स्वीकार कर लेना चाहिए। इसी प्रकार 'ण' के स्थान पर 'न' तथा 'ष' के स्थान पर 'श' उपयोग में लाए जाने चाहिए। यह भी कहा गया था कि अब विसर्ग का उच्चारण प्रायः लुप्त हो गया है, लेकिन हम उसे लिखते ही आ रहे हैं; जैसे—'दुःख'। अब इसकी भी कोई आवश्यकता नहीं है।

उच्चारण की समस्या अनुस्वार, अनुनासिक्य और नासिक्य व्यंजनों की ध्वनियों को लेकर भी है। वैसे इन तीनों के लिए भिन्न—भिन्न संकेत चिह्न हैं— 'ं', 'ँ' एवं नासिक्य ध्वनियाँ ङ, ञ, ण, न, म। इनका उच्चारण भिन्न-भिन्न होता है; जैसे—चाँद, अहं तथा सम्मुख।

सरलीकरण की दृष्टि से अब इन सबके लिए पूर्व व्यंजन ध्वनि के ऊपर केवल बिन्दी लगाई जाने लगी है; अर्थात् उपरोक्त शब्दों को इस प्रकार भी लिखा जाने लगा है—चांद, अहं, संमुख। अहिन्दी भाषियों के लिए यह निर्णय कर पाना कठिन होता है कि इस बिन्दी का उच्चारण उन्हें किस प्रकार करना है।

2. कारक और विभक्ति की समस्या—यद्यपि हिन्दी भाषा संस्कृत से जन्मी है, किन्तु उसने कारक और विभक्ति के संदर्भ में संस्कृत का अंधानुकरण नहीं किया है। संस्कृत में 6 कारक और 7 विभक्तियाँ हैं। जबकि हिन्दी में कारक और विभक्ति कुल मिलाकर आठ ही हैं।

संस्कृत में कारक अलग होने से प्रत्येक कारक या प्रत्यय अपने आप में और अपने स्थान पर सार्थक होता था। किन्तु हिन्दी में ऐसा नहीं है। हिन्दी भाषा के शब्दों में अन्तर न होने पर भी प्रयुक्त कारक भिन्न होता है। हिन्दी में द्वितीया एवं चतुर्थी का विभक्ति चिह्न है—'को'। इसी प्रकार तृतीया एवं पंचमी का विभक्ति चिह्न है—'से'। ध्यान देने की बात यह है कि वाक्य में ये विभक्ति चिह्न 'को' और 'से' तथा संज्ञा शब्द

तो ज्यों-के-त्यों रहते हैं, लेकिन कारक बदल जाते हैं। उदाहरण के लिए—

"राम को पढ़ाया है।" — चतुर्थी

"राम को बुलाया है।" — द्वितीया

व्याकरण के अनुसार कर्त्ता कारक का चिह्न 'ने' है। लेकिन यह अहिन्दी भाषियों के लिए एक समस्या बन गई है। संबंध कारक का चिह्न 'का' माना गया है, जबकि इसके लिए के, की भी पाए जाते हैं।

3. संधि नियम की समस्या—हिन्दी में संधि नियम भी अधिक स्पष्ट नहीं हैं। हिन्दी में संस्कृत के परम्परागत तत्सम् शब्दों के लिए ही संधि नियम लागू होते हैं। इनमें काफी स्पष्टता है। हिन्दी भाषी तो इस अस्पष्टता को नहीं पकड़ पाते, किन्तु हिन्दी व्याकरण का गम्भीर अध्ययन करनेवाले अहिन्दी भाषी भ्रमित हो जाते हैं। उदाहरण के लिए जिला+अधीश = जिलाधीश होगा; अर्थात् जिले का मालिक। लेकिन मकानाधीश नहीं हो सकता। हिन्दी भाषी यह नहीं समझ पाते कि ऐसा क्यों नहीं हो सकता।

इसी प्रकार समस्त पद बनाते समय वाक्य के शब्दों को सन्धि से जोड़ने की प्रथा संस्कृत एवं द्रविड़ भाषा में है। लेकिन यह हिन्दी में नहीं है। इसके बारे में भी एक जैसा नियम नहीं है। जैसे—'पुस्तकादि', 'भवनादि' मान्य नहीं हैं। इसी प्रकार 'मासारम्भ' और 'वर्षान्त' तो प्रचलित हैं, किन्तु 'महिनारम्भ' और 'सालान्त' नहीं हैं।

4. समास की समस्या—हिन्दी में कई ऐसे पद हैं, जो अरबी-फारसी के शब्दों से मिलकर बने हैं। अब ये शब्द काफी प्रचलन में आ गए हैं। लेकिन इसके विषय में व्याकरण में कोई विधान नहीं है। फिर ये सामासिक पद मान्य भी नहीं हैं। जैसे—'स्वतंत्रता दिवस' तो प्रचलित है, किन्तु 'आजादी दिवस' नहीं। इसी प्रकार 'बाल भवन' की जगह 'बच्चा भवन' या 'हस्तक्षेप' के स्थान पर 'हाथ क्षेप' मान्य नहीं हो पाया है। हिन्दी के नए जानकारों के लिए इनमें विभाजन करना कठिन होता है।

5. लिंग की समस्या—हिन्दी का लिंग विधान थोड़ा भ्रामक है। ऐसा इसलिए हुआ, क्योंकि संस्कृत में तीन लिंग थे, जबकि हिन्दी में केवल दो ही रह गए-पुलिंग और स्त्रीलिंग। नपुंसकलिंग समाप्त कर दिया गया। इसके कारण हिन्दी का लिंग विधान जटिल हो गया।

हिन्दी में स्त्रीलिंग के लिए अधिकांशतः 'ई' प्रत्यय लगते हैं, जैसे—लड़का का लड़की, जाता का जाती आदि। लेकिन 'दही' शब्द पुलिंग है, स्त्रीलिंग नहीं। इसी प्रकार हिन्दी में 'गाड़ी' स्त्रीलिंग है, बस भी स्त्रीलिंग है, लेकिन उसी के डील-डौल वाला ट्रक पुलिंग हो जाता है।

लिंग विधान की जटिलता इसलिए भी है, क्योंकि हिन्दी में कर्ता के लिंग के अनुसार क्रिया भी बदल जाती है, जबकि अंग्रेजी में क्रिया नहीं बदलती। बल्कि केवल

कर्त्ता ही बदलता है। जैसे—"Boy goes, Girl goes." लेकिन हिन्दी में होगा—"लड़का जाता है, लड़की जाती है।" यही कारण है कि अधिकांश हिन्दी भाषी भी हिन्दी में लिंग विधान की गलतियाँ करते हैं।

इसके अतिरिक्त संज्ञा, सर्वनाम, विशेषण, क्रिया तथा क्रिया-विशेषण के प्रयोगों में भी हिन्दी भाषी अशुद्धियाँ करते हैं। इस अशुद्धि का मुख्य कारण है—हिन्दी व्याकरण के किसी मानक ग्रन्थ का न होना।

6. **अन्य वैज्ञानिक समस्याएं**—इसके अतिरिक्त भी हिन्दी व्याकरण की कुछ ऐसी व्यावहारिक समस्याएं हैं, जो अहिन्दी भाषियों के लिए हिन्दी को जटिल बना देती हैं। ऐसी समस्याएँ हैं—

(क) 'कह' एवं 'बोल' धातु सकर्मक हैं, लेकिन इन दोनों के प्रयोग के लिए स्थितियाँ भिन्न हैं। जैसे हम यह तो कह सकते हैं कि 'राम ने कहा', लेकिन यह नहीं कह सकते कि 'राम ने बोला'। इसके स्थान पर कहना होगा, 'राम बोला'।

(ख) 'पौने पाँच बजे' तो कहा जाता है, लेकिन इसी के समानान्तर 'सवे सात बजे' नहीं कहा जाता। कहा जाता है—'सवा सात बजे'। ऐसा क्यों ?

(ग) मर, धर, हर आदि धातुओं के भूतकाल में मरा, धरा, हरा आदि रूप बनते हैं। लेकिन इन्हीं की तर्ज पर 'कर' धातु का भूतकालिक रूप 'करा' नहीं बनता। बल्कि बनता है 'किया'। यह भी व्याकरण की एक समस्या है।

(घ) हम कहते हैं—"वह पटने का निवासी है।" लेकिन हम यह नहीं कह सकते कि वह "उड़ीसे का निवासी है।"

7. **वैज्ञानिक एवं पारिभाषिक शब्दावली की एकरूपता की समस्या**—पारिभाषिक शब्द व्यावहारिक एवं सामान्य साहित्य के शब्दों से भिन्न होते हैं। चूँकि हिन्दी एक पुरानी भाषा नहीं है, इसलिए इसमें वैज्ञानिक एवं पारिभाषिक शब्दों की समस्या बनी हुई है। ऐसा विशेषकर इसलिए है, क्योंकि नवीन वैज्ञानिक विषयों पर शोध एवं अध्ययन पश्चिमी देशों में अधिक हो रहा है, इसलिए वे अपने अनुकूल शब्दावलियाँ गढ़ लेते हैं। हिन्दी को उन्हें अनूदित करना पड़ता है।

केन्द्र सरकार आरम्भ से ही इस बारे में सतर्क रही है। उसने सन् 1950 में वैज्ञानिक और तकनीकी शब्दावली मण्डल का गठन किया था। बाद में इसे वैज्ञानिक और तकनीकी शब्दावली आयोग बना दिया गया, जो ऐसे शब्दों की रचना कर रही है। लेकिन दुर्भाग्यवश उसकी शब्दावलियाँ अभी व्यवहार के स्तर पर प्रचलित नहीं हो पाई हैं। इसका मूल कारण है—ऐसे विषयों में अभी भी अंग्रेजी का प्राधान्य होना। ऐसी स्थिति में प्रत्येक व्यक्ति अपने-अपने अनुकूल शब्दावलियों की रचना कर रहा है। इससे ऐसी शब्दावलियों में एकरूपता का अभाव दिखाई पड़ता है।

8. **प्रामाणिक कोश की समस्या**—भाषा के प्रामाणिक प्रयोग के लिए कोश का

अत्यन्त महत्त्वपूर्ण स्थान है। यह कोश केवल शब्दों के अर्थों से संबंधित नहीं होना चाहिए, बल्कि भिन्न-भिन्न विषयों से भी संबंधित होने चाहिए। यद्यपि स्वतंत्रता के बाद हिन्दी में ऐसे कोश तैयार किए गए हैं, फिर भी अभी उन्हें पूरी तरह मान्यता नहीं मिल पाई है। एक ऐसे प्रामाणिक कोश की आवश्यकता अभी भी बनी हुई है, जो विद्वतमण्डली द्वारा सर्वस्वीकृत हो।

राजभाषा हिन्दी की इन समस्याओं के संदर्भ में हम देखते हैं कि ये ऐसी नहीं हैं, जिनका समाधान न हो सके। किसी भी भाषा के संदर्भ में एक ऐसी आदर्श स्थिति की कल्पना नहीं की जा सकती, जबकि उसमें कोई समस्या नहीं होगी। यहाँ तक कि अंग्रेजी; जिसे आज विश्व-भाषा के रूप में स्वीकृति मिली हुई है, उसकी भी अनेक समस्याएँ हैं। सबसे बड़ी तो समस्या उसके लेखन और उसके लिखे हुए शब्दों के भिन्न-भिन्न उच्चारण की है। अलग-अलग देशों के लोगों द्वारा बोली जानेवाली अंग्रेजी भी अलग-अलग है। ऐसी स्थिति में यह अपेक्षा करना गलत ही होगा कि राजभाषा हिन्दी की कोई समस्या नहीं होगी। फिर भी उन मूलभूत समस्याओं का निराकरण किया ही जाना चाहिए, जो व्यावहारिक स्तर पर हिन्दी भाषियों के लिए कठिनाई पैदा करती हैं।

संचार माध्यमों के प्रचार-प्रसार तथा शिक्षितों की बढ़ती हुई संख्या के कारण राजभाषा हिन्दी निरन्तर विकसित हो रही है। जब कोई भी भाषा विकास कर रही होती है, तब उसके स्वरूप पर गम्भीरता से निगरानी रखना आवश्यक होता है। इसलिए यह जरूरी है कि उभरती हुई इस भाषा के गठन एवं शब्दों पर निरन्तर अध्ययन और विश्लेषण किए जाएं, ताकि राजभाषा हिन्दी अपने मूल स्वरूप की रक्षा करते हुए सम्पूर्ण देश के जन-जन की भाषा बन सके।

मानक हिन्दी के प्रमुख व्याकरणिक लक्षण

मानक का अर्थ है—भाषा का वह स्वरूप, जिसे राजभाषा के रूप में पुस्तक लेखन में, शासकीय कार्यों में तथा पठन-पाठन में सामान्य रूप से आदर्श मानकर स्वीकृत किया जाए। अंग्रेजी में मानक का अर्थ है—Standard.

वर्तमान में प्रचलित हिन्दी भाषा मेरठ, सहारनपुर और दिल्ली के पास बोली जानेवाली खड़ी बोली का परिनिष्ठित रूप है। इसलिए भाषा विज्ञान की दृष्टि से पश्चिभी हिन्दी के अंतर्गत पाँच प्रमुख बोलियों में से खड़ी बोली का हिन्दी से सीधा संबंध है। यह खड़ी बोली एक बड़े भूभाग में बोली जाती है। इस खड़ी बोली का आदर्श मानक माना जाता है।

वास्तव में आज पश्चिमी हिन्दी की खड़ी बोली का साहित्यिक या मानकीकृत रूप ही पूरे देश में प्रचलित है। 19वीं शताब्दी से लेकर आज तक खड़ी बोली ने जो परिशोधन-परिष्करण किए हैं, वे मेरठ और दिल्ली में बोली जानेवाली खड़ी बोली से काफी भिन्न है। आप राजभाषा के रूप में हिन्दी के विकासक्रम में देख चुके हैं कि कैसे हिन्दी ने स्वतंत्रता के पूर्व एवं स्वतंत्रता के पश्चात् अपना व्यवस्थित, विस्तृत विकास किया। हिन्दी के मानकीकृत स्वरूप पर सबसे पहले आचार्य महावीर प्रसाद द्विवेदी जी ने विधिवत् विचार किया था। आचार्य द्विवेदी जी के प्रयासों के फलस्वरूप हिन्दी का स्वरूप स्थिर हुआ। उन्होंने अपने अथक परिश्रम से भाषा के विकास में योगदान किया। उनके द्वारा सम्पादित 'सरस्वती' पत्रिका हिन्दी भाषा के मानकीकरण के इतिहास में पहली पत्रिका मानी जाती है। आचार्य द्विवेदी ने हिन्दी के मानकीकृत रूप के लिए कुछ नियम सुझाए थे, जो इस प्रकार हैं—

1. संस्कृत के शब्दों को संस्कृत के अनुसार ही रखना चाहिए, उनके उच्चारण के अनु .ार नहीं; जैसे—

   'रि' को 'ऋ' के रूप में लिखना चाहिए। 'ग्यान' को संस्कृत की वर्तनी के अनुसार 'ज्ञान' के रूप में लिखना चाहिए।

2. क्रिया शब्दों के साथ ता, ते, ती, ना आदि लिखने पर रेफ नहीं लगाना

चाहिए, और न ही बीच वाले शब्द को आधा लिखना चाहिए; जैसे—

मिलता, चलता, करना आदि। इसमें 'मिल' क्रिया शब्द के साथ 'ता' सीधे जुड़ गया है।

3. जिन शब्दों की शिरोरेखा के ऊपर मात्र नहीं लगाई जाती, वहाँ स्वर के गुणानुसार 'ँ' और यदि मात्रा लगती हो तब अनुस्वार 'ं' लगाया जाए।
4. परसर्ग के संबंध में व्यवस्था दी गई कि उसे संज्ञा से अलग लिखा जाए, और सर्वनाम के साथ जोड़कर; जैसे – 'राम ने', 'सीता ने', तथा 'उसको', 'इसको' आदि। इसमें 'राम' संज्ञा है, जिसमें 'ने' परसर्ग अलग से लिखा गया है। जबकि 'उस' सर्वनाम के साथ 'को' परसर्ग जोड़कर लिखा गया।

आचार्य महावीर प्रसाद द्विवेदी के साथ ही साथ श्रीधर पाठक, मैथिलीशरण गुप्त, अयोध्या सिंह उपाध्याय 'हरिऔध', माखन लाल चतुर्वेदी, रामनरेश त्रिपाठी तथा सत्यनारायण कविरत्न आदि ने भी प्रारम्भिक चरण में हिन्दी भाषा के स्तरीयकरण में योगदान किया।

स्वतंत्रता आन्दोलन के दौरान हिन्दी भाषा को राष्ट्रभाषा के रूप में विकसित करने के प्रयास में आपने देखा है कि किस प्रकार अहिन्दी भाषी राजनेताओं, साहित्यकारों से लेकर हिन्दी भाषी राजनेताओं और साहित्यकारों ने इसके स्वरूप निर्धारण का व्यवस्थित कार्यक्रम बनाया, जिसमें महात्मा गांधी, पुरुषोत्तम दास टण्डन आदि के नाम महत्त्वपूर्ण हैं। इसी दौरान संस्थाओं के रूप में काशी नागरी प्रचारिणी सभा तथा हिन्दी साहित्य सम्मेलन का योगदान भी सराहनीय रहा।

स्वतंत्रता के बाद राजभाषा के रूप में हिन्दी के विकास में उसके मानकीकृत रूप की बहुत अधिक आवश्यकता अनुभव की गई। फलस्वरूप उसे क्रमबद्ध और सुचारु रूप से विकसित करने के लिए लिपि और भाषा को संशोधित, परिवर्तित और परिमार्जित किया गया। केन्द्रीय हिन्दी निदेशालय, राजभाषा समिति तथा संसदीय राजभाषा समिति आदि के द्वारा मानक हिन्दी कोश तैयार किए गए, जिसने हिन्दी को खड़ी बोली से भिन्न एक व्यापक स्वरूप प्रदान किया।

हम कुछ उदाहरणों के माध्यम से इस मानक रूप को स्पष्ट करना चाहेंगे।

(1) पश्चिमी हिन्दी में आज भी द्वित ध्वनियों का उच्चारण किया जाता है, जबकि हिन्दी में द्वित ध्वनियों की प्रधानता नहीं है।

पश्चिमी हिन्दी	**मानक हिन्दी**
धोत्ती	धोती
रोट्टी	रोटी
जात्ता	जाता

इसमें धोत्ती में 'त्' और 'त' द्वित ध्वनियाँ हैं। हिन्दी के मानक रूप में केवल 'त' ध्वनि व्यवहार में लाई जाती है, 'त्' ध्वनि लुप्त हो गई है।

(2) क्रिया रचना में भी अन्तर है; जैसे–

वर्तमान काल

पश्चमी हिन्दी	मानक हिन्दी
चले हैं	चलते हैं
मारूं हूँ	मारता हूँ
खाऊँ हूँ	खाता हूँ

भूतकाल

लिख्या	लिखा
उठ्या	उठा

(3) कारक रचना की दृष्टि से भी मानक हिन्दी पश्चिमी हिन्दी से काफी अलग है; जैसे–

कारक	पश्चिमी हिन्दी	मानक हिन्दी
कर्त्ता	नैं, णैं	ने
कर्म	क, नै	को
करण	सै, मू	से
सम्प्रदान	कू, णे, ने	के लिए
अपादान	सै, सु	से
अधिकरण	पै, उप्पर	में, पर

पश्चिमी हिन्दी में कारक चिह्नों के दो या दो से अधिक रूप प्रचलित हैं।

ऊपर के कुछ उदाहरणों से आपको ज्ञात हुआ होगा कि राष्ट्रभाषा के रूप में मानक हिन्दी ने पश्चिमी हिन्दी से स्वयं को काफी कुछ स्वतंत्र कर लिया है। मानक हिन्दी ने देशी तथा विदेशी भाषा परिवारों के अनेक शब्दों को, उनकी प्रभावकारी विशेषताओं के साथ स्वीकार कर लिया है। अब यह विश्व की किसी भी भाषा से अपनी श्रेष्ठता सिद्ध कर सकती है। आचार्य किशोरीदास वाजपेयी जी का यह विचार उचित है कि "इसने पश्चिमी हिन्दी की मर्दानगी और पूर्वी हिन्दी की मधुरता का सुन्दर समन्वय किया है। मानक हिन्दी का व्याकरण आधुनिक हिन्दी व्याकरण का प्रतिनिधित्व करता है।"

हिन्दी व्याकरण की विशेषताएं

हिन्दी व्याकरण पर संस्कृत व्याकरण का काफी प्रभाव है। साथ ही इसकी अपनी स्वतंत्र विशेषताएं भी हैं। पं॰ किशोरी दास वाजपेयी के विचार से हम पूरी तरह सहमत हो सकते हैं कि संस्कृत व्याकरण के आधार पर निर्मित हिन्दी व्याकरण में कहीं-कहीं मार्ग भेद भी है। मार्ग भेद वहीं हुआ, जहां हिन्दी ने संस्कृत की अपेक्षा सरलता का मार्ग

ग्रहण किया है।

व्याकरण से आशय है – ध्वनि, वर्णमाला, वर्तनी, संज्ञा, सर्वनाम, विशेषण, क्रिया, अव्यय शब्द रचना व वाक्य रचना आदि से। इन विशेषताओं को क्रमशः इस प्रकार देखा जा सकता है :

1. **हिन्दी की ध्वनियों की विशेषताएँ**—ध्वनि से शब्दों का निर्माण होता है। बिना ध्वनि के शब्द नहीं बनाए जा सकते। इसलिए भाषा के लिए ध्वनियों की बहुत अधिक आवश्यकता है। ध्वनियाँ बोलने और सुनने में प्रयुक्त होती हैं, जिन्हें 'वर्ण' के माध्यम से लिखा जाता है। हिन्दी में मूलतः 52 वर्ण हैं। इन्हीं समूह को वर्णमाला या 'अल्फाबेट' कहते हैं। इसकी ध्वनियाँ हैं—

स्वर ध्वनियाँ – अ, आ, इ, ई, उ, ऊ, ऋ, ए, ऐ, ओ, औ

व्यंजन ध्वनियां – क वर्ग : क, ख, ग, घ, ङ,
च वर्ग : च, छ, ज, झ, ञ
ट वर्ग : ट, ठ, ड, ढ, ण
त वर्ग : त, थ, द, ध, न
प वर्ग : प, फ, ब, भ, म,
अन्तःस्थ : य, र, ल, व
ऊष्म : श, ष, स, ह
संयुक्त व्यंजन : क्ष, त्र, ज्ञ, श्र
द्विगुण व्यंजन : ड़, ढ़
अनुस्वार (ं), विसर्ग (:)

स्वर ध्वनियाँ उन्हें कहा जाता है, जिनके उच्चारण के समय मुँह से निकलनेवाली वायु कहीं बाधित हुए बिना सीधे बाहर निकल जाती है। इसकी यह भी परिभाषा दी जाती है कि बिना किसी अन्य ध्वनि की सहायता से उच्चरित की जानेवाली ध्वनियाँ स्वर ध्वनियाँ कहलाती हैं। अंग्रेजी में A, E, I, O, U स्वर ध्वनियाँ हैं।

ठीक इसके विपरीत व्यंजन ध्वनियाँ वे होती हैं, जिनमें निर्गत वायु बाधित होती है, और जिन्हें बिना स्वर की सहायता के उच्चरित नहीं किया जा सकता। जैसे—'क'। इसमें दो ध्वनियाँ हैं—क् + अ्।

हिन्दी 'स्वर वर्ण' या 'स्वर ध्वनियों' की संख्या 11 है, जिनका वर्गीकरण **इस** प्रकार है—

ह्रस्व स्वर – अ, इ, उ, ऋ
दीर्घ स्वर – आ, ई, ऊ
संयुक्त स्वर— ए, ऐ, ओ, औ

हिन्दी में व्यंजन ध्वनियों की संख्या 41 है। प्रत्येक व्यंजन के उच्चारण में **'अ'** स्वर ध्वनि छिपी रहती है, जैसे क् + अ = क, ख् + अ = ख।

व्यंजन की 5 श्रेणियाँ बनाई जा सकती हैं—(अ) स्पर्श व्यंजन, (ब) अन्तःस्थ व्यंजन, (स) ऊष्म व्यंजन (द) अल्प प्राण व महाप्राण, (इ) घोष और अघोष

(अ) स्पर्श व्यंजन उन्हें कहते हैं, जिनमें ध्वनि का उच्चारण जिह्वा के द्वारा मुख के किसी-न-किसी स्थान का स्पर्श करने से होता है। ये स्थान हैं—कण्ठ, तालू, मूर्धा, दन्त तथा ओष्ठय आदि। इन स्थानों के आधार पर फिर से स्पर्श व्यंजन ध्वनियों का निम्न प्रकार से वर्गीकरण किया गया है—

1. क, ख, ग, घ, ङ (कण्ठ से)
2. च, छ, ज, झ, ञ (तालू से)
3. ट, ठ, ड, ढ, ण (मूर्द्धा से)
4. त, थ, द, ध, न (दन्त से)
5. प, फ, ब, भ, म (ओष्ठ से)

(ब) अन्तस्थ व्यंजन या अर्द्ध स्वर चार होते हैं—य, र, ल, व। इन्हें अर्द्ध स्वर या अर्द्ध व्यंजन इसलिए कहा जाता है, क्योंकि इनके उच्चारण में जीभ, मुँह में कहीं भी न तो पूरी तरह स्पर्श करती है, और न ही स्वर की भांति पूरी तरह मुक्त ही रहती है।

(स) ऊष्म व्यंजन का उच्चारण निर्गत वायु के घर्षण या रगड़ खाने से होता है। ये चार हैं— स, श, ष, ह। चूँकि घर्षण के कारण इन ध्वनियों के उच्चारण में असुविधा होती है, इसलिए सरलता की दृष्टि से अक्सर लोग इनके उच्चारण में गलतियाँ करते हैं।

(द) अल्पप्राण और महाप्राण ध्वनियाँ—अल्प का अर्थ है—'कम' और महा का अर्थ है—'अधिक' तथा प्राण का आशय है 'वायु'। जब किसी ध्वनि के उच्चारण में मुँह से कम वायु निकलती है, तब उसे अल्पप्राण ध्वनि कहते हैं। और जब अधिक वायु निकलती है, तब उसे महाप्राण कहते हैं। हिन्दी में प्रत्येक वर्ग का पहला और तीसरा व्यंजन अल्पप्राण है। तथा दूसरा और चौथा व्यंजन महाप्राण। जैसे— क, ग, च, ज, ट, ड, त, द, आदि अल्पप्राण हैं। और ख, घ, छ, झ, ठ, ढ, आदि महाप्राण हैं।

(इ) घोष और अघोष व्यंजन—जिन व्यंजनों के उच्चारण में कण्ठ में स्थित स्वर तंत्रियां झंकृत नहीं होती, उन्हें अघोष कहते हैं। और जिनमें झंकृत हो जाती हैं, उन्हें सघोष कहते हैं। हिन्दी में पहला और दूसरा वर्ण अघोष होता है। तथा तीसरा और चौथा घोष वर्ण है; जैसे— क, ख, च, छ, ट, ठ आदि। अघोष वर्ण हैं— ग, घ, ज, झ, ड, ढ आदि।

व्यंजन के नीचे जब तिरछी रेखा (्) लगाई जाती है, इस चिह्न को 'हल चिह्न' कहते हैं, जिसका आशय है कि इसमें स्वर वर्ण का अभाव है। जैसे— क्, ख्, ग् आदि। जैसे कमल में क् + अ + म् + अ + ल् + अ ध्वनियां होती हैं।

(क) हिन्दी वर्ण माला में क्ष, त्र, ज्ञ नए व्यंजन हैं, जो संयुक्त व्यंजन माने जाते हैं; जैसे—

क + ष = क्ष

त् + र = त्र

ज् + ञ = ज्ञ

(अ) ड और ढ के नीचे बिन्दु लगाकर ड़ और ढ़ दो नए अक्षर भी बनाए गए हैं, जो हिन्दी के अपने हैं।

(आ) अरबी–फारसी की ध्वनियों को भी हिन्दी ने अपनाया है; जैसे– क़लम, ख़ैर, ज़मीर। इसमें क़, ख़, ज़ अरबी–फारसी की ध्वनियाँ हैं।

(इ) अनुस्वार और अनुनासिक के प्रयोग में सावधानी रखनी चाहिए। हिन्दी में अनुस्वार (ं) और अनुनासिक (ँ) अलग ध्वनियाँ हैं, जिनके प्रयोग में काफी सावधानी की जरूरत है। अनुस्वार के उच्चारण में नाक से सांस अधिक निकलती है, और मुँह से कम; जैसे 'अंक', 'अंग' आदि। जबकि अनुनासिक ध्वनियों के उच्चारण में मुँह से साँस अधिक निकलती है, और नाक से बहुत कम। जैसे– आँसू, गाँव, चिड़ियाँ आदि। अनुस्वार ध्वनि प्रकट करने के लिए वर्ण पर केवल एक बिन्दु लगाया जाता है, जबकि अनुनासिक स्वरों के लिए चन्द्र बिन्दु लगता है।

(ई) **पाँचवाँ वर्ण एवं अनुस्वार** : हिन्दी में पाँचवें अक्षर ङ, ञ, ण, न और म को अनुनासिक वर्ण कहा जाता है। इसके प्रयोग में नियमों का पालन कड़ाई से नहीं किया जाता। श्यामसुन्दर दास जी का विचार है कि हिन्दी के मानकीकरण द्वारा सभी पंचम वर्णी व्यंजनों के स्थान पर अनुस्वार का ही प्रयोग करना चाहिए। जैसे : दम्भ– दंभ, खण्ड – खंड। इसमें क्रमशः 'म्' और 'ण्' पंचम वर्ण हैं, जिनका प्रयोग अनुस्वार के रूप में किया गया है।

(उ) वर्णों का उच्चारण वैज्ञानिक है। हिन्दी भाषा के वर्ण अपने उच्चारण में जिस वैज्ञानिकता को प्रस्तुत करते हैं, वह इसे विश्व की वैज्ञानिक लिपि से विभूषित करती हैं।

उच्चारण की दृष्टि से मुँह के 6 भाग महत्त्वपूर्ण होते हैं – कण्ठ, तालु, मूर्धा, दांत, ओंठ और नाक। उच्चारण स्थानों के आधार पर हिन्दी के वर्णों का विभाजन किया गया है, और इसी क्रम में वे वर्णमाला में लिखे गए हैं। इससे अहिन्दी भाषियों और विदेशी भाषा-भाषियों को हिन्दी वर्णमाला का ज्ञान प्राप्त करना सरल हो जाता है। जैसे कंठ्य से पूरे क वर्ग (क, ख, ग, घ, ङ) का उच्चारण होता है। इसी तरह तालव्य में तालु और जीभ के स्पर्श से च वर्ग (च, छ, ज, झ, ञ) के सभी वर्णों का उच्चारण होता है। इसके साथ ही य और श भी तालव्य व्यंजन हैं। मूर्धन्य व्यंजन में जीभ मूर्धा को स्पर्श कर ट वर्ग के पूरे व्यंजनों को उच्चरित करती है। दंत व्यंजन में जीभ दांत को स्पर्श करता है। इससे त वर्ग के साथ ही साथ स, श, ष का भी उच्चारण होता है।

यहां यह बात बहुत रोचक है कि बच्चे 'र' के स्थान पर 'ल' का उच्चारण क्यों करते हैं ? क्योंकि बच्चे अपनी जीभ का स्पर्श मूर्धा से करने में असुविधा महसूस करते हैं, इसलिए लगभग मूर्धा के पास ले जाकर दंत से ही 'ल' बोलकर संतुष्ट हो जाते हैं। जैसे— 'राम' को 'लाम' कहना।

ओष्ठ्य व्यंजनों में 'प' वर्ग तथा दंतोष्ठ में 'व' का स्थान है। श, ष, स, संघर्षी व्यंजन हैं, जिन्हें उष्म व्यंजन भी कहा जाता है, क्योंकि इनके बोलने से ओष्ठ की उष्मा चलती है।

(ऊ) बलाघात की सावधानी— जब शब्द के उच्चारण में अर्थ को स्पष्ट करने के लिए किसी ध्वनि पर विशेष आघात किया जाता है, या जोर दिया जाता है, उसे बलाघात कहते हैं।

बलाघात संयुक्त व्यंजन के पूर्व आनेवाले वर्ण पर किया जाता है; जैसे— 'विष्णु', 'इन्द्र' आदि। इसमें 'व' और 'इ' पर विशेष जोर दिया गया।

जब शब्द के मध्य या अंत के व्यंजन के 'अ' का उच्चारण नहीं होता, तब पूर्ववर्ती अक्षर पर जोर दिया जाता है; जैसे—'चलना', 'पर' आदि। इसमें 'ल' मध्य व्यंजन में 'अ' का उच्चारण नहीं किया गया। इसलिए 'च' पर अधिक जोर दिया गया। पर में 'र' में 'अ' का उच्चारण नहीं करते, इसलिए 'प' पर अधिक जोर दिया गया।

विसर्ग अक्षरों पर बलाघात होता है; जैसे—दुःशासन, दुःख। इसमें 'द' पर बलाघात किया गया है।

इ, उ या ऋ वाले व्यंजन के पूर्व स्वर पर भी बोलते समय बल दिया जाता है; जैसे—हरि, मधु आदि। जिसमें 'ह' और 'म' पर अधिक जोर दिया गया है।

(ए) विराम चिह्न के प्रयोग : विराम से आशय है—रुकने से। मानक व्याकरण में बोलते और लिखते समय विराम चिह्न का बहुत अधिक महत्त्व है। विराम चिह्न से भाषा सरल और सुबोध बनती है, तथा उसके अर्थ में स्पष्टता आ जाती है। हिन्दी में विराम चिह्नों का प्रयोग काफी होता है। पूर्ण विराम (।), अल्प विराम (,), योजक चिह्न (–), प्रश्नवाचक चिह्न (?), विस्मयादि बोधक चिह्न (!), उद्धरण चिह्न (' ') आदि इसके विराम चिह्न हैं।

पूर्णविराम का अर्थ है—पूरी तरह से रुकना। जब वाक्य पूरा हो जाता है, तब पूर्ण विराम का चिह्न लगता है। जैसे—''वह आदमी है।''

जब थोड़ी देर के लिए रुकना हो, तब अल्प विराम का प्रयोग किया जाता है; जैसे—''राम, श्याम और सुरेश घर गए।''

योजक चिह्न किसी शब्द के उच्चारण और उसकी वर्तनी को स्पष्ट करते हैं। संस्कृत में योजक चिह्न का प्रयोग नहीं होता था। योजक चिह्न सामान्यतः दो शब्दों को जोड़ते हैं। जैसे— दही-बड़ा, अर्थात् दही में डूबा हुआ बड़ा। यहाँ योजक चिह्न

लगाने से अर्थ भी स्पष्ट हुआ, और शब्द में संक्षिप्तता भी आ गयी।

प्रश्नवाचक चिह्न प्रश्न करने या पूछे जाने पर लगाया जाता है; जैसे– "कहाँ जा रहे हो ?"

विस्मयादि बोधक चिह्न : हर्ष, विस्मय, विषाद का सूचक है; जैसे—वाह ! क्या बात है।

उद्धरण चिह्न दुहरा (" ") और इकहरा (' ') दो रूपों में लगाए जाते हैं। जब किसी शब्द या वाक्य खण्ड को ज्यों का त्यों उद्धृत करना हो, तब इन चिह्नों का प्रयोग किया जाता है।

(2) संज्ञा—संज्ञा उस शब्द को कहते हैं, जिससे किसी विशेष व्यक्ति या वस्तु का बोध होता है।

संज्ञा के पांच भेद किए जाते हैं—(i) जातिवाचक, (ii) व्यक्तिवाचक, (iii) गुणवाचक, (iv) भाववाचक और (v) द्रव्यवाचक (परिमाणवाचक)।

व्यक्तिवाचक संज्ञा उसे कहते हैं, जब किसी शब्द से एक व्यक्ति या वस्तु का बोध हो; जैसे—'गंगा', 'राम' आदि।

जातिवाचक संज्ञा उसे कहते हैं, जिसमें एक ही प्रकार की वस्तुओं और व्यक्तियों का बोध हो; जैसे—'घर' 'मनुष्य' आदि।

भाववाचक संज्ञा से व्यक्ति या वस्तु के गुण, धर्म तथा दया आदि भावों का बोध होता है; जैसे—बुढ़ापा, मिठास आदि।

द्रव्यवाचक संज्ञा से नापतोल वाली वस्तु का बोध होता है; जैसे—सोना, लोहा, दूध आदि।

संज्ञा शब्द विकारी होते हैं; अर्थात् इस शब्द के रूप परिवर्तित तथा रूपांतरित होते रहते हैं। संज्ञा के रूप लिंग, वचन और कारक चिह्नों के अनुसार बदलते रहते हैं।

लिंग के अनुसार – "लड़का खाता है', "लड़की खाती है।" इसमें लड़का पुलिंग है, और लड़की स्त्रीलिंग। यहाँ लिंग के आधार पर संज्ञा का रूपान्तरण हो गया है।

वचन के अनुसार – "लड़का खाता है',"लड़के खाते हैं"। इसमें लड़का और लड़के एकवचन और बहुवचन के अनुसार प्रयुक्त हुए।

कारक चिह्न के अनुसार – "लड़का खाना खाता है", "लड़के ने खाना खाया"। इसमें संज्ञा में 'ने' कारक चिह्न के अनुसार परिवर्तन हुआ है।

संज्ञा के जिस रूप से व्यक्ति या वस्तु की जाति का बोध हो, उसे लिंग कहते हैं।

मूलतः लिंग तीन प्रकार के होते हैं—पुलिंग, स्त्रीलिंग और नपुंसकलिंग। अंग्रेजी व्याकरण में इन तीन लिंगों को मान्यता प्राप्त है, जिसे मराठी, गुजराती और अन्य

आधुनिक आर्य भाषाएं मानती हैं। जबकि हिन्दी में केवल दो ही लिंग—पुलिंग और स्त्रीलिंग हैं।

संज्ञा, सर्वनाम, विशेषण व क्रिया के जिस रूप से संख्या का बोध होता है, उसे वचन कहते हैं। अंग्रेजी की तरह ही हिन्दी में भी दो वचन होते हैं— एक वचन और बहुवचन। जबकि संस्कृत में एक वचन, दो वचन और तीन वचन होते हैं।

कारक, संज्ञा या सर्वनाम के जिस रूप से वाक्य के अन्य शब्दों के साथ उसका संबंध सूचित हो, उसे कारक कहते हैं। अर्थात् संज्ञा या सर्वनाम का क्रिया से संबंध बताने वाले शब्द को कारक कहते हैं। जब संज्ञा या सर्वनाम के आगे 'ने', 'को', 'से' आदि विभक्तियाँ लगती हैं, तब उनका रूप ही कारक कहलाता है। जैसे— ''राम ने रावण को मारा'। इसमें 'ने' राम संज्ञा का संबंध रावण से स्थापित करता है।

हिन्दी में 8 कारक हैं, जिनके लिए चिह्न इस प्रकार हैं :

कारक	विभक्तियाँ
कर्ता (Nominative)	ने
कर्म (Objective)	को
करण (Instrumental)	से
सम्प्रदान (Dative)	को, के लिए
अपादान (Ablative)	से
सम्बन्ध (Genitive)	का, के, की, रा, रे, री
अधिकरण (Locative)	में, पर
सम्बोधन (Addressive)	हे, अजी, अहो, अरे

(3) **सर्वनाम**— सर्वनाम उस विकारी शब्द को कहते हैं, जो किसी संज्ञा के बदले आता है; जैसे—मैं, तुम, वह आदि। दूसरे शब्दों में हम कह सकते हैं सर्व (सब) नाम (संज्ञाओं) के बदले जो शब्द प्रयुक्त होते हैं, उन्हें सर्वनाम कहते हैं। संज्ञा से केवल शब्द का बोध होता हैं जिसकी वह संज्ञा है। जबकि सर्वनाम में पूर्वापर संबंध के अनुसार किसी भी वस्तु का बोध होता है। जैसे— 'लड़का' कहने से लड़के का बोध होता है– कुर्सी, चटाई या सड़क का नहीं।

सर्वनाम के 11 भेद हैं। पुरुषवाचक, निजवाचक, निश्चयवाचक, अनिश्चयवाचक, संबंधवाचक, प्रश्नवाचक आदि। इसमें पुरुषवाचक सर्वनाम के तीन भेद हैं। उत्तम पुरुष, मध्यम पुरुष और अन्य पुरुष।

उत्तम पुरुष में वक्ता आता है। जैसे 'मैं', 'हम'। मध्यम पुरुष में श्रोता; जैसे—'तुम', 'आप'। और अन्य पुरुष में 'वक्ता' और 'श्रोता' को छोड़कर अन्य लोग आते हैं, जैसे 'वे', 'वह' आदि।

सर्वनाम में भी रूपान्तरण लिंग, वचन और कारक के अनुसार होते हैं।

(4) विशेषण— जो शब्द संज्ञा या सर्वनाम की विशेषता बताते हैं, उन्हें विशेषण कहा जाता है। जिसकी विशेषताएं बताई जाती हैं, वह विशेष्य कहलाता है। जैसे—काला घोड़ा। इसमें घोड़ा की विशेषता 'काला' शब्द से बताई गई है।

विशेषण के कई भेद होते हैं; जैसे—सार्वनामिक विशेषण, गुणवाचक विशेषण, संज्ञावाचक विशेषण आदि। अतः 'घोड़ा' विशेष्य एवं 'काला' विशेषण हुआ।

(5) क्रिया— जिस शब्द से किसी काम का करना या होना समझा जाए, उसे क्रिया कहा जाता है; जैसे—खाना, पीना, सोना आदि।

क्रिया विकारी शब्द है, जिसका रूप लिंग और वचन के अनुसार बदलता रहता है। यह हिन्दी व्याकरण की अपनी मानक विशेषता है।

धातु क्रिया का मूल है। धातु उस अंश को कहते हैं, जो क्रिया के प्रायः सभी रूपों में पाया जाता है। इसे इस प्रकार भी कह सकते हैं कि जिन मूल अक्षरों से क्रिया बनती है, उन्हें धातु कहते हैं। हिन्दी की क्रियाओं में संस्कृत के धातु रूप का बहुत अधिक प्रभाव है; जैसे—खाना क्रिया में 'न' प्रत्यय है, और 'ख' धातु।

हिन्दी व्याकरण में धातुओं के अलावा संज्ञा और विशेषण से भी क्रियाएं बनाई जाती हैं, जैसे—दुहरा + आना = दुहराना। इसमें दुहराना क्रिया है, जिसका निर्माण धातुओं से नहीं हुआ है।

क्रियाएं दो प्रकार की होती हैं—सकर्मक क्रिया और अकर्मक किया। सकर्मक क्रिया उसे कहते हैं, जिनके साथ कर्म होता है। अर्थात् जिस क्रिया का फल कर्म पर पड़े। जैसे—राम आम खाता है। इसमें 'राम' कर्ता है, और खाने के साथ उसका संबंध है। इसका प्रभाव आम पर अर्थात् कर्म पर पड़ता है। इसलिए खाना क्रिया सकर्मक है। इसे इस तरह भी समझा जा सकता है कि इस वाक्य में राम क्या खाता है ? के उत्तर में कहा जाएगा कि राम आम खाता है। आम कर्म है । इसलिए खाना क्रिया का कर्म निश्चित होने से यह सकर्मक क्रिया हुई।

जिस क्रिया या व्यापार का फल कर्ता पर हो, उसे अकर्मक क्रिया कहते हैं। अर्थात् इसमें कर्म नहीं होता। जैसे—"श्याम गाता है।"

कुछ क्रिया दो कर्म वाली भी होती हैं, जिन्हें द्विकर्मक क्रिया कहते हैं। जैसे—"मैं लड़के को विज्ञान पढ़ाता हूँ।" इसमें 'लड़के को' और 'विज्ञान' दो कर्म हैं।

संयुक्त क्रिया उन क्रियाओं को कहते हैं, जिसमें दो या दो से अधिक धातुएं हों; जैसे—"किशोर रोने लगा"। इसमें 'रोना' और 'लगना' दो धातुएं हैं।

सहायक क्रिया मुख्य क्रिया के अर्थ को पूर्ण एवं स्पष्ट करती है; जैसे— "वह खाता है"। इसमें 'खाना' मुख्य क्रिया है और 'है' सहायक क्रिया, जो मुख्य क्रिया के अर्थ को स्पष्ट करती है।

'वाच्य' उसे कहते हैं, जिसके द्वारा इस बात का बोध होता है कि वाक्य में कर्ता,

कर्म अथवा भाव में किसकी प्रधानता है। अर्थात् किसके अनुसार क्रिया के पुरुष, वचन आदि आए हैं। इसे इस रूप में कहा जा सकता है कि जब वाक्य में क्रिया, लिंग, वचन कर्ता के अनुसार या कर्म के अनुसार हों और उसका जिस शब्द से घनिष्ठ हो, उसे वाच्य कहते हैं।

यह तीन प्रकार का होता है– कर्तृवाच्य, कर्मवाच्य व भाववाच्य।

कर्तृवाच्य में कर्ता की प्रधानता का बोध होता है; जैसे–"लड़का खाता है।" इसमें लड़का प्रधान है।

कर्मवाच्य में कर्म की प्रधानता का बोध होता है; जैसे–'पुस्तक पढ़ी जाती है।' इसमें पढ़ना कर्म की प्रधानता का बोध होता है।

भाववाच्य में भाव की प्रधानता का बोध होता है; जैसे–'मुझसे बैठा नहीं जाता।' इसमें बैठा भाव की प्रमुखता है।

(6) काल–क्रिया के उस रूपान्तरण को काल कहते हैं, जिससे कार्य व्यापार का संबंध पता चलता है।

इसके तीन भेद हैं। वर्तमानकाल, भूतकाल और भविष्यकाल।

क्रिया के व्यापार की निरन्तरता को वर्तमानकाल कहते हैं। जैसे–"वह खाता है।"

क्रिया के कार्य की समाप्ति का बोध भूतकाल की क्रिया कही जाती है। जैसे–"लड़का आया था।"

भविष्य में होनेवाली क्रिया को भविष्यकाल की क्रिया कहते हैं। जैसे–"वह कल घर आएगा।"

(7) अव्यय–अव्यय ऐसे शब्दों को कहते हैं जिनमें लिंग, वचन एवं कारक के कारण कोई विकार उत्पन्न नहीं होता। 'अ'-(नहीं)- 'व्यय'(खर्च) जब कुछ व्यय न हो, तब उसे 'अव्यय' कहते हैं। तब, अब, इधर, उधर, ठीक, कब, क्यों आदि शब्द अव्यय हैं, क्योंकि इनमें कोई विकार नहीं आता।

किशोरीदास वाजपेयी अंग्रेजी के आधार पर सभी अव्ययों को क्रिया-विशेषण मान लेना उचित नहीं मानते, क्योंकि कुछ अव्यय ऐसे हैं जो क्रिया की विशेषता नहीं भी बताते; जैसे–"तब वह पढ़ने जाता है।" इसमें 'तब' अव्यय क्रिया की विशेषता नहीं बताता। इसी प्रकार कालवाचक, स्थानवाचक, दिशावाचक और स्थितिवाचक अव्यय क्रिया की विशेषताएं नहीं बताते; जैसे– आज, यहाँ, इधर, उधर, ऊपर, नीचे आदि शब्दों से बननेवाले वाक्य।

जिस शब्द से क्रिया की विशेषता या दूसरे क्रिया–विशेषण की विशेषता प्रकट हो, उसे क्रिया-विशेषण कहते हैं; जैसे–"राम धीरे-धीरे चलता है।" इसमें 'धीरे-धीरे' शब्द राम के चलने (क्रिया) की विशेषता बताता है, अतः वह क्रिया-विशेषण हुआ।

(8) **शब्द रचना**—हिन्दी व्याकरण के शब्द भण्डार में काफी विशिष्टता और विपुलता मिलती है। हिन्दी का शब्द भण्डार तत्सम्, तद्भव, देशज, विदेशी, रूढ़, यौगिक और योगारूढ़ शब्दों से युक्त है।

स्वर और व्यंजन ध्वनियों के मेल से बने सार्थक वर्ण समूह को शब्द कहते हैं। शब्द सामान्यतः दो प्रकार के होते हैं—सार्थक और निरर्थक। 'पानी' शब्द सार्थक है, और 'नीपा' शब्द निरर्थक है, क्योंकि इसका कोई अर्थ नहीं है।

उदभव की दृष्टि से शब्द के चार भेद किए जाते हैं। तत्सम्-तत् अर्थात् उसके अर्थात् संस्कृत, सम अर्थात् समान। अतः 'तत्सम' उन शब्दों को कहते हैं, जो संस्कृत के समान हों। अर्थात् संस्कृत, पालि, प्राकृत, अपभ्रंश से होते हुए ज्यों-के-त्यों हिन्दी में आए हों; जैसे—'आम्र' से 'आम'। 'छीर' से 'खीर'। 'गोमल' से 'गोबर'।

ऐसे शब्द जो संस्कृत और प्राकृत से विकृत होकर हिन्दी में आए उन्हें तद्भव तत् अर्थात् उससे अर्थात् संस्कृत से भव अर्थात् उत्पन्न; जैसे—

सं॰	पा॰/अप॰	हिन्दी
अग्नि	अग्गि	आग
चतुर्थ	चउट्ठ	चौथा

देशज शब्दों की व्युत्पत्ति ज्ञात नहीं होती। 'देशज' अर्थात् देशी बोलियों से उत्पन्न शब्द। लोक-भाषाओं से प्राप्त ऐसे शब्द हिन्दी में बहुतायत से मिलते हैं; जैसे—फुनगी, डिबिया, पगड़ी, कटोरा आदि।

फारसी, अरबी, तुर्की, अंग्रेजी, फ्रांसीसी आदि विदेशी-भाषाओं से आए हुए शब्दों को विदेशी शब्द कहा जाता है। मध्यकाल में हिन्दी में फारसी और अरबी शब्दों का बहुत अधिक प्रयोग होने लगा था। मध्यकालीन भाषा का लालित्य भी अरबी और फारसी शब्दों से है। आप प्रेमचन्द की भाषा में इन शब्दों को बड़ी सहजता से देख सकते हैं। आधुनिक काल में अंग्रेजी शब्दों का प्रचलन बढ़ा, जिसके फलस्वरूप बहुत-से अंग्रेजी के शब्द हिन्दी में ज्यों-के-त्यों स्वीकार किए जाने लगे। अंग्रेजी के अनेक शब्द हिन्दी में मानक रूप में स्वीकार कर लिए गए हैं।

फारसी शब्द—अफसोस, कमीना, चाशनी, शादी, शोर आदि।

अरबी शब्द— अजीब, अमीर, कुर्सी, गरीब, ईमान आदि।

तुर्की शब्द— कुली, बहादुर, मुगल, कैची आदि।

अंग्रेजी शब्द—अपील, ऑर्डर, इंच, क्रिकेट, रेलवे, हास्पीटल, मीटर, नम्बर, पेन, आदि।

उपसर्ग वे शब्द हैं, जो किसी शब्द के पहले आकर उसका विशेष अर्थ प्रकट करते हैं। 'उप' का अर्थ है—समीप तथा सर्ग का अर्थ है—सृष्टि करना। अर्थात् पास में बैठकर नया अर्थ बनाना; जैसे—विशेष। इसमें 'वि' उपसर्ग है। संस्कृत के 19 उपसर्ग हैं, हिन्दी के दस उपसर्ग तथा उर्दू के 12 उपसर्ग हैं।

'प्रत्यय' शब्द के बाद लगनेवाला अक्षर होता है। प्रति का अर्थ है—साथ में, और 'यय' का अर्थ है—चलनेवाला। अर्थात प्रत्यय का अर्थ शब्दों के साथ चलनेवाला। 'भला' शब्द में 'आई' प्रत्यय लगाने से 'भलाई' शब्द बनता है।

प्रत्यय दो प्रकार के होते हैं—कृत प्रत्यय और तद्धित प्रत्यय। क्रिया या धातु के अंत में प्रयुक्त होनेवाले प्रत्यय को कृत प्रत्यय कहते हैं और ऐसे शब्द को **कृदन्त** कहते हैं; जैसे—'गानेवाला' शब्द में 'गाना' क्रिया है, और 'वाला' कृत प्रत्यय।

संज्ञा, सर्वनाम और विशेषण के अंत में लगनेवाले प्रत्यय को तद्धित प्रत्यय कहते हैं। जैसे—'मानवता' में 'ता' **तद्धित** है।

समास— कम-से-कम शब्द में अधिक-से-अधिक अर्थ प्रकट करने को समास कहते हैं। समास का अर्थ है—'संक्षेप में कहना'। जैसे—चतुर्भुज (चार भुजा हैं जिसके)।

समास चार प्रकार के होते हैं—अव्ययी भाव समास, तत्पुरुष समास, बहुब्रीहि समास और द्वन्द्व समास।

अव्ययी भाव में पूर्व पद की प्रधानता होती है। जैसे—प्रतिदिन, यथाशक्ति। इसमें 'प्रति' और 'यथा' अव्ययी भाव हैं।

तत्पुरुष समास में अंतिम पद प्रधान होता है। जैसे— रसोईघर, अर्थात् रसोई के लिए घर। इसमें घर महत्त्वपूर्ण है।

बहुब्रीहि समास में आए पदों को छोड़कर अन्य पद की प्रधानता होती है। जैसे—पीताम्बर – पीत है अम्बर जिसका। इसमें पीताम्बर (विष्णु) बहुब्रीहि समास है।

द्वन्द्व समास में सभी पद प्रधान होते हैं। जैसे—गाय-बैल। इसमें गाय और बैल दोनों पद प्रधान हैं।

(9) वाक्य रचना की विशेषताएं— विचारों को पूरी तरह से प्रकट करनेवाले पद समूह को वाक्य कहते हैं। किसी भाषा की संरचना में उसके वाक्य की संरचना का महत्त्व बहुत होता है। सामान्य तौर पर कर्ता, क्रिया आदि के सार्थक शब्द समूह को वाक्य कहते हैं। जैसे— मोहन, सोहन, राम, घर, बाग, मैदान एक शब्द समूह है। परन्तु वाक्य नहीं है। वाक्य उसी शब्द समूह को कहेंगे, जब उसमें विधेय अर्थात् क्रिया और उद्देश्य अर्थात् कर्ता दोनों होंगे। जैसे मोहन मैदान में खेलता है। इसमें 'मोहन' कर्ता है, और 'खेलता' है क्रिया। इससे पूरे वाक्य का अर्थ बोध होता है।

वाक्य रचना में यह भी ध्यान रखना होगा कि कर्ता और क्रिया के उद्देश्य में परस्पर विरोध न हो। जैसे—"राम आग से खेत सींचता है।" इसमें व्याकरण की दृष्टि से कोई दोष नहीं है। परन्तु भाव बोध करने में यह वाक्य सफल नहीं है, क्योंकि खेत पानी से सींचा जाता है।

एक वाक्य में अनेक वाक्य भी होते हैं, जिसमें एक प्रधान वाक्य होता है, शेष उपवाक्य। "मोहन ने कहा कि मैं खेलूंगा" में 'मोहन ने कहा' प्रधान वाक्य है और 'मैं खेलूंगा' उपवाक्य है।

रचना की दृष्टि से वाक्य के तीन भेद किए जाते हैं। सरल वाक्य, मिश्र वाक्य और संयुक्त वाक्य।

सरल वाक्य में एक क्रिया और एक कर्ता होता है। जैसे—"पानी बरसता है।" इसमें एक उद्देश्य और एक विधेय है।

मिश्र वाक्य में एक सहायक वाक्य के अतिरिक्त कोई दूसरा अन्य वाक्य भी होता है। जैसे— "वह कौन-सा मनुष्य है, जिसने महाप्रतापी राणा सांगा का नाम न सुना हो।" इसमें "वह कौन-सा मनुष्य है" मुख्य वाक्य है, और शेष सहायक वाक्य, क्योंकि वह मुख्य वाक्य पर आश्रित है।

संयुक्त वाक्य उसे कहते हैं, जो साधारण अथवा मिश्र वाक्यों के मेल या सहयोग से बना हो। जैसे— "मैं रोटी खाकर लेटा कि पेट में दर्द होने लगा, और दर्द इतना बढ़ गया कि अस्पताल जाना पड़ा।" इस लम्बे वाक्य में 'और' संयोग के साथ दो मिश्र वाक्यों को जोड़कर संयुक्त वाक्य बनाया गया है।

अर्थ की दृष्टि से वाक्य के आठ भेद किए जाते हैं—विधिवाचक, निषेधवाचक, आज्ञावाचक, प्रश्नवाचक, विस्मयवाचक, सन्देहवाचक, इच्छावाचक और संकेतवाचक। जैसे—"हमने खाना नहीं खाया"। यह निषेध वाक्य है। "क्या तुम खा रहे हो ?" यह प्रश्नवाचक वाक्य है, आदि।

वाक्य को अशुद्धियों से बचाने के लिए सुव्यवस्थित और संयत रूप देने को व्याकरण में पदक्रम कहते हैं। वाक्य के सार्थक शब्दों को यथा-स्थान रखने की क्रिया पदक्रम कहलाती है। अंग्रेजी में कर्ता, क्रिया और कर्म का पदक्रम है, जबकि हिन्दी में कर्ता, कर्म और क्रिया की व्यवस्था से शुद्ध वाक्य लिखा जाता है। जैसे—"राम स्कूल जाता है।"

कर्ता कर्म क्रिया

Ram goes to School.

कर्ता क्रिया कर्म

(10) अर्थ— शब्द और अर्थ का रिश्ता अटूट है। अर्थ के अभाव में शब्द या भाषा का कोई महत्त्व नहीं है। शब्दों के माध्यम से हमारे मन में एक बिम्ब अंकित होता है। यही बिम्ब उस शब्द का अर्थ होता है। जैसे—गाय कहने से गाय का बिम्ब, जल कहने से जल का बिम्ब।

जिन शब्दों के अर्थ में समानता होती है, उन्हें **पर्यायवाची** शब्द कहा जाता है। जैसे—अग्नि के पर्यायवाची हैं—अनल, आग, सखा आदि।

किसी बड़े भाव को एक शब्द में व्यक्त करनेवाले शब्द को शब्द कहते हैं। जैसे— अहंकार।

कुछ ऐसे शब्द हैं, जिनके अनेक अर्थ होते हैं। जैसे 'अर्थ' अर्थात् धन, कारण, मतलब आदि।

विलोम या विपरीतार्थक शब्द उन्हें कहते हैं, जिनसे सामनेवाले शब्द से एकदम विपरीत अर्थ प्रकट हो। जैसे– रुचि-अरुचि, आदान-प्रदान, आदि।

'युग्म' शब्द उन शब्दों को कहते हैं, जिनके उच्चारण-ध्वनियों में बहुत कम अन्तर होता है, किन्तु उनके अर्थ में काफी भिन्नता होती है। इन्हें आप सूक्ष्म अन्तर वाले शब्द के रूप में जानते हैं। जैसे–अंस-अंश। इसमें 'अंस' का अर्थ है–कंधा और अंश का अर्थ है–हिस्सा।

भाव की गम्भीरता को स्पष्ट करने के लिए अनेक शब्दों के लिए एक ही शब्द का प्रयोग किया जाता है। यह किसी भी भाषा की शक्ति मानी जाती है। इसे आप 'गागर में सागर' भरना कहावत के रूप में जानते हैं। हिन्दी में ऐसे शब्दों की बहुलता है। जैसे–अचिंतनीय– अर्थात् जिसकी चिन्ता नहीं हो सकती। सर्वज्ञ–जो सब कुछ जानता हो।

हिन्दी व्याकरण में कुछ ऐसे शब्दों का भी प्रयोग होता है, जिनके विषय या प्रसंग बदल जाने पर अर्थ भी बदल जाता है। जैसे–"घोड़े की चाल तेज है।" शतरंज की चाल चली। "वह उसकी चाल में आ गया।" इसमें 'चाल' शब्द का अर्थ गति, छल और धोखे के रूप में बदलता रहा है।

मुहावरे और लोकोक्तियाँ ऐसे वाक्य हैं, जो सामान्य अर्थ का बोध न कराकर विलक्षण अर्थ देते हैं। इसकी भाषा सरल, सरस और चमत्कारपूर्ण होती है। जैसे–"मैंने पेट काटकर अपने लड़के को पढ़ाया" में पेट काटकर मुहावरा व्याकरण की शक्ति है। अन्य मुहावरों में खिचड़ी पकाना, अंगारों पर लेटना, ईंट का जवाब पत्थर से देना, आदि हैं।

देवनागरी लिपि

भाषा भावों एवं विचारों को अभिव्यक्त करने का माध्यम है, और लिपि उस माध्यम को स्थायित्व प्रदान करती है। जब व्यक्ति ने अपने भावों को स्थायी बनाने के लिए ध्वनि के स्थान पर किसी अन्य माध्यम के बारे में सोचा, तब लिपि का जन्म हुआ।

आज हमारे सामने जो लिपियाँ उपस्थित हैं, उन्हें विकास के चार चरणों से गुजरना पड़ा है। लिपि के ये चार चरण हैं—चित्र लिपि, भाव लिपि, ध्वनि लिपि और अक्षर लिपि। देवनागरी लिपि अक्षर लिपि है।

भारत की प्राचीन और आधुनिक लिपियों में ब्राह्मी, खरोष्ठी, गुप्त, कुटील, देवनागरी, बंगला, तेलुगू, कन्नड़, तमिल, मलयालम, गुरमुखी, महाजनी तथा उर्दू लिपियाँ प्रचलित हैं।

देवनागरी लिपि आर्य लिपि मानी जाती है। विद्वानों के अनुसार इसकी उत्पत्ति प्रागैतिहासिक रूप में ईसा पूर्व तीसरी सहस्राब्दी में मोहनजोदड़ो तथा हड़प्पा लिपि से हुई थी। अति प्राचीन लिपि करीब ढाई हजार वर्ष पूर्व संस्कृत तथा अन्य आर्यभाषाओं के लिए स्वीकृत हुई थी। देवनागरी लिपि का ही अति प्राचीन रूप है—ब्राह्मी लिपि, जो तीसरी शताब्दी ईसवी पूर्ध तक लगभग अखिल भारतीय लिपि का रूप ग्रहण कर चुका था। 5वीं शताब्दी ई॰पू॰ तक के शिलालेख ब्राह्मी में हैं। अशोक के अधिकांश शिलालेखों की लिपि यही है।

समय के साथ-साथ और लेखन की रुचि के अनुसार हस्तलिखित लिपियों में भी परिवर्तन हुआ। ब्राह्मी के साथ भी यही हुआ। आज ब्राह्मी से निकली लिपियों के मूल अक्षर इतने बदल गए हैं कि यह स्वीकार करना कठिन होगा कि हमारे देश की नागरी, शारदा (कश्मीरी), गुरमुखी, बंगला, उड़िया, तेलुगू, कन्नड़ तथा तमिल आदि वर्तमान लिपियाँ ब्राह्मी लिपि से ही निकली हैं।

350 ई॰ तक ब्राह्मी लिपि का प्रचार समस्त भारत में रहा। लेकिन ठीक इसके बाद उत्तर और दक्षिण की ब्राह्मी लिपि में पर्याप्त अन्तर हो गया था। तब उत्तर शैली की निम्न लिपियाँ अस्तित्व में थीं—

1. गुप्त लिपि— गुप्त वंशीय राजाओं के शिलालेखों आदि की लिपि होने के कारण इसका नाम गुप्त लिपि पड़ा।

2. कुटिल लिपि— गुप्त लिपि के विकसित रूप का कल्पित नाम कुटिल लिपि रखा गया। यह छठी से 9वीं शताब्दी तक प्रचलित रही। इसी लिपि से नागरी तथा कश्मीर की प्राचीन लिपि विकसित हुई।

3. नागरी लिपि— उत्तर भारत में इसका प्रयोग 9वीं शताब्दी में मिलता है। किन्तु डॉ॰ ओझा के अनुसार दक्षिण में इसके कुछ लेख 8वीं शताब्दी तक पाए गए हैं। दक्षिण की इस नागरी लिपि को 'नन्द नागरी' नाम दिया गया। इस प्राचीन नागरी की पूर्वी शाखा से बंगला लिपि और नागरी से कैथी, महाजनी, राजस्थानी और गुजराती लिपियाँ विकसित हुईं।

4. शारदा लिपि— यह कश्मीर और पंजाब में प्रचलित रही है। इस लिपि में सराहों आदि के लेख 10वीं शताब्दी के हैं। गुरमुखी इसी से विकसित हुई है।

5. बंगला लिपि— जैसा कि पहले बताया गया है, 10वीं शताब्दी के आसपास पुरानी नागरी की पूर्वी शाखा से बंगला लिपि निकली। बाद में इसी से 11वीं शताब्दी के आसपास नेपाली, उड़िया, मैथिली तथा वर्तमान बंगला लिपि का जन्म हुआ।

हालांकि ब्राह्मी से निकली सभी लिपियों के रूप भारतवर्ष में प्रचलित हुए, किन्तु सभी आर्य लिपियों में से नागरी का प्रचार सबसे अधिक रहा। इसकी शुरुआत 10वीं शताब्दी से हुई। यहाँ तक कि जहाँ दक्षिण की तेलुगू, कन्नड़ और तमिल लिपियों का प्रचार हुआ, वहाँ भी नागरी को पर्याप्त सम्मान मिलता रहा। कोल्हापुर के शिलावंशीय राजाओं के शिलालेख एवं दान-पत्र तथा पुस्तकें चालुक्यों एवं देवगिरि के यादवों के शिलालेख आदि नागरी में ही हैं, जिसे वहां 'नन्द नागरी' कहा जाता है।

आज इस देवनागरी लिपि का प्रयोग भारत के अधिकांश लोगों द्वारा किया जाता है और यह लिपि राजभाषा हिन्दी के लिए संविधान द्वारा स्वीकृत लिपि है।

अर्थ— 'देवनागरी' शब्द का अर्थ 'देवताओं की नगरी की लिपि'। नागर ब्राह्मणों में प्रचलित होने के कारण भी इसे नागरी कहा गया। नगरों में प्रचलित होने के कारण भी इसका नाम देवनागरी पड़ा। एक यह भी मान्यता है कि चूंकि काशी को देव नगर कहा जाता था, और यह लिपि काशी में अधिक प्रचलित थी, इसलिए भी इसे देवनागरी कहा गया। एक मान्यता यह भी है कि देवभाषा संस्कृत की लिपि होने के कारण इसे 'देवनागरी लिपि' कहा गया।

पिछले करीब 16 वर्षों में देवनागरी लिपि का कठिनता से सरलता की ओर निरन्तर विकास होता रहा है। इसकी कुछ कठिनाइयाँ और कमियों को देखते हुए समय-समय पर इसमें सुधार के भी प्रयास किए गए। सन् 1953 में उत्तर प्रदेश में देवनागरी लिपि के सुधार के लिए एक परिषद का गठन किया गया। सन् 1957 में दूसरी परिषद बनाई गई। भारत सरकार ने सन् 1959 में शिक्षा मंत्रालय के सम्मेलन

में इसके सुधार के लिए प्रयास किए। साथ ही वर्धा की राष्ट्रभाषा प्रचार समिति तथा वाराणसी की काशी नागरी प्रचारिणी सभा भी देवनागरी लिपि के सुधार के संबंध में प्रयासरत रही। अगस्त, 1958 के शिक्षा मंत्रियों के सम्मेलन में अंतिम रूप से देवनागरी लिपि का संशोधित रूप स्वीकार कर लिया गया। इसके बावजूद अभी भी कुछ दोष एवं भ्रम बने हुए हैं, जिनका हम आगे वर्णन करेंगे।

विशेषताएँ—देवनागरी भारत की प्रधान एवं राजभाषा हिन्दी की लिपि है। संविधान के अनुच्छेद 343 के अनुसार "संघ की राजभाषा हिन्दी और लिपि देवनागरी होगी।" उत्तर भारत के अतिरिक्त मध्यकाल में दक्षिण भारत के साहित्य का भी कुछ अंश देवनागरी लिपि में लिखा गया। आज इस लिपि से भारत की बहुत बड़ी आबादी परिचित है। इस लिपि की निम्न मुख्य विशेषताएँ हैं—

(i) नागरी लिपि में लेखन, प्रत्यक्षीकरण, बोधन तथा उच्चारण में श्रम की मितव्ययता का ध्यान रखा गया है। यह मितव्ययता सूक्षम मनोवैज्ञानिक तथा स्नायुतंत्रीय आधारों पर भी है।

(ii) इसमें एक से अधिक ध्वनियों को एक आकार में संश्लिष्ट रूप से देखने की क्षमता भी है। साथ ही इनमें तर्क सम्मत विश्लेषण करने का प्रावधान भी है।

(iii) नागरी लिपि में उच्चारण तथा लेखन की पूरी प्रक्रिया को क्रमबद्ध ढंग से प्रामाणिक रूप में सिद्ध किया जा सकता है।

(iv) इसमें आधुनिक विज्ञान द्वारा सम्पुष्ट और चारणिक इकाई को केन्द्र बनाकर आक्षरिक आधार पर वर्णों का निर्धारण किया गया है। इसके बावजूद ध्वन्यात्मक आधार पर भी सभी अक्षर मूल ध्वनि के अनुरूप हैं।

इन चार महत्त्वपूर्ण पहलुओं के आधार पर नागरी लिपि की वैज्ञानिकता को विस्तार के साथ समझा जा सकता है। सुविधा के लिए इस वैज्ञानिकता को निम्न दो आधारों पर समझना उपयुक्त होगा—

(क) आन्तरिक पक्ष, तथा

(ख) अन्य पक्ष

(क) आन्तरिक पक्ष

नागरी लिपि की वैज्ञानिकता का मूल आधार है—उसका आन्तरिक पक्ष। आन्तरिक पक्ष से तात्पर्य लिपि में निहित उन तत्त्वों से है, जिनसे सैद्धान्तिक पीठिका पर वह अपनी वैज्ञानिकता स्थापित कर पाई है। ये गुण हैं—लिपि क्रम की वैज्ञानिकता एवं वर्णमाला का व्यवस्थित क्रम, सम्पर्क लिपि की अपूर्व क्षमता तथा वैज्ञानिकता के अन्य संदर्भ आदि।

1. **लिपि क्रम की वैज्ञानिकता**— नागरी के लिपि क्रम की वैज्ञानिकता का

सबसे महत्त्वपूर्ण उदाहरण 'माहेश्वर सूत्र' है। इस सूत्र को दो रूपों में देखा जा सकता है। पहला तो यह कि वर्णों को सुनियोजित क्रम से रखा गया है, और प्रत्याहार की व्यवस्था की गई है। प्रत्याहार के लिए कई अक्षरों का संकेत किया जा सकता है।

दूसरे यह कि इसकी वर्णमाला उच्चारण स्थान एवं उच्चारण प्रयत्न के आधार पर वैज्ञानिक क्रम से सुनियोजित है।

(क) उच्चारण स्थान— नागरी लिपि वर्णमाला के प्रत्येक वर्ग को उच्चारण स्थान की दृष्टि से व्यवस्था दी गई है, जैसे—

(i) क वर्ग की पांच (क, ख, ग, घ, ङ) तथा ह एवं विसर्ग का उच्चारण कण्ठ से होता है। इसलिए ये कण्ठ ध्वनियाँ कहलाती हैं।

(ii) च वर्ग की पाँचों ध्वनियाँ तथा य एवं श का स्थान तालू है।

(iii) ट वर्ग की ध्वनियों तथा र और ष का स्थान मूर्धा है।

(iv) त वर्ग की सभी ध्वनियों तथा ल एवं स का स्थान दन्त है।

(v) प वर्ग की पाँचों ध्वनियों का स्थान ओष्ठ है।

(vi) प्रत्येक वर्ग की अंतिम ध्वनि (ङ, ञ, ण, न, म,) का स्थान नासिका है। अनुस्वार का स्थान भी यही है।

(vii) ए और ऐ का उच्चारण कण्ठ तथा तालू से होता है।

(viii) ओ एवं औ का उच्चारण कण्ठ एवं ओष्ठ से होता है।

(ख) उच्चारण प्रयत्न— उच्चारण प्रयत्न दो प्रकार के होते हैं—आभ्यांतर एवं बाह्य। आभ्यांतर प्रयत्न के अंतर्गत ईषत्स्पृष्ट, ईश्वदिवृत्त, विवृत्त, संवृत्त और स्पृष्ट। बाह्य प्रयत्नों के अंतर्गत विवार, समवार, श्वास, नाद, घोष, अघोष, अल्पप्राण, महाप्राण, उदात्त, अनुदात्त और स्वरित आते हैं।

इन ध्वनियों के इस विभाजन को निम्न सरणी में देखा जा सकता है—

सरणि

बाह्य प्रयत्न	विवार श्वास अघोष अल्पप्राण		विवार श्वास अघोष महाप्राण			संवार नाद घोष अल्पप्राण / उदात्त अनुदात्त स्वरित				
अक्षर	क		ख	श		अ	इ	ए	घ	
	च		छ	ष		उ	ओ		झ	
	ट		ठ	स		ऋ		ए	र	ढ
	त	थ	स		लृ	औ		ल	ध	
									भ	
आभ्यान्तर प्रयत्न	स्पृष्ट				ह्रस्व संवृत्त	विवृत्त		ईषत्स्पृष्ट	स्पृष्ट	ईश्वदिवृत्त

2. व्यवस्थित वर्णमाला— नागरी लिपि की वर्णमाला का रूप अत्यन्त व्यवस्थित है। इसमें स्वरों और व्यंजनों को अलग-अलग रखा गया है। स्वरों में भी ह्रस्व और दीर्घ के युग्म (अ, आ, इ, ई, उ, ऊ) हैं। पहले मूल स्वर रखे गए हैं, फिर संयुक्त स्वर।

स्पर्श ध्वनियों के अंतर्गत पहले कण्ठ ध्वनियों को रखा गया, एवं अंत में ओष्ठ्य ध्वनियों को।

यहाँ तक कि प्रत्येक वर्ग की प्रथम, तृतीय एवं अंतिम ध्वनियाँ अल्प प्राण ध्वनि (क, ग, ङ) तथा द्वितीय एवं चतुर्थ ध्वनि महाप्राण ध्वनि (ख, घ) हैं। प्रत्येक वर्ग की अंतिम ध्वनि को अनुनासिक रखा गया है, जैसे—ङ, ञ, ण, न एवं म।

इस प्रकार प्रत्येक वर्ग की ध्वनियों में पहले अघोष एवं उसके बाद सघोष ध्वनियों का उल्लेख है। इस प्रकार पहले की दो ध्वनियाँ अघोष तथा अंतिम तीन ध्वनियाँ सघोष हो जाती हैं।

3. उच्चारण के अनुरूप लेखन— नागरी लिपि अक्षरात्मक लिपि है। अक्षरात्मक लिपि में प्रत्येक ध्वनि के लिए पृथक्-पृथक् वर्ण होते हैं। इसमें प्रत्येक स्तर के लिए भिन्न चिह्न होता है, जो उच्चारण के अनुरूप लिखे जाते हैं। जैसे यदि 'रहीम' बोलना है, तो उसे र्+अ+ह्+ई+म्+अ लिखना होगा। जबकि अंग्रेजी में ऐसा नहीं है। उसमें अनेक लिखी हुई ध्वनियों का उच्चारण नहीं होता। जैसे—'KNIFE'। इसका उच्चारण 'नाईफ' है। इसमें 'K' ध्वनि का उच्चारण नहीं होता।

4. एक ध्वनि एक लिपि— नागरी लिपि में प्रत्येक ध्वनि के लिए अलग-अलग चिह्न हैं, तथा एक चिह्न की एक ही ध्वनि है। जबकि रोमन लिपि में एक ध्वनि के लिए अनेक लिपि चिह्न हैं। जैसे—रोमन लिपि में 'S' की तीन ध्वनियाँ हैं—स, ज़, श,। इसी प्रकार 'क' ध्वनि के लिए C, K, Q, का प्रयोग किया जाता है।

5. व्यंजन चिह्न की आक्षरिकता— इससे तात्पर्य है—व्यंजन के उच्चारण के साथ स्वर का उच्चारण होना। यह गुण नागरी लिपि में ही है, रोमन आदि में नहीं। इसके कारण नागरी लिपि में लेखन की गति बढ़ जाती है। उदाहरण के लिए यदि 'मदन' को अंग्रेजी में लिखना होगा, तो लिखेंगे— MADANAA स्पष्ट है कि जहाँ नागरी में इसे केवल तीन चिह्नों द्वारा व्यक्त कर दिया गया है, वहीं रोमन में छः चिह्नों की आवश्यकता पड़ी है।

6. पृथक्-पृथक् लिपि चिह्न— इसमें प्रत्येक स्वर एवं व्यंजन ध्वनि के लिए पृथक् लिपि चिह्न है। यद्यपि ऐसा करने से कुल स्वर एवं व्यंजनों की संख्या रोमन लिपि की तुलना में अधिक अवश्य हो गई है, किन्तु इससे लिपि में वैज्ञानिकता अधिक आ गई है। उदाहरण के लिए नागरी लिपि में अल्पप्राण एवं महाप्राण ध्वनियों के लिए अलग-अलग लिपि हैं। जैसे—क (अल्पप्राण), ख (महाप्राण), जबकि रोमन लिपि में इसके लिए होगा—K (क), KH (ख)।

इतना ही नहीं, बल्कि संयुक्त व्यंजनों के लिए भी स्वतंत्र लिपि चिह्न की व्यवस्था है, जैसे—क्ष, त्र, ज्ञ आदि।

7. ह्रस्व-दीर्घ का भेद— नागरी लिपि मैं ह्रस्व और दीर्घ का भेद बिल्कुल स्पष्ट होने के कारण ध्वनियों को अधिक शुद्धता से लिखा जा सकता है। जैसे—

तल, तला, ताल, ताला

रोमन लिपि में इसे शुद्धता के साथ लिखना मुश्किल होगा, क्योंकि TALA लिख देने मात्र से उपरोक्त चारों ध्वनियों का उच्चारण किया जा सकता है। इस प्रकार रोमन लिपि में उच्चारण का भ्रम बना रहता है।

8. सरलता— अन्य लिपियों की तुलना में नागरी लिपि सरल है। जहां रोमन को पढ़ने के लिए शब्द का उच्चारण भी याद करना पड़ता है, वहाँ नागरी लिपि में नहीं। यहाँ तक कि यह तमिल, तेलुगू, कन्नड़, मलयालम तथा उर्दू लिपियों से भी सरल एवं सुगम लिपि है।

9. नमनीयता— यह लिपि के साथ नमनीय है। इसमें अनेक विदेशी ध्वनियों को समावेश करने की अपूर्व क्षमता है। इसी कारण देवनागरी लिपि ने उर्दू की पाँच ध्वनियों को क़, ख़, ग़, ज़, फ़ तथा अंग्रेजी की 'ऑ' ध्वनि को स्वीकार कर लिया है।

10. सर्व समावेशकता— इस लिपि में यह विशेषता है कि इसमें विश्व की समस्त भाषाओं की ध्वनियों को लिख सकते हैं। तमिल, तेलुगू, कन्नड़ तथा उर्दू भाषा को नागरी लिपि के माध्यम से सीखा जा सकता है। यहाँ तक कि निरर्थक ध्वनियों को भी यह लिपि अपने चिह्न द्वारा व्यक्त कर सकती है।

11. सुन्दरता— यह लिपि देखने में कलात्मक और सुडौल है। इसकी शिरोरेखा ने इसके सौन्दर्य में और भी अधिक वृद्धि की है।

इस प्रकार नागरी लिपि की वैज्ञानिकता तथा अन्य अनेक गुणों को देखते हुए यह बात स्पष्ट होती है कि यह एक आदर्श एवं वैज्ञानिक लिपि है। पूर्णता, स्पष्टता, संक्षिप्तता तथा सुनियोजितता इसकी मुख्य विशेषताएँ हैं। इन्हीं सब गुणों को देखते हुए जॉन गिलक्राइस्ट ने सही कहा है कि "मानव मस्तिष्क से निकली हुई वर्णमालाओं में नागरी सबसे अधिक पूर्ण वर्णमाला है।"

राहुल सांकृत्यायन का विचार है कि "देवनागरी दुनिया की सर्वाधिक वैज्ञानिक लिपि है।" इसी प्रकार आचार्य महावीर प्रसाद द्विवेदी का मानना था कि "देवनागरी लिपि की वैज्ञानिकता स्वयं सिद्ध है।"

दोष

यद्यपि देवनागरी लिपि विश्व की सर्वाधिक वैज्ञानिक लिपि है, जो इसकी सबसे बड़ी शक्ति भी है। फिर भी इसकी यही वैज्ञानिकता कहीं-कहीं इसके दोषों का कारण भी

बन गई है। विद्वान् नागरी लिपि में मुख्यतः निम्न दोष पाते हैं—

1. नागरी लिपि के वर्णों की आकृति व्यवस्था में अनेक दोष हैं। कहीं तो सभी वर्णों की आकृतियाँ एक जैसी नहीं हैं, तो कहीं-कहीं भिन्न वर्णों की आकृतियाँ एक जैसी हैं। इसके कारण भ्रम पैदा होता है। इस तरह के कुछ दोष निम्न हैं—

(i) नागरी में अ, छ एवं झ ध्वनियों को लिखने के दो-दो रूप प्रचलित हैं।

(ii) 'ख' ध्वनि र एवं व को अधिक निकट लिखने से बनती है। इसलिए इसके 'ख' के स्थान पर 'रव' पढ़े जाने की भी आशंका रहती है।

(iii) अर्द्ध 'र' के लेखन में विविधता मिलती है, जो सामान्य लोगों के लिए कठिन हो जाता है। अर्द्ध 'र' के ' ि', '्र', '़' रूप मिलते हैं, जैसे—'धर्म', 'ग्रह' एवं 'वृक्ष'। सामान्य लोग यह नहीं समझ पाते कि किस वर्ण के साथ कौन-सा 'र' लगेगा।

(iv) अनुनासिकता (ँ) तथा अनुस्वार (ं) में इतना सूक्ष्म अंतर है कि इसे गलत लिखने की सम्भावना बनी रहती है।

(v) 'ये' के संबंध में दो लिपियाँ प्रचलित हैं, जैसे— 'गए' और 'गये'।

2. अक्षरात्मक लिपि होने के कारण यद्यपि यह वैज्ञानिक तो हो गई है, किन्तु रोमन लिपि की तुलना में क्लिष्ट भी हो गई है। रोमन लिपि में स्वर और व्यंजन मिलकर जहां 26 वर्ण हैं, वहीं देवनागरी में इनकी संख्या 52 है।

3. यद्यपि नागरी लिपि में लेखन एवं उच्चारण की अनुरूपता है, किन्तु व्यवहार में ऐसा नहीं है। जैसे— 'ष' उच्चारण में समाप्त हो चुका है। इसी प्रकार 'ऋ' का उच्चारण 'रि' हो गया है।

4. 'इ' की मात्रा बोली तो बाद में जाती है, किन्तु लिखी पहले जाती है, जैसे— 'मिलन' में 'म' का उच्चारण पहले किया जाता है, जबकि लिखने में 'इ' की मात्रा पहले लगती है।

5. प्रत्येक अक्षर में 'आ' का उच्चारण नहीं होता, किन्तु लिखा जरूर जाता है। जैसे— 'राम' में र+आ+म ध्वनियाँ हैं। अंतिम ध्वनि पर हलन्त होना चाहिए, लेकिन लिखने में वैसा नहीं किया जाता।

6. रोमन लिपि को लिखने के लिए बार-बार हाथ नहीं उठाना पड़ता, जबकि यह सुविधा देवनागरी लिपि के साथ नहीं है।

7. संयुक्त वर्णों में 'ज्ञ' का मूल उच्चारण 'ज्ञ' रहा है। हिन्दी प्रदेश में इसका वर्तमान उच्चारण 'ग्यँ' है। अतः यहां भी उच्चारण के अनुरूप लेखन नहीं हो पाता।

8. हिन्दी में विसर्ग का अस्तित्व तो है, किन्तु वह उच्चारण में नहीं है। जैसे— 'दुःख'। इसी प्रकार शुद्ध लिपि है 'छः' किन्तु अब इसे 'छह' लिखा जाता है।

9. नागरी में 'न्ह', 'म्ह' जैसे महाप्राण ध्वनियों के लिए पृथक् चिह्न नहीं है।

10. हिन्दी बोलियों में से 'ळ' का उच्चारण विद्यमान है। नागरी लिपि में अभी इसके लिए कोई लिपि चिह्न नहीं है।

11. इस लिपि में वर्णों की संख्या अधिक होने के कारण मुद्रण की दृष्टि से कठिनाई आती है, क्योंकि इसके लिए बड़े कुंजीपटल की आवश्यकता होती है। यह कठिनाई तब और भी बढ़ जाती है, जब हलन्त, विसर्ग, अनुनासिक, अनुस्वार, अर्द्ध व्यंजन ध्वनियाँ तथा मात्राओं के लिए अलग-अलग बिन्दु निर्धारित किए जाते हैं। निश्चित रूप से यह लिपि टंकण की दृष्टि से रोमन लिपि की अपेक्षा कठिन एवं अवैज्ञानिक है।

वर्तनी की समस्या

हिन्दी भाषा में वर्तनी की समस्या उसके उच्चारण तथा व्याकरण से जुड़ी हुई है। चूँकि हिन्दी भाषी क्षेत्र बहुत व्यापक हैं, और उन सबकी अपनी-अपनी बोलियाँ हैं। इसलिए हिन्दी का उच्चारण भी भिन्न-भिन्न क्षेत्रों के लोगों द्वारा भिन्न-भिन्न ढंग से किया जाता है, और जब उच्चारण भिन्न होता है, तो लिखने में भी स्वाभाविक रूप से भिन्नता आ जाती है।

समस्या का दूसरा कारण हिन्दी का अपना व्याकरण भी है। विशेषकर हिन्दी भाषी क्षेत्र के लोगों की मातृभाषा होने के कारण वे व्याकरण पर विशेष ध्यान नहीं देते। ऐसी स्थिति में उनसे अनेक अशुद्धियाँ हो जाती हैं। दूसरी ओर व्याकरण के कुछ नियम इतने जटिल हैं कि अहिन्दी भाषियों के लिए उनके कारण भ्रम पैदा हो जाते हैं। ऐसी स्थिति में वर्तनी की समस्या उठ खड़ी होती है।

सामान्य तौर पर हिन्दी वर्तनी की निम्न समस्याएँ रेखांकित की जाती हैं—

1. शब्द रचना की सही जानकारी न होने पर वर्तनी की समस्या बन जाती है। उदाहरण के लिए यदि हम 'इक' प्रत्यय को लें, तो उसके कारण शब्द में निम्न परिवर्तन होते हैं; जैसे—

अध्यात्म	–	आध्यात्मिक	(अ > आ)
इतिहास	–	ऐतिहासिक	(इ > ऐ)
नीति	–	नैतिक	(ई > ऐ)
भूत	–	भौतिक	(ऊ > औ)
सेना	–	सैनिक	(ए > ऐ)
लोक	–	लौकिक	(ओ > औ)

इसका प्रभाव उच्चारण पर भी पड़ता है।

2. कुछ शब्द ऐसे हैं, जिनके दो रूप प्रचलित हैं, जैसे—

नई – नयी

खाए – खाये

चाहिए – चाहिये

इसी प्रकार स्त्रीलिंग बहुवचन प्रत्यय 'एँ' के भी दो रूप मिलते हैं, जैसे–

कन्याएँ – कन्यायें

3. संधियों के नियम पर ध्यान न देने के कारण भी वर्तनी की कठिनाई सामने आती है। इसी कारण 'अत्यधिक' के स्थान पर 'अत्याधिक' तथा 'उज्ज्वल' के स्थान पर 'उज्जवल' देखने को मिलते हैं।

4. 'सहस्त्र' तथा 'स्त्री' जैसे शब्दों की सही जानकारी नहीं होने के कारण वर्तनी की समस्या आ जाती है। 'सहस्त्र' में स्+र का योग है, जबकि 'स्त्री' में स्+त्+री है। पहले में दो व्यंजनों का संयोग है, तो दूसरे में तीन व्यंजनों का संयोग।

5. कर, वाला तथा जी आदि शब्द कहीं तो मिलाकर लिखे जाते हैं, तो कहीं अलग-अलग, जैसे–

खाने वाला – खानेवाला

पिता जी – पिताजी

तुम सा – तुमसा

सुधार के प्रयास

उपर्युक्त अध्ययन से यह बात स्पष्ट होती है कि यद्यपि देवनागरी लिपि अत्यन्त वैज्ञानिक तो है, किन्तु उसके दोष भी कम नहीं हैं। जब हम किसी भी लिपि को विश्व की अन्य लिपियों के समक्ष चुनौती के रूप में विकसित करना चाहते हैं, तब यह स्वाभाविक है कि उस लिपि की उन छोटी-छोटी कमियों को भी दूर करने के प्रयास करें, जो उसके सामने आती रही हैं। इस दृष्टि से वैज्ञानिक लिपि में सुधार के निरन्तर प्रयास होते रहे हैं।

इस बारे में सन् 1941 में हिन्दी साहित्य सम्मेलन में चर्चा हुई, जिसमें लिपि सुधार समिति बनाई गई। समिति ने निम्न महत्त्वपूर्ण सुझाव दिए थे :

1. मात्राओं, अनुस्वार तथा रेफ को उच्चारण क्रम से अलग रखना चाहिए।
2. 'इ' की मात्रा भ्रामक है, पर इस पर कुछ निर्णय न हो सका।
3. 'अ' की बारहखड़ी बनाई जाए और अन्य स्वरों की लिपि छोड़ दी जाए।
4. संयुक्तताक्षर भी उच्चारण के अनुसार लिखे जाएं अर्थात् 'प्रेम, श्रम, त्रुटि' आदि क्रमशः 'परेम, शरम, त्रुटि रूप में होंगे।
5. शिरोरेखा लगाना आवश्यक नहीं है।

इसके पश्चात् सन् 1945 में नागरी प्रचारिणी सभा काशी ने एक लिपि सुधार समिति बनाई। इस समिति ने सुझाव दिया था कि ख, ध आदि महाप्राण व्यंजनों के

लिए पृथक् चिह्न न रखकर उन्हें ''वह'', ''ग्ह'' के रूप में लिखा जाए। किन्तु यह सुझाव व्यावहारिक दृष्टि से उचित न होने के कारण मान्य नहीं हुआ।

इसके दो वर्ष पश्चात् सन् 1947 में उत्तर प्रदेश सरकार ने आचार्य नरेन्द्र देव की अध्यक्षता में एक लिपि सुधार समिति का गठन किया। इस समिति ने निम्न महत्त्वपूर्ण सुझाव दिए—

1. संयुक्ताक्षरों को यथासम्भव निकाल देना चाहिए तथा इन्हें उच्चारण के अनुसार लिखा जाए।
2. 'इ' की मात्रा आगे 'ई' की मात्र के समान थोड़ी छोटी पंक्ति के द्वारा लिखी जाए। यथा—'किसी' शब्द 'कीसी' रूप में लिखा जाए।
3. ध, भ को क्रमशः ध तथा भ रूप में लिखा जाए।

बाद में उत्तर प्रदेश सरकार ने नागरी प्रचारिणी सभा, काशी के अनुरोध पर सन् 1953 में एक लिपि सुधार समिति बनाई। तत्कालीन राष्ट्रपति डॉ॰ राधाकृष्णन इसके अध्यक्ष थे। इस समिति ने अब तक दिए गए सुझाव का अध्ययन करने के बाद अपने सुझाव प्रस्तुत किए। इस समिति ने भी लगभग ऊपर वर्णित सभी सुझाव दिए थे। बाद में व्यक्तिगत रूप से आचार्य किशोरीदास वाजपेयी, डॉ॰ बाबूराम सक्सेना, डॉ॰ भोलानाथ तिवारी तथा डॉ॰ गोपाल राय आदि विद्वानों ने इस विषय पर स्वतंत्र पुस्तक लिखकर तथा लेखों के माध्यम से अपने-अपने विचार व्यापक रूप में प्रस्तुत किए।

प्रारम्भ में 'काशी पत्रिका', 'वैष्णव पत्रिका' तथा 'बिहार बन्धु' आदि पत्रिकाओं के सम्पादकों एवं विभिन्न विद्वानों के मध्य इस बात को लेकर विवाद चला था कि हिन्दी में विभक्तियों को शब्दों से हटाकर लिखना चाहिए या मिलाकर। इस प्रश्न को लेकर सन् 1886 ई॰ में क्षेत्रधारी सिंह ने 'लेख नियम' नाम की एक छोटी-सी पुस्तिका भी प्रकाशित की थी, जिसे इस दिशा में किया गया पहला प्रयास माना जा सकता है।

बाल गंगाधर तिलक का ध्यान पहली बार टाइपराइटर की दृष्टि से देवनागरी लिपि पर गया था। जहाँ अंग्रेजी में स्माल व कैपीटल लैटर मिलाकर कुल 52 अक्षर बनते हैं, वहीं हिन्दी में 350 अक्षर बनते थे। सन् 1904 में बाल गंगाधर तिलक ने इन अक्षरों की संख्या 350 से कम करके 190 कर दी। बाद में महाराष्ट्र के सावरकर ने 'अ' के आधार पर सभी स्वरों को लिखना प्रारम्भ किया; जैसे— अी, अु, अे आदि। इसके बाद अपनी पत्रिका 'नव जीवन' का हिन्दी संस्करण निकालते समय महात्मा गांधी का ध्यान भी इस ओर गया। इस समस्या के समाधान के लिए जब गांधी जी ने काका साहब कालेलकर से पूछा, तब उन्होंने 'बारह खड़ी' का सुझाव दिया। यह 12 खड़ी 12 अक्षरी है, जिसमें सभी स्वर का काम एक ही शब्द 'अ' से चला लिया जाता है; जैसे—अ, आ, अि, अी, अु, अू, अे, अै, ओ, अंः। गुजराती लिपि के प्रभाव से नागरी लिपि में भी शिरोरेखा हटाए जाने की बात कही गई। गांधी जी और विनोबा भावे ने भी इसका

समर्थन किया। किन्तु ये सुझाव लोकप्रिय नहीं हो सके।

इसके बाद बंगाल के सुनीति कुमार चटर्जी ने यह सुझाव दिया कि क्यों न देवनागरी लिपि के स्थान पर रोमन लिपि को अपना लिया जाए। यह लिपि उस समय फौज में प्रचलित थी। जैसे तीर्थ को 'TIRTH' लिखा जाए। किन्तु यह स्वीकृत नहीं हो सकी।

समग्र रूप में देवनागरी लिपि में किए जाने वाले सुधार के संबंध में निम्नलिखित सुझाव प्रस्तुत किए जा सकते हैं :

1. शिरोरेखा लगाई जानी चाहिए, क्योंकि यह वर्णमाला को एक सौन्दर्य प्रदान करती है।
2. उर्दू की पाँचों ध्वनि (क़, ख़, ग़, ज़, फ़) तथा अंग्रेजी की 'ऑ' ध्वनि बनाई रखी जाए, ताकि उच्चारण की शुद्धता बनी रहे।
3. चूँकि 'ष' और 'ऋ' उच्चारण में अब नहीं रही हैं, इसलिए इन्हें समाप्त कर दिया जाए।
4. म्ह, न्ह एवं ल्ह आदि ध्वनियाँ व्यंजन न होकर महाप्राण व्यंजन हैं। अतः इनके लिए स्वतंत्र लिपि चिह्न होना उपयुक्त होगा। लेकिन इससे व्यंजनों की संख्या में वृद्धि होगी।
5. वर्णों की संख्या कम करने की दृष्टि से एक सुझाव यह हो सकता है कि संयुक्ताक्षरों के लिए स्वतंत्र चिह्न न हों। अर्थात् क्ष, त्र, ज्ञ, श्र आदि की आवश्यकता नहीं है। इन्हें क्रमशः क्श, त्र, ज्यं, श्र आदि रूप में लिखा जाए।
6. वर्णों के द्वैत रूप समाप्त कर दिए जाएं, और उन्हें एक ही रूप में लिखा जाए। अर्थात् अ, ण, झ, ध तथा भ आदि लिखा जाए।
7. अनुस्वार एवं नासिक्य ध्वनियों के लिए अक्षर के ऊपर केवल बिन्दु का ही प्रयोग किया जाए।
8. कुछ विद्वानों ने यह सुझाव दिया था कि अर्द्ध 'र' को एक ही जैसा लिखा जाए, अर्थात् इसे धर्म, टेर्न तथा कर्म आदि लिखा जाए। ऐसा करना अवैज्ञानिक होगा। अतः इन शब्दों का जैसा उच्चारण होता है, उसे वैसे ही लिखा जाना चाहिए; जैसे—धर्म, ट्रेन, क्रम।
9. वर्तमान में संयुक्ताक्षर इस प्रकार लिखे जाते हैं कि एक अक्षर के ऊपर दूसरा अक्षर आ जाता है; जैसे— विद्या, शक्ति आदि। इनमें कौन-सा वर्ण पहले है, और कौन-सा बाद में, पता नहीं चलता। अतः सरलता की दृष्टि से इन्हें 'विद्‌या' तथा 'शक्‌ति' आदि के रूप में लिखा जा सकता है।
10. देवनागरी लिपि में कुछ वर्ण ऐसे हैं, जो यदि सही रूप में न लिखे जाएं, तो

भ्रम उत्पन्न करते हैं। जैसे 'खाना' शब्द 'रवाना' का भी भ्रम देता है। इस समस्या के निराकरण के लिए 'र' और 'व' को नीचे से मिलाकर लिखा जाना चाहिए। इसी प्रकार 'म' और 'भ' तथा 'घ' और 'ध' के भ्रम को दूर करने के लिए 'भ' एवं 'ध' को घुण्डीदार बनाया जा सकता है।

11. देवनागरी लिपि में अनुस्वार वर्ण के ऊपर लिखा जाता है, जबकि उच्चारण करते समय अनुस्वार का उच्चारण वर्ण के बाद में किया जाता है। यदि अनुस्वार के बदले दो वर्णों के बीच 'न्' लिखा जाए, तो इस त्रुटि को सुधारा जा सकता है। जैसे—इंसान-इन्सान, हिंदी-हिन्दी।
12. कुछ विद्वानों का यह मानना है कि नागरी लिपि ने अंग्रेजी के प्रभाव के कारण अन्तरराष्ट्रीय विराम चिह्नों को अपना लिया है; पूर्णविराम को छोड़कर। पूर्णविराम के लिए अभी भी खड़ी पाई का उपयोग किया जाता है। अब कुछ पत्रिकाएं उसके स्थान पर अंग्रेजी की पद्धति पर बिन्दु का प्रयोग करने लगी हैं। नागरी लिपि इसे स्वीकार कर सकती है।
13. एक सुझाव यह भी है कि ड़ या ढ़ की नीचे की बिन्दियाँ न रहें। जब ये व्यंजन ध्वनियाँ दो स्वरों के बीच में आती हैं, तब उनका उच्चारण अपने आप ही ड़ और ढ़ के रूप में होता है।

निश्चित रूप से जब देवनागरी लिपि में ये नए सुधार किए जाएंगे, तब उसे अभी तक का अभ्यस्त वर्ग आसानी से स्वीकार नहीं कर पाएगा। फिर भी यदि शनैः-शनैः इन सुधारों को लागू किया गया, तब कालान्तर में ये देवनागरी लिपि के ही अंक हो जाएंगे। ऐसा करके देवनागरी लिपि अपना और भी विस्तार कर सकेगी।

वस्तुतः वर्तनी की ये समस्याएँ वर्तनी के मानकीकरण से जुड़ी हुई हैं। यदि एक बार वर्तनी का मानकीकरण निर्धारित हो जाता है, और लोग उसका पालन करना प्रारम्भ कर देते हैं, तो ये समस्याएं स्वमेव ही सुलझ जाएंगी। इस दिशा में केन्द्रीय हिन्दी निदेशालय ने स्तुत्य प्रयास किया है। उसने वर्तनी के स्तर पर मानकीकरण के संबंध में अत्यन्त महत्त्वपूर्ण और व्यावहारिक सुझाव दिए हैं। हिन्दी निदेशालय ने शीर्षस्थ विद्वानों आदि के साथ विचार-विमर्श के पश्चात् हिन्दी वर्णमाला तथा अंकों का जो मानक स्वरूप निर्धारित किया है, वह इस प्रकार है—

1. मानक हिन्दी वर्णमाला

स्वर

अ आ इ ई उ ऊ ऋ ए ऐ ओ औ

मात्राएँ

ा ि ी ु ू ृ े ै ो ौ

अनुस्वार

(अं)

विसर्ग

: (अः)

अनुनासिक चिह्न

ँ

व्यंजन

क	ख	ग	घ	ङ		
च	छ	ज	झ	ञ		
ट	ठ	ड	ढ	ण	ड़	ढ़
त	थ	द	ध	न		
प	फ	ब	भ	म		
य	र	ल	व		ळ	
श	ष	स	ह			

संयुक्त व्यंजन

क्ष त्र ज्ञ श्र

हल् चिह्न

(ड्)

गृहीत स्वन

ऑ (ॉ), क़, ख़, ग़, ज़ फ़

देवनागरी अंक

१	२	३	४	५
६	७	८	९	०

भारतीय अंकों का अंतरराष्ट्रीय रूप

1	2	3	4	5
6	7	8	9	0

संस्कृत के लिए प्रयुक्त देवनागरी वर्णमाला में तो ऋ, लृ तथा लॄ भी सम्मिलित हैं, किंतु हिन्दी में इन वर्णों का प्रयोग न होने के कारण इन्हें हिन्दी की मानक वर्णमाला में स्थान नहीं दिया गया है।

संविधान के अनुच्छेद 343(1) के अनुसार संघ के राजकीय प्रयोजनों के लिए प्रयुक्त होनेवाले अंकों का रूप भारतीय अंकों का अंतरराष्ट्रीय रूप होगा। परन्तु राष्ट्रपति संघ के किसी भी राजकीय प्रयोजन के लिए भारतीय अंकों के लिए भारतीय अंकों के अंतरराष्ट्रीय रूप के साथ-साथ देवनागरी रूप का प्रयोग भी प्राधिकृत कर सकते हैं।

परिवर्धित देवनागरी वर्णमाला

केंद्रीय हिन्दी निदेशालय ने उपर्युक्त मानक हिन्दी वर्णमाला के साथ ही परिवर्धित देवनागरी वर्णमाला भी विकसित की है, ताकि उसके माध्यम से सभी भारतीय भाषाओं का लिप्यंतरण देवनागरी में हो सके।

2. हिन्दी वर्तनी का मानकीकरण

वर्तनी संबंधी अद्यतन नियम इस प्रकार हैं—

(1) संयुक्त वर्ण

(क) खड़ी पाई वाले व्यंजन

खड़ी पाई वाले व्यंजनों का संयुक्त रूप खड़ी पाई को हटाकर ही बनाया जाना चाहिए, यथा—

ख्याति, लग्न, विघ्न	व्यास
कच्चा, छज्जा	श्लोक
नगण्य	राष्ट्रीय
कुत्ता, पथ्य, ध्वनि, न्यास	स्वीकृति
प्यास, डिब्बा, सभ्य, रम्य	यक्ष्मा
शय्या	त्र्यंबक
उल्लेख	

(ख) अन्य व्यंजन

(अ) 'क' और 'फ़' के संयुक्ताक्षर :
संयुक्त, पक्का, दफ़्तर आदि की तरह बनाए जाएँ, न कि संयुक्त, पक्का, दफतर की तरह

(आ) ङ, छ, ट, ठ, ड, ढ, द और ह के संयुक्ताक्षर हल् चिह्न लगाकर ही बनाए जाएँ, यथा—
वाङ्मय, लट्टू, बुड्ढा, विद्या, चिह्न, ब्रह्मा आदि
(वाङमय, लट्टू, बुड्ढा, विद्या, चिह्न, ब्रह्मा नहीं)।

(इ) संयुक्त 'र' के प्रचलित तीनों रूप यथावत् रहेंगे, यथा— प्रकार, धर्म, राष्ट्र

(ई) 'श्र' का प्रचलित रूप ही मान्य होगा। इसे 'श्‍र' के रूप में नहीं लिखा जाएगा। त्+र के संयुक्त रूप के लिए 'त्र' और 'त्‍र' दोनों रूपों में से किसी एक के प्रयोग की छूट होगी। किंतु 'क्र' को 'क्‍र' के रूप में नहीं लिखा जाएगा।

(उ) हल् चिह्न युक्त वर्ण से बनने वाले संयुक्ताक्षर के द्वितीय व्यंजन के साथ 'इ' की मात्रा का प्रयोग संबंधित व्यंजन के तत्काल पूर्व ही किया जाएगा, न कि पूरे युग्म से पूर्व, यथा— कुट्टिम, द्वितीय, बुद्धिमान, चिह्नित आदि
(कुट्टिम, द्वितीय, बुद्धिमान, चिह्नित नहीं)।

(ऊ) संस्कृत में संयुक्ताक्षर पुरानी शैली में भी लिखे जा सकेंगे, उदाहरणार्थ—
संयुक्त, चिह्न, विद्या, चञ्चल, विद्वान, वृद्ध, द्वितीय, बुद्धि आदि।

(2) विभक्ति-चिह्न

(क) हिंदी के विभक्ति-चिह्न सभी प्रकार के संज्ञा शब्दों में प्रातिपदिक से पृथक् लिखे जाएँ, जैसे—राम ने, राम को, राम से आदि तथा स्त्री ने, स्त्री को, स्त्री से आदि। सर्वनाम शब्दों में ये चिह्न प्रातिपदिक के साथ मिलाकर लिखे जाएँ, जैसे—उसने, उसको, उससे, आदि।

(ख) सर्वनामों के साथ यदि दो विभक्ति-चिह्न हों, तो उनमें से पहला मिलाकर और दूसरा पृथक् लिखा जाए, जैसे—आप ही के लिए, मुझ तक को।

(3) क्रियापद

संयुक्त क्रियाओं में सभी अंगभूत क्रियाएँ पृथक्-पृथक् लिखी जाएँ, जैसे—पढ़ा करता है, आ सकता है, जाया करता है, खाया करता है, जा सकता है, कर सकता है, किया करता था, पढ़ा करता था, खेला करेगा, घूमता रहेगा, बढ़ते चले जा रहे हैं आदि।

(4) हाइफ़न

हाइफ़न का विधान स्पष्टता के लिए निम्न प्रकार किया गया है—

(क) द्वंद समास में पदों के बीच हाइफ़न रखा जाए, जैसे—
राम-लक्ष्मण, शिव-पार्वती-संवाद, देख-रेख, चाल-चलन, हँसी-मजाक, लेन-देन, पढ़ना-लिखना, खाना-पीना, खेलना-कूदना आदि।

(ख) सा, जैसा आदि से पूर्व हाइफ़न रखा जाए, जैसे—
तुम-सा, राम-जैसा, चाकू-से तीखे।

(ग) तत्पुरुष समास में हाइफ़न का प्रयोग केवल वहीं किया जाए, जहाँ उसके बिना भ्रम होने की संभावना हो, अन्यथा नहीं, जैसे— भू-तत्त्व।

सामान्यतः तत्पुरुष समासों में हाइफ़न लगाने की आवश्यकता नहीं है, जैसे—रामराज्य, राजकुमार, गंगाजल, ग्रामवासी, आत्महत्या आदि।

इसी तरह यदि 'अ-नख' (बिना नख का) समस्त पद में हाइफ़न न लगाया जाए, तो उसे 'अनख' पढ़े जाने से 'क्रोध' का अर्थ भी निकल सकता है। अ-नति (नम्रता का अभाव), अनति (थोड़ा), अ-परस (जिसे किसी ने न छुआ हो), अपरस (एक चर्म रोग), भू-तत्त्व (पृथ्वी-तत्त्व), भूतत्त्व (भूत होने का भाव) आदि समस्त पदों की भी यही स्थिति है। ये सभी युग्म वर्तनी और अर्थ दोनों दृष्टियों से भिन्न-भिन्न शब्द हैं।

(घ) कठिन संधियों से बचने के लिए भी हाइफ़न का प्रयोग किया जा सकता है, जैसे—द्वि-अक्षर, द्वि-अर्थक आदि।

(5) अव्यय

'तक', 'साथ' आदि अव्यय सदा पृथक् लिखे जाएँ, जैसे—आपके साथ, यहाँ तक।

इस नियम को कुछ और उदाहरण देकर स्पष्ट करना आवश्यक है। हिंदी में आह, ओह, अहा, ऐ, ही, तो, सो, भी, न, जब, तब, कब, यहाँ, वहाँ, कहाँ, सदा, क्या, श्री, जी, तक, भर, मात्र, साथ, कि, किंतु, मगर, लेकिन, चाहे, या, अथवा, तथा, यथा, और आदि अनेक प्रकार के भावों का बोध कराने वाले अव्यय हैं। कुछ अव्ययों के आगे विभक्ति चिह्न भी आते हैं, जैसे—अब से, तब से, यहाँ से, वहाँ से, सदा से आदि। नियम के अनुसार अव्यय सदा पृथक् लिखे जाने चाहिए, जैसे— आप ही के लिए, मुझ तक को, आपके साथ, गज भर कपड़ा, देश भर, रात भर, दिन भर, वह इतना भर कर दे, मुझे जाने तो दो, काम भी नहीं बना, पचास रुपए मात्र आदि। सम्मानार्थक 'श्री' और 'जी' अव्यय भी पृथक् लिखे जाएँ, जैसे—श्री श्रीराम, कन्हैयालाल जी, महात्मा जी आदि।

समस्त पदों में प्रति, मात्र, यथा आदि अव्यय पृथक् नहीं लिखे जाएँगे, जैसे—प्रतिदिन, प्रतिशत, मानवमात्र, निमित्तमात्र, यथासमय, यथोचित आदि। यह सर्वविदित नियम है कि समास होने पर समस्त पद एक माना जाता है। अतः उसे अलग न लिखकर एक साथ लिखना ही संगत है।

(6) श्रुतिमूलक 'य', 'व'

(क) जहाँ श्रुतिमूलक य, व का प्रयोग विकल्प से होता है, वहाँ 'ए' का प्रयोग किया जाए, अर्थात् किए-क़िये, नई-नयी, हुआ-हुवा आदि में से पहले (स्वरात्मक) रूपों का ही प्रयोग किया जाए। यह नियम क्रिया, विशेषण, अव्यय आदि सभी रूपों और स्थितियों में लागू माना जाए, जैसे—दिखाए, गए, राम के लिए, पुस्तक लिए हुए, नई दिल्ली आदि।

(ख) जहाँ 'य' श्रुतिमूलक व्याकरणिक परिवर्तन न होकर शब्द का ही मूल तत्त्व हो, वहाँ वैकल्पिक श्रुतिमूलक स्वरात्मक परिवर्तन की आवश्यकता नहीं है, जैसे—स्थायी, अव्ययीभाव, दायित्व आदि। यहाँ स्थाई, अव्यईभाव, दाइत्व नहीं लिखा जाएगा।

(7) अनुस्वार तथा अनुनासिक—चिह्न (चंद्रबिंदु)

अनुस्वार ( ) और अनुनासिक चिह्न (ँ) दोनों प्रचलित रहेंगे।

(क) संयुक्त व्यंजन के रूप में जहाँ पंचमाक्षर के बाद सवर्गीय शेष चार वर्णों में से कोई वर्ण हो, तो एकरूपता और मुद्रण-लेखन की सुविधा के लिए अनुस्वार का ही प्रयोग करना चाहिए, जैसे— गंगा, चंचल, ठंडा, संध्या, संपादक आदि में पंचमाक्षर के बाद उसी वर्ग का वर्ण आगे आता है। अतः पंचमाक्षर के स्थान पर अनुस्वार का प्रयोग होगा (गङ्गा, चञ्चल, ठण्डा, सन्ध्या, सम्पादक का नहीं)। यदि पंचमाक्षर के बाद किसी अन्य वर्ग का कोई वर्ण आए, अथवा वही पंचमाक्षर दुबारा आए, तो पंचमाक्षर अनुस्वार के रूप में परिवर्तित नहीं होगा, जैसे—वाङ्मय, अन्य, अन्न, सम्मेलन, सम्मति, चिन्मय, उन्मुख आदि। अतः वांमय, अंय, अंन, संमेलन, संमति, चिंमय, उंमुख, आदि रूप ग्राह्य नहीं है।

(ख) चंद्रबिंदु के बिना प्रायः अर्थ में भ्रम की गुंजाइश रहती है, जैसे— हंस-हँस, अंगना-अँगना आदि में। अतएव ऐसे भ्रम को दूर करने के लिए चंद्रबिंदु का प्रयोग अवश्य किया जाना चाहिए। किंतु जहाँ (विशेषकर शिरोरेखा के ऊपर जुड़ने वाली मात्रा के साथ) चंद्रबिंदु के प्रयोग से छपाई आदि में बहुत कठिनाई हो, और चंद्रबिंदु के स्थान पर बिंदु (अनुस्वार चिह्न) का प्रयोग किसी प्रकार का भ्रम उत्पन्न न करे, वहाँ चंद्रबिंदु के स्थान पर बिंदु के प्रयोग की छूट दी जा सकती है, जैसे—नहीं, में, मैं।

कविता आदि के प्रसंग में छंद की दृष्टि से चंद्रबिंदु का यथास्थान अवश्य प्रयोग किया जाए। इसी प्रकार छोटे बच्चों की

प्रवेशिकाओं में जहाँ चंद्रबिंदु का उच्चारण सीखना अभीष्ट हो, वहाँ उसका यथास्थान सर्वत्र प्रयोग किया जाए, जैसे,—कहाँ, हँसना, आँगन, सँवारना, आदि।

(8) विदेशी ध्वनियाँ

(क) अरबी-फ़ारसी या अंग्रेज़ी मूलक वे शब्द, जो हिंदी के अंग बन चुके हैं, और जिनकी विदेशी ध्वनियों का हिंदी ध्वनियों में रूपांतर हो चुका है, हिंदी रूप में ही स्वीकार किए जा सकते हैं, जैसे—कलम, किला, दाग आदि (क़लम, क़िला, दाग़ नहीं)। पर जहाँ उनका शुद्ध विदेशी रूप में प्रयोग अभीष्ट हो, अथवा उच्चारणगत भेद बताना आवश्यक हो, वहाँ उनके हिंदी में प्रचलित रूपों में यथास्थान नुक्ते लगाए जाएँ, जैसे—खाना-ख़ाना, राज-राज़, फन-फ़न।

सारांश रूप में यह कहा जा सकता है कि अरबी-फ़ारसी एवं अंग्रेज़ी की मुख्यतः पाँच ध्वनियाँ (क़, ख़ ग़, ज़ और फ़) हिंदी में आई हैं, जिनमें से दो (क़ और ग़) तो हिंदी उच्चारण (क, ग) में परिवर्तित हो गई हैं। एक (ख़) लगभग हिन्दी 'ख' में खपने की प्रक्रिया में है। और शेष दो (ज़, फ़) धीरे-धीरे अपना अस्तित्व बनाए रखने के लिए संघर्षरत हैं।

(ख) अंग्रेज़ी के जिन शब्दों में अर्धविवृत्त 'ओ' ध्वनि का प्रयोग होता है, उनके शुद्ध रूप का हिंदी में प्रयोग अभीष्ट होने पर 'आ' की मात्रा (ा) के ऊपर अर्धचंद्र का प्रयोग किया जाए (ऑ, ॉ)।

जहाँ तक अंग्रेजी और अन्य विदेशी भाषाओं से नए शब्द ग्रहण करने और उनके देवनागरी लिप्यंतरण का संबंध है, अगस्त-सितंबर, 1962 में वैज्ञानिक तथा तकनीकी शब्दावली आयोग द्वारा वैज्ञानिक शब्दावली पर आयोजित भाषाविदों की संगोष्ठी में अंतरराष्ट्रीय शब्दावली के देवनागरी लिप्यंतरण के संबंध में की गई सिफ़ारिश उल्लेखनीय है। उसमें यह कहा गया है कि अंग्रेज़ी शब्दों का देवनागरी लिप्यंतरण इतना क्लिष्ट नहीं होना चाहिए कि उसके लिए वर्तमान देवनागरी वर्णों में अनेक नए संकेत-चिह्न लगाने पड़ें। अंग्रेज़ी शब्दों का देवनागरी लिप्यंतरण मानक अंग्रेज़ी उच्चारण के अधिक-से-अधिक निकट होना चाहिए। उसमें भारतीय शिक्षित समाज में प्रचलित उच्चारण संबंधी थोड़े-बहुत परिवर्तन किए जा सकते हैं। अन्य भाषाओं के शब्दों के संबंध में भी यही नियम लागू होना चाहिए।

(ग) हिंदी में कुछ शब्द ऐसे हैं, जिनके दो-दो रूप बराबर चल रहे हैं। विद्वत्समाज में दोनों रूपों की एक-सी मान्यता है। फिलहाल इनकी एकरूपता आवश्यक नहीं समझी गई है। कुछ उदाहरण हैं—गरदन/गर्दन, गरमी/गर्मी, बरफ़/बर्फ़, बिलकुल/ बिल्कुल, सरदी/सर्दी, कुरसी/कुर्सी, भरती/भर्ती, फुरसत/फुर्सत, बरदाश्त/बर्दाश्त, वापिस/वापस, बरतन/बर्तन, दोबारा/दुबारा, दूकान/दुकान, बीमारी/बिमारी आदि।

(9) हल् चिह्न

संस्कृतमूलक तत्सम् शब्दों की वर्तनी में सामान्यतः संस्कृत रूप ही रखा जाए। परंतु जिन शब्दों के प्रयोग में हिंदी में हल् चिह्न लुप्त हो चुके हैं, उनमें उसको फिर से लगाने का यत्न न किया जाए, जैसे—'महान', 'विद्वान' आदि के 'न' में।

(10) स्वर-परिवर्तन

संस्कृतमूलक तत्सम् शब्दों की वर्तनी को ज्यों-का-त्यों ग्रहण किया जाए। अतः 'ब्रह्मा' को 'ब्रम्हा', 'चिह्न' को 'चिन्ह', 'उऋण' को 'उरिण' में बदलना उचित नहीं होगा। इसी प्रकार ग्रहीत, दृष्टव्य, प्रदर्शिनी, अत्याधिक, अनाधिकार आदि अशुद्ध प्रयोग ग्राह्य नहीं हैं।

इनके स्थान पर क्रमशः गृहीत, द्रष्टव्य, प्रदर्शनी, अत्यधिक, अनधिकार ही लिखना चाहिए। जिन तत्सम् शब्दों में तीन व्यंजनों के संयोग की स्थिति में एक द्वित्वमूलक व्यंजन लुप्त हो गया है, उसे न लिखने की छूट है, जैसे—अर्द्ध/अर्ध, उज्ज्वल/उज्वल, तत्त्व/तत्व आदि।

(11) विसर्ग

संस्कृत के जिन शब्दों में विसर्ग का प्रयोग होता है, वे यदि तत्सम् रूप में प्रयुक्त हों, तो विसर्ग का प्रयोग अवश्य किया जाए, जैसे—'दुःखानुभूति' में। यदि उस शब्द के तद्भव रूप में विसर्ग का लोप हो चुका हो, तो उस रूप में विसर्ग के बिना भी काम चल जाएगा, जैसे—'दुख-सुख के साथी'।

(12) 'ऐ', 'औ' का प्रयोग

हिन्दी में ऐ (ै), औ (ौ) का प्रयोग दो प्रकार की ध्वनियों को व्यक्त करने के लिए होता है। पहले प्रकार की ध्वनियाँ 'है', 'और' आदि में हैं, तथा दूसरे प्रकार की 'गवैया', 'कौवा' आदि में। इन दोनों ही प्रकार की ध्वनियों को व्यक्त करने

के लिए इन्हीं चिह्नों (ऐं ; ओ, ो) का प्रयोग किया जाए। 'गवय्या', 'कव्वा' आदि संशोधनों की आवश्यकता नहीं है।

(13) पूर्वकालिक प्रत्यय

पूर्वकालिक प्रत्यय 'कर' क्रिया से मिलाकर लिखा जाए, जैसे– मिलाकर, खा-पीकर, रो-रोकर आदि।

(14) अन्य नियम

(क) शिरोरेखा का प्रयोग प्रचलित रहेगा।

(ख) फुलस्टॉप को छोड़कर शेष विराम आदि चिह्न वही ग्रहण कर लिए जाएँ, ज़ो अंग्रेज़ी में प्रचलित हैं, यथा–

(– , ; ? ! : =)

(विसर्ग के चिह्न को ही कोलन का चिह्न मान लिया जाए)

(ग) पूर्ण विराम के लिए खड़ी पाई (।) का प्रयोग किया जाए।

3. हिंदी के संख्यावाचक शब्दों की एकरूपता

हिंदी प्रदेशों में संख्यावाचक शब्दों के उच्चारण और लेखन में प्रायः एकरूपता का अभाव दिखाई देता है। शिक्षा मंत्रालय द्वारा प्रकाशित 'ए बेसिक ग्रामर ऑफ़ मॉडर्न हिंदी' में भी इस एकरूपता का अभाव था। अतः निदेशालय ने 5-6 फरवरी, 1980 को आयोजित भाषाविज्ञानियों की बैठक में इस पर गंभीरता से विचार किया। तदनुसार एक से सौ तक सभी संख्यावाचक शब्दों पर विचार करने के बाद इनका जो मानक रूप स्वीकृत हुआ, वह इस प्रकार है–

एक से सौ तक संख्यावाचक शब्दों का मानक रूप

एक	दो	तीन	चार	पाँच
छह	सात	आठ	नौ	दस
ग्यारह	बारह	तेरह	चौदह	पंद्रह
सोलह	सत्रह	अठारह	उन्नीस	बीस
इक्कीस	बाईस	तेईस	चौबीस	पच्चीस
छब्बीस	सत्ताईस	अट्ठाईस	उनतीस	तीस
इकतीस	बत्तीस	तैंतीस	चौंतीस	पैंतीस
छत्तीस	सैंतीस	अड़तीस	उनतालीस	चालीस
इकतालीस	बयालीस	तैंतालीस	चवालीस	पैंतालीस
छियालीस	सैंतालीस	अड़तालीस	उनचास	पचास

इक्यावन	बावन	तिरपन	चौवन	पचपन
छप्पन	सतावन	अठावन	उनसठ	साठ
इकसठ	बासठ	तिरसठ	चौंसठ	पैंसठ
छियासठ	सड़सठ	अड़सठ	उनहत्तर	सत्तर
इकहत्तर	बहत्तर	तिहत्तर	चोहत्तर	पचहत्तर
छिहत्तर	सतहत्तर	अठहत्तर	उनासी	अस्सी
इक्यासी	बयासी	तिरासी	चौरासी	पचासी
छियासी	सतासी	अठासी	नवासी	नब्बे
इक्यानवे	बानवे	तिरानवे	चौरानवे	पचानवे
छियानवे	सतानवे	अठानवे	निन्यानवे	सौ

4. पैराग्राफ़ों आदि के विभाजन में सूचक वर्णों तथा अंकों का प्रयोग

देखने में आया है कि अंग्रेज़ी-हिंदी अनुवादों में तथा अन्य प्रशासनिक साहित्य में विषय के विभाजन, उपविभाजन तथा पैराओं-उपपैराओं का क्रमांकन करते समय अंग्रेज़ी के A, B, C a, b, c, के लिए कहीं क, ख, ग तथा कहीं अ, आ, इ, और कहीं, अ, ब, स का प्रयोग किया जाता है। यह अनेकता भी हिंदी के मानक स्वरूप के विकास में बाधक रही है। केंद्रीय हिंदी निदेशालय ने इस विषय पर भाषा- विशेषज्ञों की दिनांक 5-6 फरवरी, 1980 की बैठक में विचार-विमर्श के बाद यह निर्णय किया है कि A, B, C, अथवा a, b, c, के लिए हिन्दी में सर्वत्र क, ख, ग, का प्रयोग किया जाए। जहाँ रोमन वर्ण कोष्ठक में हों, वहाँ देवनागरी वर्णों को भी कोष्ठकों में रखा जाए। विषय के विभाजन, उपविभाजन, पैराओं या उपपैराओं के लिए अंतरराष्ट्रीय अंकों अर्थात् 1, 2, 3 के प्रयोग के साथ-साथ आवश्यकता के अनुसार रोमन i, ii, iii आदि का भी प्रयोग किया जा सकता है।

❑❑❑